華志文化

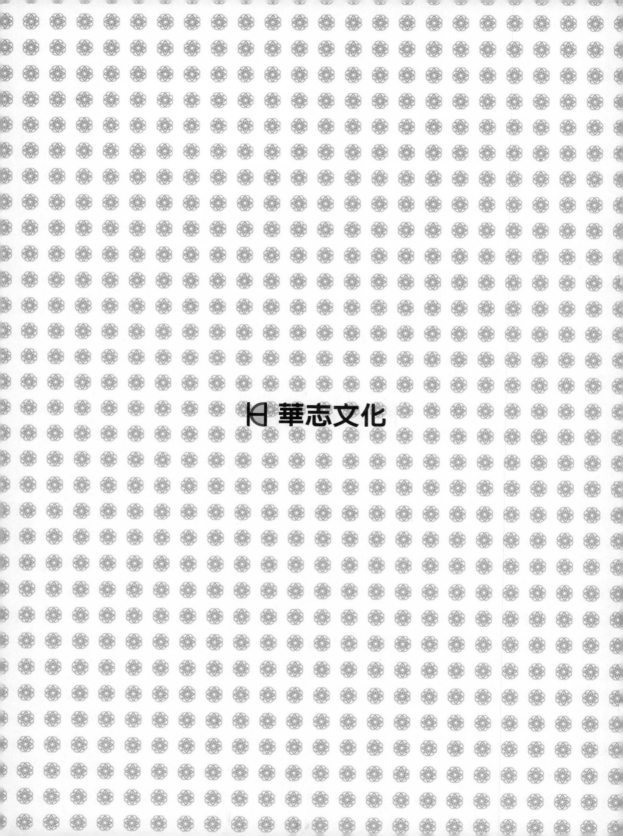

華志文化

鬼谷子全書

前言

　　鬼谷子，姓王名詡，一說是春秋時期衛國人；一說是戰國時期衛國人。因為他隱居於清溪的鬼谷之中，故世人稱其為鬼谷先生（鬼谷子）。

　　鬼谷子在中國歷史上是一位顯赫的人物，是「諸子百家」之一，縱橫家的鼻祖，既有政治家的韜略，又擅長外交家的縱橫捭闔之術，並且精通兵法、武術、奇門八卦，所以世人稱鬼谷子是一位奇才、全才。

　　對於鬼谷子，最早的記載是司馬遷的《史記》。《史記‧蘇秦列傳》中說：「蘇秦者，東周洛陽人也。東事師子齊，而習之於鬼谷先生。」道家把鬼谷子奉為「古之真仙」，曾活了百餘歲，而後就不知去向了。

　　鬼谷子之所以被喻為縱橫家之鼻祖，是因為其有蘇秦、張儀這兩位叱咤風雲的傑出弟子。鬼谷子弟子頗多，據說孫臏、龐涓、毛遂、徐福、甘茂、司馬錯、樂毅、范雎、蔡澤、鄒忌、酈食其、蒯通、黃石、李牧、魏繚、李斯等都是他的弟子，但這些並沒有確切而權威的文獻記載，所以其真實性有待考證。據說鬼谷子招收徒弟從不挑剔，但他的學問高深莫測，並不是人人都能學會的，只要學會其中一門便可以縱橫天下了！

　　鬼谷子主要著作有《鬼谷子》及《本經陰符七術》。《鬼谷子》又稱作《捭闔策》，側重於權謀策略及言談辯論技巧，此書完整地保留在道家的經典《道藏》之中。《鬼谷子》共有十四篇，但其中第十三篇、十四篇已失傳。《鬼谷子》的版本，常見者有道藏本及嘉慶十年江都秦氏刊本。《本經陰符七術》則集中講述養神蓄銳之道。前三篇說明如何充實意志，涵養精神，後四篇討論如何將內在的精神運用於外，如何以內在的心神去處理外在的事物。

　　《鬼谷子》一書，從內容來看，主要涉及談判、遊說等內容，但是由於其中涉及大量的謀略問題，與軍事問題觸類旁通，所以也可稱為「兵書」。

　　《鬼谷子》一書歷來被人們稱為「智慧禁果，曠世奇書」，它在中國傳統文化中頗具特色，是亂世之學說，亂世之哲學。它在世界觀方面講求實用主義，講求名利與進取，而在方法上則講求順應時勢，知權善變。因此是一種講求行動的實踐哲學。

　　世人對《鬼谷子》褒貶不一，歐陽修評價《鬼谷子》說：「因時適變，權事制宜，有足取者。」長孫無忌評價其：「便辭利口，傾危變詐。」柳宗元評價則說它：「險戾峭薄，恐為妄言，亂世難信，學者不宜道之。」不管古人對其是褒是貶，我們今天讀它、學它，是要「取其精華，棄其糟粕」，將其中有益、有用、有價值的東西挖掘出來，為我所用。

　　《鬼谷子》作為一部謀略學的鉅著，一直為中國古代軍事家、政治家和外交家所研讀，在今天，它的思想精髓被廣泛應用於內政、外交、軍事、商務及公關等領域，為當代政界、商界等領域人士所必讀之智慧法寶。

　　本書以政治、軍事、外交、商務、職場以及日常生活中的故事為典型案例，深入淺出地向讀者解讀和解析了《鬼谷子》的智慧精髓和謀略精華。本書秉著「取其精華，棄其糟粕」的原則，力求將中華民族的優秀文化繼承發揚、古為今用！

目錄

🏵 第十二篇　符言

🏵 第十三篇　本經陰符七篇

第一篇

捭闔術

第一章　或陰或陽，或柔或剛

【原文】

　　粵若稽古②，聖人之在天地間也，為眾生之先③，觀陰陽④之開闔以命物⑤，知存亡之門戶，籌策⑥萬類⑦之終始，達人心之理，見變化之朕⑧焉，而守司⑨其門戶。故聖人之在天下也，自古至今，其道一也⑩。變化無窮，各有所歸⑪。或陰或陽，或柔或剛，或開或閉，或弛或張。

【注釋】

　　①捭闔：捭，分開、撕裂，敞開心懷積極行動，採取攻勢，或接受外在事物及他人的主張和建議。闔，本意為門扇，鄭玄注曰：「用木曰闔，用竹葦曰扇」，引申為關閉，關閉心扉，把進來的事物化為自己的事物，或不讓外來事物進入，取封閉形態。捭闔，在這裡指縱橫馳騁，大開大闔。是鬼谷學說中一種基本的方法。

　　②粵若稽古：粵，語氣助詞；若，順；稽，考察。粵若稽古，意為按著一定的規律考察歷史。

　　③眾生之先：眾生，眾多有生者；先，先知，意指尊者，指導者，先驅者。眾生之先，在這裡指廣大生眾的老師。

　　④陰陽：陰，本意為山的背陰面；陽，本意為山的朝陽面。被引申來概括對立統一的兩類事物或現象。

　　⑤命物：辨別事物。

　　⑥籌策：就是計算、謀劃。

　　⑦萬類：就是萬物。

　　⑧朕：徵兆，跡象。

　　⑨守司：看守和管理。

⑩其道一也：道，大自然的規律。全句指聖人的「道」始終是一樣的。

⑪歸：歸宿。

【譯文】

縱觀從古至今的歷史，可以知道：聖人生活在世界上，就是要成為眾人的先導。透過觀察陰陽兩類現象的變化來對事物做出判斷，並進一步了解事物生存和死亡的途徑，計算和預測事物的發展過程，通曉人們思想變化的規律，揭示事物變化的徵兆，從而把握事物發展變化的關鍵所在。所以，聖人在世界上的作用始終如一。事物的變化雖然無窮無盡，但是各自都有自己的歸宿，是有章可循的：或者屬陰，或者歸陽；或者柔弱，或者剛強；或者開放，或者封閉；或者鬆弛，或者緊張。

名家名言

《周易・繫辭上》：
「一陰一陽之謂道。」

【延伸閱讀】

「或陰或陽，或柔或剛，或開或閉，或弛或張」。是說世間萬事萬物，都有陰陽、柔剛、開閉、張弛之道，如果能夠靈活掌握、運用自如，自可以在人生的各個領域輕鬆自如、有所成就。

捭闔之術即為陰陽之術，意思是行事時要或開或闔，或陰或陽，靈活處之，多方探尋，必要時以假象迷惑對方，從而達到自己的目的。唐高祖李淵就是一個深諳陰陽之道的權謀家。

隋朝末年，隋煬帝楊廣荒淫無道，致使眾叛親離、國運岌岌可危。蓄謀已久的太原留守李淵乘機起兵。可是當時群雄割據，各路兵馬紛紛搶奪天下，李淵並不具備一統天下的實力。其中，瓦崗軍是隋末最為強大的一支地方勢力。李密在殺死翟讓以後，建立了自己在瓦崗軍中的領袖地位，此時的李密得意忘形，大言不慚地說自己已被各路英雄推為盟主，自然也包括李淵。李密寫信給李淵，希望和李淵戮力同心，共同取得天下。讀完李密的密信，李淵給李密回覆了一封措辭極為謙遜

的回信。對討伐、誅殺昏君、取而代之之言，表示不敢從命。而且申明自己「志在尊隋」，這番虛偽之言掩飾了李淵奪取天下的野心。李淵還極力推崇李密，說「天生萬民，必有其主。當今能為民之主者，非君莫屬」，並且說自己已年過五旬，別無奢望，自己非常樂意擁戴李密，希望李密早登大寶，以安天下。只要李密能讓自己復封於唐，就心滿意足了。

李密接到李淵的回信，果然大喜過望。但是實際上，李淵如此作法是想利用瓦崗軍的強大力量牽制住東都洛陽的隋軍，以便讓自己可以順利進軍長安。

武德元年（西元618年）9月，瓦崗軍與盤踞洛陽的王世充作戰失利，只好到河陽（今河南孟縣）去找瓦崗軍將領王伯當。李密企圖南阻河，北守太行，東連黎陽，捲土重來。但這種企圖東山再起的主張，遭到部下諸將的反對。諸人勸李密道：「今兵新失利，眾心危懼，若更停留，恐叛亡不日而盡。又人情不願，難以成功。」李密在無可奈何之下，不得不前往長安，投靠李淵。

李密帶領兩萬人入關的時候，李淵派人迎接，冠蓋相望，異常隆重。李密非常高興，洋洋得意地進了長安城。李淵對李密非常尊重，並將其表妹嫁與李密。但其他人就沒有這份待遇了，李密一到長安，「有司供待稍薄，所部兵累日不得食，眾心頗怨」。而且，「朝廷又多輕之，執政良賄」。李淵這樣做無疑是個陰謀，目的無非是蓄意製造事端，讓李密眾叛親離。

這時，李密已經自投羅網，當然只能任李淵擺布了。

正是因為李淵善用陰陽之術，才取得了一石二鳥的成就：既利用瓦崗軍牽制了隋軍，讓自己的軍隊順利進軍長安，又控制和瓦解了瓦崗軍。

一個好的將帥，不僅善用陰陽，而且還能夠剛柔並濟，甚至以柔克剛。單純的柔和、軟弱，就會使自己的力量被削減，以至失敗；而一味的剛烈、剛強，又只會導致剛愎自用，也是注定要失敗的。

漢代的張良給高祖劉邦籌劃過許多關係大業成敗的重要謀略，其中剛柔並用、以柔克剛、以弱勝強的例子頗多。

當秦軍主力與項羽會戰時，劉邦決定由南陽入武關攻秦，張良反對硬拚，認為秦軍將領是屠戶人家出身，商人可用利引誘，勸劉邦以重寶招降秦將賈豎。而當賈豎同意投降時，張良又恐士卒不從，乘敵懈怠之機，一舉破之。結果直下咸陽，擒獲秦王子嬰。後來楚漢相爭，漢弱楚強，張良勸劉邦處處退讓，以柔制剛，不但避開了鴻門之宴的生命危險，而且取得了漢中、巴蜀之地。接著，又火燒棧道，使項羽疏於防範、屢屢上當。劉邦轉弱為強，終於以布衣取得天下。

張良的高明謀略，據說來自黃石老人所授的三略。三略並不是一味只講以弱制強，而強調剛柔強弱都要得當，做到「柔有所設，剛有所施，弱有所用，強有所加。兼此四者，而制其宜」。所以，不柔不剛，剛柔並濟才是最理想的性格特點，才是運用剛柔的最佳狀態。

陰陽之理、剛柔之術、張弛之道對我們的現實人生頗具指導意義。

陰陽諧調、風雨調順、萬物各得其所、萬事各得其宜是一種順其自然、合乎自然規律的理想狀態。陰陽互補、協調運行，人才能健康，社會才能穩定，大自然才能和諧，做事才能順利，做人才能安樂。

天人和諧是一種理想的狀態。人生活在天地之間，如何才能展現出人在天地間的固有價值呢？如何才能求得人與天地萬物的和諧相處與和諧發展呢？這是每一個人都必須思考的人生問題。陰陽之道提倡人與自然的和諧關係，人不但要利用、改造自然，更重要的是適應、協調自然，從而達到與自然環境和諧相處的目的。這是陰陽之道在人與自然關係上的意義所在。

陰陽作為權術，在敵我對壘和抗爭中則是克敵制勝的智慧和法寶，但它絕不是「放諸四海而皆準」的真理，所謂「上山不怕傷人虎，只怕人情兩面刀」，在生活中不管是交朋友、談感情還是談生意、求合作，都應該以真誠為最高前提，而不能做「陰陽雙面人」甚至陽奉陰違，否則，就可能失去朋友、真情、信譽、合作和發展的機會。總之，善於玩弄陰陽之術只是一種應對敵人的策略和手段，用之不當，則會適得其反。

剛柔之術是一個人生存和發展的必備武器。剛，是一個人剛直不阿、堅守自我立場、把持自我原則，即為「方」，但一味的剛，則難

免變成脆，脆，則易斷，所以不足取；柔，就是要在不失大原則的前提下，在細枝末節和一些技巧上適時、適度地讓步、彎曲，以達到雙方滿意、不失和氣的雙贏狀態，即為「圓」，但一味的柔，則難免變成軟，軟則弱，易受人欺，所以亦不足取。在人生道路上，只有剛柔並濟、外圓內方，才能順利而快捷地達到目標，走向成功。

　　所謂「文武之道，一張一弛」，無論做任何事，都要張弛有度。一個懂生活、會生活的人，能夠兼顧嚴肅和活潑，該工作的時候工作，該休息的時候休息，瀟灑自如。一味的張，就會讓自己繃得過緊，往往會導致自己失去彈性和張力；一味的弛，往往會讓自己變得鬆垮、懶散，失去進取心和鬥志，進而停步不前。所以，凡事有度、過猶不及。成功的時候不要得意忘形，以免樂極生悲；失敗的時候不要灰心絕望、萎靡不振，只要堅持就能峰迴路轉、柳暗花明。人生之中，任何事情都要保持一個平衡，包括有度的工作和生活。

名家名言

老子：

「弱之勝強，柔之勝剛，天下莫不知，莫能行。」

第二章　度權量能，校其伎巧短長

【原文】

是故聖人一守司其門戶，審察其所先後，度權量能[1]，校其伎巧短長。夫賢、不肖、智、愚、勇、怯有差[2]。乃可揣，乃可闔；乃可進，乃可退；乃可賤，乃可貴；無為以牧[3]之。審定有無，以其實[4]虛，隨其嗜欲[5]以見其志意，微排其所言，而揣反之，以求其實，貴得其指[6]，闔而揣之[7]，以求其利[8]。或開而示之，或闔而閉之[9]。開而示之者，同其情也；闔而閉之者，異其誠也。可與不可，審明其計謀，以原其同異。離合[10]有守[11]，先從其志。

《墨子·尚賢》：「量工而分祿，故官無常貴，而民無終賤。有能則舉之，無能則下之。」

【注釋】

①度權量能：測度權衡、比較才能。

②有差：各有不同。

③以牧：用來掌握。

④實：指實情。

⑤嗜欲：喜歡，特殊的愛好。

⑥指：同「旨」，宗旨。

⑦闔而揣之：先封閉，然後再打開。

⑧求其利：檢討對方的善惡利害。

⑨或開而示之，或闔而閉之：或開放使其顯現，或封閉使之隱藏。

⑩離合：離，離開，不一致。合，閉合，合攏與「開」相對。

⑪守：遵守，信守。

【譯文】

所以，聖人要始終把握事物發展變化的關鍵，度量對方的智謀，測量對方的能力，再比較技巧方面的長處和短處。至於賢良與不肖，智慧與愚蠢，勇敢與怯懦，都是有區別的。所有這些，可以開放，也可以封閉；可以前進，也可以後退；可以輕視，也可以敬重，要靠無為來掌握這些。考察他們的有無與虛實，透過對他們嗜好和欲望的分析來瞭解他們的志向和意願。適當貶抑對方所說的話，當他們開放以後再反覆考察，以便探得實情，切實把握對方言行的宗旨所在，讓對方先封閉而後開放，以便抓住有利時機。或者開放，使之顯現；或者封閉，使之隱藏。開放使其顯現，是因為情趣相同；封閉使之隱藏，是因為誠意不一樣。要區分什麼可行，什麼不可行，就要把那些計謀研究明白、透徹，計謀有與自己不同的，也有與自己相同的，必須有主見，並且區別對待，還要注意跟蹤對方的思想活動。

孔子：
「凡官民材，必先論之；論辨，然後使之，任事，然後爵之；位定，然後祿之。」

【 延伸閱讀 】

「度權量能，校其伎巧短長」。本章主要講使用人才一定要度量對方的智謀，測量對方的能力，再比較技巧方面的長處和短處。所以，用人最重要的一點就是任人唯賢。《尚書》有云：「任官唯賢才。」孔子在回答仲弓問政時也說「舉賢才」。

《呂氏春秋》和《左傳》中都記載有這樣一個故事：

春秋時期晉國大夫祁奚請求告老退休，晉悼公要他推薦一個有才能的人繼任，他推薦了與他有嫌隙的解狐。解狐上任不久便死去，悼公又要他推薦，他又推薦了自己的兒子祁午。

孔子、韓非子等先賢以及後人都稱讚祁奚是個「外舉不避嫌，內舉不避親」的唯才是舉者。這種外不避嫌、內不避親正是任人唯賢的要求和展現。

《大學衍義補輯要》中說：「欲得良將而用之，必不以遠而遺，不以賤而棄，不以仇而疏，不以罪而廢。」意思是說，

要想得到良將而任用他，就必須做到不因為關係不密切而遺忘他，不因為出身低賤而拋棄他，不因為有私人怨恨而疏遠他，不因為其曾犯過錯誤而廢棄他。春秋時期齊桓公任用管仲就是一個最好的例證。

　　春秋時期齊國國君齊襄公被殺。襄公有兩個弟弟，一個叫公子糾，當時在魯國（都城在今山東曲阜）；一個叫公子小白，當時在莒國（都城在今山東莒縣）。兩個人身邊都有個師傅，公子糾的師傅叫管仲，公子小白的師傅叫鮑叔牙。兩個公子聽到齊襄公被殺的消息，都急著要回齊國爭奪君位。

　　在公子小白回齊國的路上，管仲早就派好人馬攔截他。管仲拈弓搭箭，對準公子小白射去。只見公子小白大叫一聲，倒在車裡。

　　管仲以為公子小白已經死了，就不慌不忙護送公子糾回到齊國去。怎知公子小白是詐死，等到公子糾和管仲進入齊國國境，公子小白和鮑叔牙早已抄小道搶先回到了國都臨淄，公子小白當上了齊國國君，即齊桓公。

　　齊桓公即位以後，立即要求魯國殺公子糾，並把管仲送回齊國治罪。管仲被關在囚車裡送到齊國。鮑叔牙立即向齊桓公推薦管仲。齊桓公氣憤地說：「管仲拿箭射我，要我的命，我還能用他嗎？」鮑叔牙說：「那回他是公子糾的師傅，他用箭射您，正是他對公子糾的忠心。論本領，他比我強得多。主公如果要做一番大事業，管仲可是個用得著的人。」齊桓公也是個豁達、大度之人，聽了鮑叔牙的話，不但沒治管仲的罪，還立刻任命他為相，讓他管理國政。

　　管仲幫著齊桓公整頓內政，開發富源，大開鐵礦，多製農具，齊國變得越來越富強。後來，齊桓公終於成了春秋時期的霸主。

　　可以說沒有管仲全面和淋漓盡致地發揮其才能，也就不會有齊國的繁榮和齊桓公的霸業。齊桓公大膽起用管仲這個「大仇人」，結果「仇人」幫他締造了盛世江山。類似的事例歷史

名家名言

曹操《求賢令》：

「二三子其佐我仄陋，唯才是舉，吾得而用之。」

上有很多，例如：唐太宗李世民不計前嫌任用魏徵。唐太宗說：「用人跟用器物一樣，每一種東西都要選用它的長處。」唐太宗是中國古代歷史上最為賢明的皇帝之一，他的很多治國之道都為後世所推崇，而在他所有治國方略當中，用人之道是最為後世所推崇和稱道的。在唐太宗理政的23年時間裡，所用的文臣武將不勝枚舉：除了魏徵，還有尉遲敬德、房玄齡、杜如晦等等，無不是有才之士。

由此可見，任人唯賢、唯才是舉才是真正的用人之道。在競爭激烈的今天，這條法則更是企業用人的王道，是企業用人的精髓所在。今天的競爭，歸根結柢是組織實力與個人能力的競爭，很多企業在用人上已經摒棄了「學歷至上」的陳腐理念，而是以能力作為用人的首要考量。

索尼（SONY）公司是一家在國際化管理理念下成長起來的企業，既有日本文化體系中的細緻、嚴謹，又有深受歐美文化影響的「自由豁達」，同時，也有中國傳統理念當中的靈活與執著。那麼，索尼的用人策略是什麼呢？

和許多國際知名的成功企業一樣，索尼公司選用人才的標準即是出眾的聰明才智、良好的專業知識和業務背景以及認真負責、創新務實的工作態度。在招聘的環節中，索尼創始人之一的盛田昭夫先生最先提出了「學歷無用論」的口號，這樣的魄力在今天看來依然令人敬佩。而在企業激勵機制中，打破陳規、鼓勵創新、充分發揮個性與創意的企業文化使索尼幾乎成了研發高手、行銷菁英們得以發揮無限創造力的天堂，更使很多人以「自我實現」為目標，全身心地投入到工作之中。

索尼公司的作法都是基於一個簡單而基本的道理，這就是以每一位員工的能力作為企業發展的基點。能力創造業績，能力創造效率，能力創造價值，能力創造輝煌。

《周禮·夏官·大司馬》有云：「進賢興功，以作邦國。」任人唯賢、用人唯才大可以定國興邦，小可以讓企業興盛、個人發達。因此，「度權量能，校其伎巧短長」才是用人

《左傳·文公三年》：

「舉人之周也，與人之一也。」

《左傳·文公六年》：

「使能，國之利也。」

的不二法門。

第三章　周密之貴微

【原文】

即欲捭之貴周①，即欲闔之貴密。周密之貴微，而與道相追②。捭之者，料其情③也；闔之者，結其誠④也。皆見其權衡輕重⑤，乃為之度數⑥，聖人因而為之慮。其不中權衡度數，聖人因而自為之慮。故捭者，或捭而出之，或捭而納之⑦，闔者，或闔而取之，或闔而去之。捭闔者，天地之道。捭闔者，以變動陰陽，四時開閉以化萬物⑧。縱橫⑨反出，反覆反忤⑩，必由此⑪矣。

名家名言

老子：

「天下難事，必做於易；天下大事，必做於細。」

【注釋】

①欲捭之貴周：周，不遺漏。當要採取行動時，必須做周詳的考慮。

②與道相追：道，道理、規律。這裡指與規律相近的道理。

③料其情：就是檢查實情。

④結其誠：使其誠心堅定。

⑤權衡輕重：指權衡、比較誰輕誰重。

⑥為之度數：測量重量與長度的數值。

⑦或捭而出之，或捭而納之：出之，指出去；納之：收容、接納。意思是或開放，讓自己出去；或開放，使別人進來。

⑧四時開閉以化萬物：就像春、夏、秋、冬的開始與結束一樣，來促使萬物發展變化。

⑨縱橫：自由自在的變化。

⑩反覆反忤：或離開，或返回，或復歸，或反抗。

⑪必由此：必須通過這裡。

【譯文】

如果要開放，最重要的是考慮周詳；如果要封閉，最重要的是嚴守機密。由此可見周全與保密的重要，應當謹慎地遵循這些規律。讓對方開放，是為了考察他的真情；讓對方封閉，是為了堅定他的誠心。所有這些都是為了使對方的實力和計謀全部曝露出來，以便探測出對方各方面的程度和數量。聖人會因此而用心思索，假如不能探測出對方的程度和數量，聖人會為此而自責。因此，所謂開放，或者是要自己出去；或者是讓別人進來。所謂封閉，或者是透過封閉來自我約束；或者是透過封閉使別人被迫離開。開放和封閉是世界上各種事物發展變化的規律。開放和封閉都是為了使事物內部對立的各方面發生變化，藉由一年四季的開始和結束使萬物發展變化。不論是縱橫，還是離開、歸復、反抗，都必須透過開放或封閉來實現。

【延伸閱讀】

「即欲捭之貴周，即欲闔之貴密。周密之貴微，而與道相追」。本章主要講實行開闔之術，必須周詳而隱密，無論做任何事，事先都要有一個周詳而嚴密的規劃。下過象棋的人都知道，贏家沒有一個是走一步算一步的，所有的贏家都能算計到後面將要走的幾步。因此，凡事只有有周詳而嚴密的計劃，做起來才能得心應手、游刃有餘，成功的機率才會更大。隋煬帝楊廣處心積慮、密謀奪取儲君和帝位便是得益於他周密的謀劃。

隋王朝統一中國後不久，楊廣就開始了他的奪嫡計劃，向他的同胞哥哥皇太子楊勇伸出了毒手。

楊勇是個豪爽的花花公子，愛好廣泛又不注意小節，更缺乏防人之心和政治謀略。其母獨孤皇后最討厭男人討小老婆，楊勇偏偏有很多小老婆；隋文帝楊堅最討厭花天酒地，楊勇偏偏喜歡音樂歌舞，飲宴達旦。在封建社會的上層，這些本是再

《中庸》：
「致廣大而盡精微。」

正常不過的事，何況楊勇還是皇太子的身分。但這些微小的細節卻足以讓楊廣作為藉口加以利用、大作文章了。比如：楊廣在其父皇母后面前故做清貧和高尚，他只帶妻子蕭妃一人在身邊，僅此一點就足以使其父皇母后高興和欣慰。楊堅夫婦二人有一次到楊廣家，發現婢僕們都又老又醜，樂器上佈滿灰塵，甚至連弦都沒有，不由大喜。此外，他們每次派人到兒子們那裡，皇太子楊勇只把他們當僕人看待，而楊廣卻不然，他和妻子一定是雙雙站到門口親自迎接，致送厚禮，於是楊堅和獨孤皇后耳邊聽到的全是讚揚楊廣的聲音。楊廣出任江都府時，每次入朝辭行都痛哭流涕，依依不捨。父母見兒子如此孝心，也流下老淚，不忍他遠離膝下。

楊廣知識水準很高，有很好的文學修養和城府，對任何人都很誠懇，謙虛有禮，尤其曲意交結政府重要官員，包括楊堅最信任的宰相（尚書左僕射）楊素。在楊廣身上所展示出來的，基本是一個千載難逢的標準領袖形象，具有肝膽相照、義薄雲天的英雄胸懷和救國救民、普濟蒼生的聖賢抱負。節儉、樸實、謙恭，虛懷若谷兼好學不倦，禮賢下士加不愛聲色犬馬；集眾多美德於一身。

一切佈置成熟後，西元600年，「誣以謀反」的罪過被扣到皇太子楊勇的頭上，楊堅下令把楊勇貶為平民，囚禁深宮，改立楊廣為皇太子。楊廣奪嫡成功。在這段謀劃奪嫡的漫長歲月中，楊廣一直堅守「情操」，恪守「美德」，而且做得天衣無縫，說明他具有過人的謀略才智和超人的忍耐力。十幾年的「事實」，相信沒有人會懷疑他「美德」的真實性和可靠性，更不會懷疑他對父皇的忠誠。

西元602年，獨孤皇后逝世。又過了兩年，悲劇又降臨到楊堅頭上。西元604年夏，楊堅前往仁壽宮避暑，避暑期間楊堅患病，楊廣入宮侍奉。看到父親日漸病重，他內心的興奮使他再也無法繼續控制自己，他對父親最寵愛的宣華夫人陳氏垂涎已久。一天，趁著陳夫人如廁的時候，楊廣上前一把抱住求

名家名言

汪中求：

「大禮不辭小讓，細節決定成敗。」

歡。陳夫人掙扎逃掉，楊堅見她神色倉皇，便探問究竟，陳夫
人垂淚道：「太子無禮。」楊堅大怒曰：「獨孤誤我！」急命
兩名親信官員去長安召喚囚禁中的楊勇。楊廣得到消息，急忙
通知楊素，楊素立即把兩名親信官員逮捕，勒兵戒嚴，包圍仁
壽宮，斷絕內外交通。楊廣指使部屬張衡，闖進楊堅寢宮，
把楊堅拖起來，猛擊其胸部，楊堅口吐鮮血，哀號之聲傳遍後
宮。可憐一代開國皇帝，竟被自己的親生兒子、親自改立的皇
太子殘忍奪命，令人不寒而慄。

　　楊廣弒父後立即派人馳赴長安，把他已經被罷黜的哥哥楊
勇殺掉。就這樣楊廣用了十幾年的偽裝，終於實現了奪嫡的成
功。

　　楊廣爭奪太子的鬥爭是一場陰謀活動，他首先隱藏自己
的不良野心，把自己偽裝成正人君子，過著儉樸的生活，處處
揣摩父母的心思，投其所好，討他們歡心，而實則暗中等待時
機，篡奪皇位。楊廣的「謀略」能夠最終得以成功的關鍵就是
「細節」，引用現代管理學中常用的一句，就是「細節決定成
敗」。而成功的細節往往源自於周密的計劃。

　　俗話說：「凡事豫則立，不豫則廢」。周密的計劃是做事
成功的基礎。一個團隊也好，一個自然人也好，做事都要有計
劃，越是重要的事，計劃越應周密。做什麼、不做什麼，先做
什麼、後做什麼，粗做什麼、細做什麼，資源如何配置等都要
依據實際情況計劃周詳。沒有周密的、切實可行的計劃，要好
好地完成一件事幾乎是不可能的。唐朝的「甘露之變」之所以
失敗，原因之一就在於沒有周密的計劃。

　　從唐穆宗以後，唐朝的皇帝都是由宦官擁立的。這樣一
來，宦官的權力就更大了，甚至連皇帝的命運都掌握在他們的
手裡。

　　唐文宗李昂（穆宗的兒子）即位的第二年，各地推薦的
舉人到京都應試。有一個叫作劉蕡的舉人，在試卷裡公開反對
宦官掌權，認為若要國家安定，應該排斥宦官，把政權交給宰

名家名言

戴爾‧卡內基：
「計劃的制訂比計劃本
身更為重要。」

相，把兵權交給將帥。

　　這份考卷落在幾個考官手裡，考官們傳來傳去，讚不絕口，覺得不但文采好，而且說理精闢，是篇難得的好文章。但是到了決定錄取的時候，誰也不敢表示態度，因為錄取了劉蕡，就得罪了宦官，他們的位子也就難保了。

　　結果，與劉蕡一起來投考的二十二人都入選了，而劉蕡卻落選。劉蕡是大家公認的傑出人才，這次因為說了些正直的話而落選，大家都替他抱不平。

　　唐文宗在宦官操縱下做傀儡皇帝，自己也很氣惱，他極力想除掉宦官。有一次，唐文宗生了一場病，急於找醫生。正好宦官首領王守澄手下有個官員叫鄭注，精通醫道。王守澄把鄭注推薦給唐文宗治病。唐文宗服了鄭注開的藥，身體果然一天天好了起來。唐文宗很高興，於是召見了鄭注。言談舉止中，唐文宗發現鄭注口齒伶俐，是個很有才能的人，就把他提拔為御史。

　　鄭注有個朋友李訓，原是個很不得志的小官員，聽到鄭注受到朝廷重用，就帶了一些禮物去求見鄭注。鄭注正好想找個幫手，就請王守澄把李訓推薦給唐文宗。這樣，李訓也得到了唐文宗的信任，後來，李訓還被提升為宰相。

　　李訓、鄭注兩人取得了唐文宗的信任後，唐文宗把自己想除掉宦官的心事告訴了他們。他們就與文宗祕密商量，想辦法削弱王守澄的權力。他們打聽到王守澄手下有個宦官叫仇士良，跟王守澄有嫌隙，就請唐文宗封仇士良為左神策中尉，帶領一部分禁衛軍。

　　接著，李訓又解除了王守澄的兵權。王守澄失了兵權，就容易擺布了。最後，唐文宗給王守澄一杯毒酒，把他殺了。

　　除掉了王守澄，接下來就要除掉仇士良了。李訓經過一番策劃，聯絡了禁衛軍將軍韓約，決定動手。西元835年的一天，唐文宗上朝的時候，韓約上殿啟奏，說昨天夜裡禁衛軍大廳後院的一棵石榴樹上降了甘露。

　　原來，在當時的封建社會是很迷信的，當時人們認為天降甘露是個好兆頭。於是李訓當即帶領文武百官向唐文宗慶賀，還請唐文宗親自到後院觀賞甘露。

　　唐文宗命令李訓先去察看。李訓裝模作樣到院子裡去逛了一圈回來說：「我去看了一下，恐怕不是真的甘露，請陛下派人複查。」

　　唐文宗又命令仇士良帶領宦官去觀看。仇士良叫韓約陪其一起去。韓約走到門邊，神情緊張，臉色發白。仇士良發現這個情況，覺得奇怪，問韓約說：「韓將軍，您怎麼啦？」

　　正說著，一陣風吹來，吹動了門邊掛的布幕。仇士良發現布幕裡埋伏了不少手持武器的兵士。

　　仇士良大吃一驚，連忙退出，奔回唐文宗那裡。李訓看到仇士良逃走，立刻命令埋伏的衛士趕上去。哪知道仇士良和宦官們已經把文宗攜持在手，並把他拉進軟轎，抬起就走。

　　李訓趕上去，拉住唐文宗的轎子不放，一個宦官搶前一步，朝李訓劈胸一拳，把他打倒在地。仇士良乘機扶著唐文宗的軟轎，進內宮去了。

　　李訓預謀失敗，只好從小吏身上討了一件便衣，化裝逃走。仇士良立即派兵出宮，大規模逮捕一些參加預謀的官員，把他們全部殺害。李訓東奔西逃，走投無路，在路上被殺。鄭注正從鳳翔帶兵進京，得到消息，想退回鳳翔，也被監軍的宦官殺死。

　　唐文宗和李訓、鄭注策劃的計謀徹底失敗，在這次事變後受株連被殺的有一千多人。歷史上把這個事件稱為「甘露之變」。

　　李訓除掉王守澄，是用了引虎驅狼、以毒攻毒的計謀，這種計謀讓李訓等人嚐到了甜頭，他們進而打算繼續用計謀除掉仇士良，但仇士良卻並不像王守澄那樣不堪一擊。甘露之謀之所以失敗，主要在於李訓、鄭注對於整個事件缺乏嚴密、周詳的計劃和部署，同時他們又不具備威望、號召力和凝聚力，亦

名家名言

大衛‧帕卡德：
「小事成就大事，細節成就完美。」

不具備審時度勢的能力，所以失敗也是必然的。

在細節為首、效率當先的今天，周密的計劃顯得尤為重要。時間管理專家說，你用於計劃的時間越長，你完成計劃目標所需要的時間就越短。這兩個時間存在著極大的相關性和互補性，就看你怎麼做，你是願意多花一些時間在計劃細節上下工夫，還是願意多花一些時間去調整因為盲目而導致的錯誤呢？

在人的一生中，每個人都必須做好自己的人生規劃，必須具備睿智的眼光和超凡的遠見，安排好生活中的每一件事。要全面系統地分析實現既定目標的有利條件和不利因素，或者說，存在哪些方面的機會與威脅。然後，依據上面的分析，確定實現既定目標的具體方案。只有進行周密的計劃，才能對那些隨時會出現的未知數和變數有所準備，才能在碰到各種各樣的突發問題時臨危不亂、處變不驚；只有進行周密的計劃，才能很明確自己這一步該做什麼，下一步該做什麼，應該怎樣去做。

細節是和計劃密不可分的一個最重要因素。細節始於計劃，計劃同時也是一種細節，是很重要的細節。在你制訂計劃時，應對所要進行的事情的每一個環節做出深入細緻的規劃，保證每個環節都有一個目標，都有法可依、有章可循，每一個流程、每一個動作都要進行量化，都要從細節去分析。計劃做得越周密，細節做得越仔細，做起事情來就越得心應手，越容易取得成功。由此可見，細節不僅是一種態度，更是一種能力，細節表現修養，細節展現藝術，細節隱藏機會，細節集結效率，細節創造效益。

所以，無論做什麼事情，都要心中有數，制訂一個詳細、周密的計劃都是非常重要的，它可以幫你從容地應對和解答事情的未知數，幫你把事情的細節不斷具體化。今天，我們應該大力宣導「別忙著工作，先坐下來想一想吧」！

第四章 捭闔者，道之化，說之變

【原文】

捭闔者，道之化，說之變[1]也；必豫審其變化，吉凶大命繫焉。口者，心之門戶也，心者，神之主也。志意、喜欲、思慮、智謀，此皆由門戶出入，故關之（以）捭闔，制之以出入。捭之者，開也、言也、陽也；闔之者，閉也、默也、陰也。陰陽其和，終始其義[2]。故言長生、安樂、富貴、尊榮、顯名、愛好、財利、得意、喜欲為「陽」，曰「始」；故言死亡、憂患、貧賤、苦辱、棄損、亡利、失意、有害、刑戮、誅罰為「陰」，曰「終」。諸言[3]法陽之類者，皆曰「始」，言善以始其事；諸言法陰之類者，皆曰「終」，言惡以終其謀。

【注釋】

①道之化，說之變：道的變化規律，說的變化形態。
②終始其義：始終保持的義理，即善始善終。
③諸言：各種言論。

【譯文】

開放和封閉是萬物運行規律的一種展現，是遊說活動的一種形態。人們必須首先慎重地考察這些變化，事情的吉凶，人們的命運都繫於此。口是心靈的門面和窗戶，心靈是精神的主宰。意志、情欲、思想和智謀都要由這個門窗出入。因此，用開放和封閉來把守這個關口，以控制出入。所謂「捭之」，就是開放、發言、公開；所謂「闔之」，就是封閉、緘默、隱匿。陰陽兩方相諧調，開放與封閉才能有節度，才能善始善終。所以說長生、安樂、富貴、尊榮、顯名、嗜好、財貨、得

意、情欲等，屬於「陽」的一類事物，叫作「開始」。而死亡、憂患、貧賤、羞辱、毀棄、損傷、失意、災害、刑戮、誅罰等，屬於「陰」的一類事物，稱作「終止」。凡是那些遵循「陽道」的一派，都可以稱為「新生派」，他們以談論「善」來開始遊說；凡是那些遵循「陰道」的一派，都可以稱為「沒落派」，他們以談論「惡」來終止施展計謀。

【延伸閱讀】

　　「捭闔者，道之化，說之變也」。本章主要講確定遊說的內容，必須符合開闔之道。「捭」即是「開」，「闔」即是「閉」。鬼谷子認為，掌握並靈活運用捭闔之術，便能洞悉世事、人情練達，萬事皆能獲得成功。

　　戰國時代縱橫家的代表人物蘇秦遊說六國的活動，就是運用捭闔之術進行遊說的典型。

　　蘇秦，字季子，戰國時期韓國人，是與張儀齊名的縱橫家。他出身農家，素有大志，曾隨鬼谷子學習縱橫捭闔之術多年。蘇秦遊說六國，力主合縱抗秦。

　　蘇秦起先主張連橫，勸秦惠王說：「大王您的國家，西面有巴、蜀、漢中的富饒，北面有胡、貉和代、馬的物產，南面有巫山、黔中的屏障，東面有崤山、函谷關的堅固。耕田肥美，百姓富足，戰車有萬輛，武士有百萬，在千里沃野上有多種農作物出產，地勢、地形得天獨厚，這就是所謂的天府，天下顯赫的大國啊。憑著大王的賢明，士民的眾多，車騎的充足，兵法的教習，可以兼併諸侯，獨吞天下，稱帝而加以治理。希望大王能對此稍許留意一下，我請求大王來讓我幫你實現這件事。」

　　秦王回答說：「我聽說：羽毛不豐滿的鳥不能高飛上天，法令不完備的國家不能懲治犯人，道德不深厚的人不能驅使百姓，政教不順民心的國君不能煩勞大臣。現在您千里迢迢來到朝廷上一本正經地開導我，我願改日再聽您的教誨。」

　　後來，勸說秦王的奏摺多次呈上，但蘇秦的主張遲遲未能實行，蘇秦只得返回家鄉。經過反覆選擇、研究、體會，蘇秦得出結論：當時的秦國日益強大，其他各國都受到秦國的威脅，說服六國聯合抗秦是有可能的。於是，蘇秦決定改變策略，遊說六國，合縱抗秦。

　　最早信服蘇秦計謀的是燕昭王，燕昭王給了他許多車馬銀錢，資助他到各國進行合縱抗秦的活動。蘇秦到魏國，用激將法使魏昭王接受了合縱抗秦的主張。然後他又到了趙國，用唇齒相依、唇亡齒寒的道理說服了趙惠文王。趙王送給蘇秦車子百輛，黃金千鎰，白璧百雙，錦緞千匹，請他繼續去聯絡其他各國抗秦。蘇秦又連續說服了韓國、齊國、楚國，經歷了許多曲折，終於形成了燕、趙、韓、魏、齊、楚六國聯合抗秦的局面，蘇秦被公推為縱約長，組成了六國聯軍，駐紮在滎陽，聲勢浩大。蘇秦派人把合縱盟約送到秦國，使秦國受到了震懾，並使秦軍十五年不敢出函谷關。秦國還把蠶食魏國、趙國的一些土地和城池還給了這兩個國家，使當時東方各國獲得了一段時間的安寧。蘇秦合縱勞苦功高，各國都封他為相國，趙惠文王還封他為武安君。

　　蘇秦先是遊說秦惠王，主張擴大秦國的實力、吞併天下：「以大王之賢，士民之眾，車騎之用，兵法之教，可以併諸侯，吞天下，稱帝而治。」這是「捭」。但是，蘇秦遊說惠王時是初出茅廬，缺少經驗，只知道「開」，不知道「闔」，而且沒有摸準惠王的心理，所以以失敗告終。接著，蘇秦改其道而行之，遊說六國，合縱抗秦，針對不同對象，順應其心意，指出其利害，或激或勵，或羞或誘，開闔並用，使六國合縱締約，一致對秦，使秦人閉函谷關達十五年，取得了巨大成功。蘇秦的遊說是基於他對列國的政治形勢的深入鑽研，對天下政局及其變化趨勢的熟悉程度遠在各國君主之上，因此在遊說中可以縱橫捭闔，開闔自如。

　　在當今社會，掌握和運用捭闔術，就是要做到陰陽平衡、

名家名言

劉向《戰國策序》：

「蘇秦為縱，張儀為橫，橫則秦帝，縱則楚王，所在國重，所去國輕。」

進退有度、趨利避害，這樣才能穩操勝券。透過對捭闔之道的理解和分析，我們可以總結出以下幾點人生智慧。

第一，處世之道。人生要捭闔有度，進退自如，這是為人處世的宗旨和要領。進和退是人生截然不同的兩種選擇，然而卻都是為人生大目標而服務的，換句話說，退是為了更好的進，今天的退是為了明天的進，退一步是為了進兩步甚至更多步。所以在人生道路上，一定要捭闔有度，適時進退。這種靈活的選擇是一種隨機應變的智慧，往往會對以後的人生軌跡帶來很大的影響。在順境中，有很多機遇和「天時地利」的有利條件，一定要堅決果斷地把握機會，大踏步前進；在逆境中，有很多挑戰和阻礙前進的不利因素，這時你必須暫時停下腳步思考，是勇往直前還是繞道而行，抑或讓步後退，需要進時，要經過慎重考慮再做出抉擇，如果走錯了，即使邁出的是一小步，都會對你的大目標產生極大的影響，甚至左右你今後的人生。所以在面臨重大抉擇時，一定要懂得進和退的選擇。把握好自己的人生目標，認清有利和不利條件，用自己的理性和智慧為自己的人生導航，只有這樣才能正確決斷自己的進退隱顯。

第二，待人之道。人世間，人和人是千差萬別的：有賢德之人，有不肖之人；有聰明之人，有糊塗之人；有勇敢之人，有怯懦之人，等等。所以，我們對待不同的人就要用不同的應對方法：對賢德之人要讚頌、褒獎，對不肖之人要懲戒、教育；對聰明之人要器重、提拔，對糊塗之人要開導、捨棄；對勇敢之人要敬重、激勵，對怯懦之人要支持、鼓勵，等等。運用到企業管理領域，用人要量身訂作、因材定職、因人施管；運用到教育領域，要因材施教、因人而異，等等。總之，我們要做到：識人心、待人正、用人長。

第三，談判之道。談判講求「知己知彼」：可以「闔」上自己，不讓對方察覺自己的真實意圖，「闔」的目的是為了更好地了解對方的實力和意圖，以爭取和尋找最佳合作方案。可

以「開」啟自己，讓對方知道自己的真實意圖。但是要「開」，必須要考慮周詳。一定要做好周詳、科學、合理的計劃，這樣才能在談判中達成雙方共識，實現雙贏。

第四，「**開口**」之道。俗語說：「病從口入，禍從口出」，「一言可興邦，一言可喪國」。口是心靈的關口，用開闔之法把守這個關口，當開則開，當閉則閉；當多則多，當少則少；當高則高，當低則低；當緩則緩，當急則急；當硬則硬，當軟則軟，等等。只有這樣，才能做到言談有度、揮灑自如。

第五，**商戰之道**。在商海裡，倘若遇到強硬對手，可採用「捭」，以勢壓人；亦可採用「闔」，以柔克剛。若是遇到弱小對手，則比較適於採用「闔」，以德服人；但同樣可採用「捭」，兼併收購。一言以蔽之，在商戰中，掌握了捭闔之術，就如同掌握了致勝之術，運用得法，就能縱橫商海。

第五章　捭闔之道，以陰陽試之

【原文】

捭闔之道，以陰陽試之[1]，故與陽言者依崇高，與陰言者依卑小。以下求小，以高求大。由此言之，無所不出，無所不入，無所不可[2]。可以說人，可以說家，可以說國，可以說天下[3]。為小無內，為大無外[4]。益損、去就、倍反[5]，皆以陰陽御其事。陽動而行，陰止而藏；陽動而出，陰隨而入。陽還終始，陰極反陽[6]。以陽動者，德相生也；以陰靜者，形相成也。以陽求陰，苞以德也；以陰結陽，施以力也；陰陽相求，由捭闔也。此天地陰陽之道，而說人之法也，為萬事之先，是謂「圓方之門戶」[7]。

周敦頤《太極圖說》：

「無極而太極。太極動而生陽，動極而靜，靜而生陰，靜極復動。一動一靜，互為其根。分陰分陽，兩儀立焉。」

【注釋】

①捭闔之道，以陰陽試之：或開啟或閉藏，都以陰陽之道試行。

②無所不入，無所不可：入，進入，與「出」相對；可，可以。這裡指沒有不可以的地方，沒有不成功的事情。

③可以說天下：可以說服天下。

④為小無內，為大無外：做小事沒有「內」的界限，做大事沒有「外」的疆界。

⑤倍反：倍，悖也，背叛或復歸。

⑥陽還終始，陰極反陽：陰陽相生，它們之間是可以相互轉化的。

⑦圓方之門戶：圓方即方圓，所謂「天圓地方」的簡稱，天地的代稱，也是宇宙對立統一的標誌。圓方之門戶，指決定事理矛盾兩方面相互制約、相互轉化的關鍵。

【譯文】

　　關於開放和封閉的規律都要從陰陽兩方面來理解。因此，從陽的方面來遊說就為人指明崇高的理想，而從陰的方面來遊說則向人灌輸卑小的目標。以卑下來求索微小，以崇高來求索博大。如果運用這個原則來遊說，那麼一定開闔有度、縱橫自如，也就沒有不可以去的地方，也沒有什麼是辦不成的。用這個道理，可以說服人，可以說服一人一家，可以說服一邦一國，還可以說服整個天下。要做小事的時候沒有「內」的界限，要做大事的時候沒有「外」的疆界。所有的損害和補益、離去和接近、背叛和歸附等行為，都是運用陰、陽的變化來駕馭的。陽的方面運動、前進時，陰的方面就會靜止、隱藏。陽的方面活動而顯出時，陰的方面就會隨之潛入。陽的方面環行於終點和開端時，陰的方面到了極點就會反歸為陽。在「陽」的活躍中道德就會與之相生，在「陰」的安靜中，有力相助，自有形勢。所以，用「陽」來求得「陰」，就要用道德來包容；用「陰」來求得「陽」，就要施用力量。陰陽之氣相追求，是依據開啟和關閉的原則。這是天地陰陽之道，也是遊說他人的基本方法，是各種事物的先導，是領悟遊說以及一切事理的根本途徑。

名家名言

德芳：

「當女人用柔弱把自己武裝起來時，她們是最堅強的。」

【延伸閱讀】

　　「捭闔之道，以陰陽試之，故與陽言者依崇高，與陰言者依卑小。以下求小，以高求大。由此言之，無所不出，無所不入，無所不可」。本章主要講採取捭闔手段，必須從陰陽兩方面來理解和實踐，如此一來，就沒有什麼辦不成的事。

　　為了求得更大的發展目標而暫時示弱於人便是這種智慧最突出的一種展現。

　　孫臏與龐涓師從鬼谷子學習兵法。龐涓為求功名先於孫臏下山，到了魏國被魏王拜為軍師，但他心裡清楚，孫臏的才華

遠在自己之上。所以，儘管龐涓在下山前曾允諾推舉這位同門師兄，但龐涓始終沒有在魏王面前提起孫臏。

後來，孫臏由師父的至交墨子舉薦到魏國。見過魏王後，魏王考問其兵法，孫臏對答如流，魏王喜出望外，準備任命孫臏為副軍師。這時龐涓假惺惺地說：「我們情同手足，孫臏是我師兄，怎麼能讓師兄在我之下呢？不如先拜客卿，等到功勳卓著，臣當讓位。」於是，孫臏被拜為客卿。從此，兩個「老同學」來往又密切起來。龐涓雖然表面上仍與孫臏以同學相處，暗地卻心懷鬼胎，欲置孫臏於死地。他暗中陷害孫臏，使其慘遭「臏刑」（割去膝蓋骨），然後又假意派御醫為其敷藥療傷，並派人將孫臏抬入書館，表面卻好言安慰。這使忠厚老實的孫臏對龐涓感激涕零。

龐涓一心想要得到鬼谷子傳予孫臏的《孫子兵法》，於是便巧施恩惠使孫臏答應刻寫出來。孫臏直到從侍從口裡獲知了龐涓的真正目的後，才徹底認清了龐涓的真面目，他燒毀已刻兵書，心想：唯有裝瘋方可暫保一命。於是孫臏又哭又笑開始裝瘋。龐涓來探望孫臏時，他目中無人地說：「我笑魏王想奪我性命，卻不知我有十萬天兵護佑，我哭魏國除我之外沒有一個人可以當大將。」說完，睜大眼睛瞪住龐涓，接著又磕頭如搗蒜，大聲叫喊：「師父救我！」無論龐涓怎麼誘說，孫臏都死拽住他的袍子不鬆手，一直叫喊「師父救我呀」！龐涓沒有辦法，只得令左右將孫臏拉開後，自己怏怏回府。龐涓對孫臏的表現疑心不已，心想孫臏可能是裝瘋。於是，又私下派人把孫臏拖到豬圈裡。豬圈裡到處是屎、尿，臭氣熏天。孫臏披頭散髮，在屎尿中呼呼大睡。有人挑來一擔酒食，說是可憐先生如此遭遇，瞞著軍師送來的。孫臏知道這又是龐涓在試探自己，便破口大罵：「畜生，又來毒害我嗎？」並把酒食掀翻在豬圈裡。有來人抓起一把豬屎砸向孫臏，他便一把接住豬屎送到自己嘴裡津津有味地吃起來。那人把這些情況報告給龐涓。龐涓冷笑道：「這傢伙真瘋了！」就這樣，孫臏巧借裝瘋瞞天

名家名言

珍·拉·洛威爾：

「弱有兩種類型，一種是脆，一種是軟；脆則易斷，軟則易彎。」

過海,逃過了龐涓的謀害,日後在圍魏救趙一役中得以報仇雪恨。

孫臏在知道龐涓加害自己的真實目的後,清醒地意識到敵我力量懸殊,如果以硬碰硬,無異於以卵擊石,於是明智地採取了避實就虛、避其鋒芒的「示弱」之術。孫臏裝瘋賣傻的示弱是一種表面的偽裝,是一種手段,屬於陽;消除龐涓的戒心並最終擺脫龐涓的加害是其真實目的,屬於陰。孫臏在敵我交鋒中巧妙地採用了陰陽捭闔之術。

歷史上還有很多典故可以說明這一點:韓信能忍胯下之辱,遂成一代名將;勾踐臥薪嚐膽,「十年生聚,十年教訓」,方能洗刷恥辱,復國興邦;藺相如不與廉頗爭鋒,才有「將相和」的千古美名……百折不撓、寧死不屈確實是令人欽佩的美德和品行,但面對強大的對手,若無取勝的機會,卻一味地勇往直前,就會陷入被動,給自己帶來不必要的傷害甚至犧牲。如果適時示弱,可以避其鋒芒,迷惑對手,得以養精蓄銳,然後等待時機反戈一擊,常常能出奇制勝。

示弱的智慧在自然界中隨處可見:一堆石子壓在草地上,小草被壓在下面,但為了繼續生存和生長,小草改變了直長的方向,沿著石頭間的縫隙,彎彎曲曲地探出頭來。在重壓面前,小草選擇了彎曲、選擇了示弱,而正是這種選擇,才使它們散發出永恆的勃勃生機。有兩種藍甲蟹:一種很兇猛,生性好鬥,跟誰都敢「開戰」;一種很溫順,遇上「敵人」便一味裝死,一動不動。隨著時間的推移,強悍兇猛的藍甲蟹在殘殺中越來越少,瀕臨滅絕;而甘於示弱的藍甲蟹因為善於保護自己,反而繁衍昌盛,不斷壯大。

自然界中的植物和動物能夠應用陰陽之道保護自己、求得生存和繁衍的空間,乃是出於生存的本能。而我們人類擁有無上的智慧,所以更應懂得運用陰陽之道來謀發展、求進步、鑄成功。人們常常用「毫不示弱」來形容勇敢和剛毅,面對壓力誓不低頭的確是值得欽佩的個性和品格,但懂得適時選擇示弱、認輸、乃至於放棄的人才是最聰明的人。

瑞典的克洛普以登山為志業。1996年春,他騎自行車從瑞典出發,歷經千辛萬苦,來到了喜馬拉雅山的腳下,與其他12名登山者一起登珠穆朗瑪峰(聖母峰)。但在距離峰頂僅剩下300英尺時,他毅然決定放棄此次登峰行動,返身下山,那意味著前功盡棄啊!而他做出這個決定

的原因是他預定返回的時間是下午2點，雖然他僅需45分鐘就能登上峰頂，但那樣他會超過安全返回的時限，無法在夜幕降臨前下山。同行的另外12名登山者卻無法認同他的決定，毅然向上攀登，雖然他們大多數到達了頂峰，但最終錯過了安全返回的時間而葬身於暴風雪中，讓人扼腕歎息。而克洛普經過對惡劣環境的適應，在第二次攀登時輕鬆地登上了峰頂，征服了「珠峰」。

假如克洛普也和其他人一樣，執著地選擇勇往直前，不顧一切地去實現目標，那麼他將遭遇與其他同行者一樣的悲慘結局，更不會有以後的成功。正是因為他學會了「示弱」，學會了審時度勢，把握大局，以小忍換大謀，最終安全實現了自己登珠峰的宿願。

人生只有既拿得起又放得下，才能做得更好、走得更遠。適時的示弱，才是大家的風範和最終的贏家。

曾有一位記者去拜訪一位企業家，目的是獲得有關他的一些醜聞資料。然而，還來不及寒暄，這位企業家就對想質問他的記者說：「時間還早得很，我們可以慢慢談。」記者對企業家這種從容不迫的態度大感意外。

一會兒，企業家的管家將咖啡端上桌來，這位企業家端起咖啡喝了一口，立即大嚷道：「哦！好燙！」咖啡杯隨之滾落在地。等管家收拾好後，企業家又把香菸倒著插入嘴中，從過濾嘴處點火。這時記者趕忙提醒：「先生，您將香菸拿倒了。」企業家聽到這話之後，慌忙將香菸拿正，不料卻將菸灰缸碰翻在地。在商場中趾高氣揚的企業家出了一連串的洋相，使記者大感意外，不知不覺中，原來的那種挑戰情緒完全消失了，甚至對對方產生了一種同情。這就是企業家想要的效果。這整個過程，其實是企業家一手安排的。

這位企業家並未依仗權勢趾高氣揚，而是採取示弱的智慧贏得了最終的勝利。當對方發現傑出的權威人物也存在這些常人的「弱點」時，曾經的敵意和功利之心就可能隨之消失，而化之為同情、憐憫之心。

生活中向人示弱，可以小忍而不亂大謀；工作中向人示弱，可以收斂鋒芒、蓄勢待發；強者示弱，可以展示出其平易近人的一面，顯示其廣闊的胸襟；弱者示弱，可以積蓄實力、厚積薄發。

　　示弱並不是妥協或倒下，更不是懦弱，而是一種理智和「小不忍則亂大謀」的智慧，是為了更好、更堅定地站立。人生是一個艱難的旅程，絕不會一路風平浪靜、一帆風順，所以我們必須懂得適時地揚帆和收帆，以避免被風浪吞沒，從而安全地抵達彼岸。

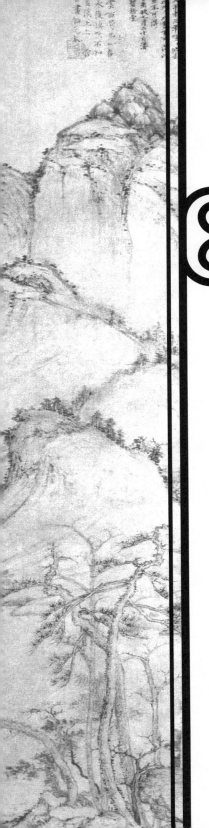

第二篇

反應術

第一章　事有反而得復者

【原文】

古之大化者②，乃與無形俱生。反以觀往，復以驗來③；反以知古，復以知今；反以知彼，復以知己。動靜④虛實⑤之理，不合來今⑥，反古而求之。事有反而得復⑦者，聖人之意也，不可不察⑧。

【注釋】

①反應：反，通「返」；應，應和。反應，在這裡指從對方返回的資訊。

②古之大化者：化，教化指導。大化者是指聖人。

③反以觀往，復以驗來：反、復，都是返回、重複的意思。追溯過去的事情、經驗，再回首察驗未來。

④動靜：運動與靜止，「動」與「靜」是相對而言的。

⑤虛實：真偽的意思。

⑥來今：未來與現在。

⑦反而得復：調查過去，反覆研究現在與將來的對策，以便掌握其中的道理。

⑧聖人之意也，不可不察：察，仔細觀察研究，此句是說對聖人的見解不可不悉心研究、思考。

【譯文】

在古代能以「大道」來教化萬物的聖人，其所作所為都能與自然的發展變化相吻合。反顧以追溯過去，再回首以察驗未來；反顧以考察歷史，再回首以了解今天；反顧以洞察對方，再回首以認識自己。動靜、虛實的原則，如果在未來和今天都得不到應用，那就要到過去的歷史中去考察前人的經驗。有些

屈原《離騷》：

「路漫漫其修遠兮，吾將上下而求索。」

事情是要反覆探索才能把握的，這是聖人的見解，不可不認真研究。

【延伸閱讀】

「事有反而得復者」，主要是說要運用「反覆」的方法。要想做到鑑古觀今，知己知彼，收穫成績，必須經過反覆的探索過程。知識的獲取需要反覆不斷地複習，土地的豐收需要反覆不斷地耕耘，一項成功的發明創造需要反覆不斷地試驗，真理的獲得需要經過反覆不斷地驗證。

大發明家愛迪生發明電燈泡就是經歷了上千次的反覆試驗才取得最終成功的。

愛迪生是鐵路工人的孩子，小學未讀完就輟學了，在火車上以賣報度日。愛迪生是一個異常勤奮的人，喜歡做各種實驗，製作出了許多巧妙的機器。他對電器特別感興趣，自從法拉第發明發電機後，愛迪生就決心製造電燈，為人類帶來光明。

愛迪生12歲時，便沉迷於科學實驗之中，經過自己孜孜不倦的自學和實驗，16歲那年，愛迪生便發明了每小時拍發一個信號的自動電報機。後來，他又接連發明了自動數票機、第一架實用打字機、二重與四重電報機、自動電話機和留聲機等。有了這些發明成果的愛迪生並不滿足，1878年9月，愛迪生決定向電力照明展開研究。他翻閱了大量的有關電力照明的書籍，決心製造出價錢便宜，經久耐用，而且安全方便的電燈。

他從白熱燈著手試驗。他想，應把一小截耐熱的東西裝在玻璃燈泡裡，當電流把它燒到白熱化的程度時，便會由熱而發光了。他首先想到了炭，於是就把一小截炭絲裝進玻璃泡裡，但是剛一通電，炭絲就斷裂了。「這是什麼原因呢？」愛迪生拿起斷成兩段的炭絲，再看看玻璃泡，過了許久，他才忽然想起，也許是因為玻璃泡裡面有空氣，空氣中的氧幫助炭絲燃燒而致使炭絲立即斷裂的。於是他用自己手製的抽氣機，盡可能地把玻璃泡裡的空氣抽掉。之後再進行同樣的試驗。這一次試

名家名言

哥白尼：
「人的天職在勇於探索真理。」

驗很成功，通電後，炭絲果然亮起來了，也沒有馬上熄掉，但8分鐘後，「燈」還是滅了。

可是不管怎樣，愛迪生終於發現：真空狀態對白熱燈非常重要，至於燈可以亮多久的關鍵就是炭絲了。

那麼應選擇什麼樣的耐熱材料好呢？愛迪生左思右想，熔點最高，耐熱性較強的物質就要算白金了。於是，愛迪生和他的助手們用白金試了好幾次，可這種熔點較高的白金，雖然使電燈發光時間延長了很多，但不時要自動熄掉再自動發光，仍然不是很理想。愛迪生並不氣餒，繼續著自己的試驗工作。他先後試用了鉬、鈦、銦等各種稀有金屬，效果都不是很理想。

過了一段時間，愛迪生對前邊的實驗工作做了一個總結，把自己所能想到的各種耐熱材料全部寫下來，總共有1600種之多。

接下來，他與助手們將這1600種耐熱材料分門別類地開始試驗，可是試來試去，還是採用白金最為合適。由於改進了抽氣方法，使玻璃泡內的真空程度更高，燈的壽命已延長到兩個小時。但這種由白金為材料做成的燈，價格十分昂貴，誰願意花這麼多錢去買只能用兩個小時的電燈呢？

試驗工作陷入了低谷，愛迪生非常苦惱，一個寒冷的冬天，愛迪生在爐火旁閒坐，看著熾烈的炭火，口中不禁自言自語道：「炭炭……」可用木炭做的炭條已經試過，該怎麼辦呢？愛迪生感到渾身燥熱，順手把脖子上的圍巾扯下，看到這用棉紗織成的圍巾，愛迪生腦海突然萌發了一個念頭：對！棉紗的纖維比木材的好，能不能用這種材料呢？

他急忙從圍巾上扯下一根棉紗，在爐火上烤了很長時間，棉紗變成了焦焦的炭。他小心地把這根炭絲裝進玻璃泡裡，一經試驗，效果果然很好。

愛迪生非常高興，緊接又製造了很多棉紗做成的炭絲，連續進行了多次試驗。燈泡的壽命一下子延長到了13個小時，後來又達到45小時。

名家名言

愛迪生：

「我平生從來沒有做出過一次偶然的發明。我的一切發明都是經過深思熟慮和嚴格試驗的結果。」

這個消息一傳開，轟動了整個世界。使英國倫敦的瓦斯股票價格狂跌，瓦斯行業出現一片混亂。人們預感到，瓦斯燈即將成為歷史，未來將是電燈的時代。

大家紛紛向愛迪生祝賀，可是愛迪生卻無絲毫高興的樣子，搖頭說道：「不行，還得找其他材料！」

「難道亮了45個小時還不行？」助手吃驚地問道。「不行！我希望它能亮1000個小時，最好是16000個小時！」愛迪生答道。

愛迪生這時已心中有數。他根據棉紗的性質，決定從植物纖維這方面去尋找新的材料。

於是，馬拉松式的試驗又開始了。凡是植物方面的材料，只要能找到的，愛迪生都做了試驗，甚至連馬的鬃、人的頭髮和鬍子都拿來當燈絲做試驗。後來，愛迪生又選擇了竹子。他在試驗之前，先取出一片竹子，用顯微鏡一看，他便高興得跳了起來。於是，把炭化後的竹絲裝進玻璃泡，通上電後，這種竹絲燈泡竟連續不斷地亮了1200個小時！

這下，愛迪生終於鬆了口氣，助手們紛紛向他祝賀，可是他又認真地說道：「世界各地有很多竹子，其結構不盡相同，我們應認真挑選一下！」

助手深為愛迪生精益求精的科學態度所感動，紛紛自告奮勇到各地去考察。經過比較，在日本出產的一種竹子最為合適，於是便大量從日本進口這種竹子。與此同時，愛迪生又開設電廠，架設電線。過了不久，美國人民便使用這種價廉物美，經久耐用的竹絲燈泡。

竹絲燈用了很多年，直到1906年，愛迪生又改用鎢絲替代了原來的竹絲，使燈泡的品質又得到了提高，並一直沿用到今天。

愛迪生經過上千次長期反覆的試驗，終於點燃了世界上第一盞有實用價值的電燈。從此，愛迪生的名字就像他發明的電燈一樣，走進了千家萬戶。當人們點亮電燈時，每每會想到

名家名言

愛因斯坦：

「探索真理比佔有真理更為可貴。」

這位偉大的發明家，是他，給黑暗帶來了無窮無盡的光明。1979年，愛迪生發明電燈100週年，美國花費了幾百萬美元，舉行長達一年之久的紀念活動。而愛迪生之所以取得如此的成就和贏得世人的永恆愛戴及尊重，正是由於他不懈的探索精神。

不但是一項偉大的發明需要反覆不斷地試驗和探索才能成功，人生任何目標的達成都是如此，不管是個人的理想，還是一個團隊、一個集體乃至一個國家的目標，都離不開這種反覆探求的精神。

2005年1月18日是一個再普通不過的日子，但是歷史會銘記這一天，中國國旗在冰穹Ａ的巔峰飄舞，這是冰蓋上距海岸線最遙遠的一個冰穹，也是南極內陸冰蓋海拔最高的地區，氣候條件極端惡劣，被稱為「不可接近之極」。現在，這億萬年來寒冷孤獨的地球「不可接近之極」終於有了人類的足跡，被中國征服了。

中國用了21年的時間征服了南極的巔峰，也用了21次才站在了南極這塊「不可接近之極」之上，在這個過程中，中國的科考隊員們用科學不斷地探索，每一個南極科考者無疑都具備了這種「探索精神」，他們為了科學、為了國家在探索，他們知道探索就是一種冒險，一種生命的冒險，我們經常在報導中看到南極科考隊員與死亡擦肩而過的消息，但是他們沒有停下探索的步伐，用他們的南極精神贏得了世界的尊重。

這令人振奮的「征服」以及歷史上一個個開創新紀元的創造都來源於兩個字——探索。「探索精神」是歷史發展、人類進步的永恆動力和不竭泉源。任何一種探索都是一個艱難反覆的過程，沒有不懈的探索，哥倫布就不會發現美洲，沒有探索，人類至今還在靠火照明。載人飛船上天，萬米鑽孔入地，宇宙浩瀚茫茫，奈米材料微微，人類基因組計劃……這些都源自於兩個字——探索。

「路漫漫其修遠兮，吾將上下而求索」。探索，使人類在艱難的歷史進程中，領略到了無限的風光，也使人類在進步的每一次突破中，充滿了自信和憧憬。

大千世界，無奇不有，這個世界還有很多未知的「問號」等待著我們去探索。也正是這種不滅的探索精神，驅使人類文明的車輪不斷地前進，向未知的世界不斷地前進。

第二章　因其言，聽其辭

【原文】

　　人言者，動也；己默者，靜也。因其言，聽其辭①。言有不合②者，反而求之，其應③必出。言有象，事有比。其有象比④，以觀其次。象者象其事，比者比其辭也。以無形求有聲，其釣語⑤合事，得人實也。其張罝網⑥而取獸也，多張其會⑦而司之。道合其事，彼自出之，此釣人之網也。常持其網驅之，其言無比⑧，乃為之變⑨，以象動之，以報其心，見其情，隨而牧之⑩。己反往，彼復來，言有象比，因而定基。重之襲之，反之復之，萬事不失其辭，聖人所誘愚智⑪，事皆不疑。

《周易・繫辭》：
「擬諸其形容，象其物宜，是故謂之象。」

【注釋】

　　①辭：言詞。
　　②言有不合：所說的話不合理。
　　③應：答應。
　　④象比：象，法象、仿效形象和原形；比，比較。指按照形象進行比較。
　　⑤釣語：像釣魚投餌一樣，在發言時給對方以誘餌，以便引出對方的話頭。
　　⑥罝網：罝（ㄐㄩ）是捕兔子等野獸的網。
　　⑦會：會合，聚會。
　　⑧其言無比：比，可比的規範。指言辭無可比較。
　　⑨乃為之變：於是就為此改變方向。
　　⑩牧之：在此與「察」同義。就是進行調查加以闡明。
　　⑪愚智：愚者和智者。

【譯文】

人家說話，是活動；自己緘默，是靜止。要根據別人的言談來聽他的辭意。如果其言辭有矛盾之處，就反覆詰難，其應對之辭就要出現。語言有可以類比的形態，事物有可以類比的規範。既有「象」和「比」存在，就可以預見其下一步的言行。所謂「象」，就是模仿事物，所謂「比」，就是類比言辭。然後以無形的規律來探求有聲的言辭。引誘對方說出的言辭，如果與事實相一致，就可以刺探到對方的實情。這就像張開網捕野獸一樣，要多設一些網，彙集在一起來等待野獸落入。如果把捕野獸的這個辦法也能應用到人事上，那麼對方也會自己出來的，這是釣人的「網」。但是，如果經常拿著「網」去追逐對方，其言辭就不再有平常的規範，這時就要變換方法，用「法象」來使對手感動，進而考察對方的思想，使其曝露出實情，進而控制對手。自己返過去，使對手返回來，所說的話可以比較類推了，心裡就有了底數。向對手一再襲擊，反反覆覆，所有的事情都可以透過說話反應出來，聖人可以引導愚者和智者，這些沒有什麼值得懷疑的。

《禮記‧大學》：

「心不在焉，視而不見，聽而不聞。」

【延伸閱讀】

「因其言，聽其辭」。本章主要講要善於傾聽，並且在聽的過程中要善於誘導對方發言，透過對對方發言的反覆推敲，來把握對方內心的真實情況，然後再確定自己的應對策略。本章在講如何誘導對方時，提出了「象比」與「釣語」兩個名詞。所謂「象」，有「形象」、「象徵」的涵義，「象其事」就是用象徵或比喻之類的具體形象的語言去闡述抽象的事理。所謂「比」，就是透過可供類比的先例使對方信服。巧妙地運用「象比」，就可以借助形象而有力的語言說服對方，這就是「釣語」。

西元前265年，秦國猛烈進攻趙國，趙國向齊國求救。齊

國卻要求趙國用長安君作為人質，他們才能出兵。這時趙國由趙太后掌權，她堅決不同意用自己最鍾愛的小兒子作人質，大臣們極力勸諫，太后十分惱怒，明確告訴其左右，若有人膽敢再向她勸諫有關此事者，她就要降罪於該人。

　　趙國的左師觸龍說他希望謁見太后。太后猜想他肯定也是為人質之事而來，於是怒容滿面地等待他。觸龍一進屋，便慢步走向太后，到了太后身旁便連忙請罪說：「老臣腳有病，已經喪失了快跑的能力，好久沒能來謁見了，心裡很是過意不去，一直怕太后玉體偶有欠安，所以很想來看看太后。」接著，觸龍又問：「太后每天的飲食還好吧？」太后回答道：「就靠喝點粥罷了。」觸龍又說：「老臣現在胃口很不好，就自己堅持著步行，每天走三四里，稍微能增進一點食欲，對身體也能有所幫助。」太后說：「我年紀大了，做不到這些了。」說著說著，太后的臉色漸漸緩和了起來。

　　觸龍接著說：「老臣的劣子舒祺，年紀最小，是個不肖之子。臣老了，偏偏又很愛憐他。希望能派他到侍衛隊裡湊個數，來保衛王宮。所以冒著死罪來稟告您。」太后說：「沒問題。年紀多大了？」觸龍回答說：「十五歲了。雖然還小，但希望在老臣沒死的時候先拜託給太后。」

　　太后說：「做父親的也愛憐他的小兒子嗎？」觸龍答道：「比做母親愛得更深。」太后笑道：「婦道人家才特別喜愛小兒子。」誰知觸龍卻說：「依老臣個人的看法，太后愛女兒燕后要勝過長安君。」太后連忙說：「您錯了，對女兒的愛比不上對長安君愛得深。」觸龍說：「父母愛子女，就要為他們考慮得深遠一點。太后送燕后出嫁的時候，抱著她的腳哭泣，是想到她要遠去，也是夠傷心的了。送走以後，並不是不想念她，每逢祭祀一定為她祈禱，總是說：「一定別讓她回來啊！」難道不是從長遠考慮，希望她有了子孫可以代代相繼在燕國為王嗎？」太后點點頭說：「確實如此。」

　　觸龍又說：「從現在往上數三世，到趙氏建立趙國的時

名家名言

諸葛亮〈出師表〉：
「開張聖聽。」

侯，趙國君主的子孫凡被封侯的，他們的後代還有能繼承爵位的嗎？」太后說：「沒有。」觸龍說：「不只是趙國，其他諸侯國的子孫有嗎？」太后說：「我沒聽說過。」觸龍說：「這是因為他們近的災禍及於自身，遠的及於他們的子孫。難道是君王的子孫就一定不好嗎？地位高人一等卻沒什麼功績，俸祿特別優厚卻未嘗有所操勞，而金玉珠寶卻擁有很多。這才是真正的不好。現在太后您授給長安君以高位，把富裕肥沃的地方封給他，又賜予他大量珍寶，卻不曾想到目前讓他對國家做出功績。有朝一日太后百年了，長安君在趙國憑什麼使自己安身立足呢？老臣認為老太后為長安君考慮得太短淺了，所以我以為您愛他不如愛燕后。」

太后恍然大悟，馬上讓人套馬備車一百乘，讓長安君到齊國去作人質，長安君一到，齊國也就出兵了。

觸龍的諫說，妙就妙在「神不知鬼不覺」，步步誘導，環環緊扣、不露痕跡。先用「緩衝法」，然後用「引誘法」，再用「旁敲側擊法」，借用自己疼愛兒子，卻讓兒子「參軍」作為可供類比的先例，正是「象比」手法的妙用。最後，觸龍觸及主旨，提到長安君，指明太后的做法，看似「愛子」，實為「害子」，終於讓太后心悅誠服，同意讓長安君作為人質出使齊國。

《十善業道經》說：「言必契理，言可承領，言則信用，言無可譏」，意思是說，言論一定要合理。要讓別人能接納領受，就要有信用，令人無懈可擊。說話的前提是一個「理」字，觸龍的話之所以最終能讓趙太后信服，同意讓長安君到齊國作人質，關鍵就在於觸龍能在動之以情的基礎上，曉之以理。

「因其言，聽其辭」在今天同樣具有現實的指導意義，尤其在銷售和談判方面。談判中一定要善於傾聽。因為談判中有一半左右的時間要聽對方說話。常言說：「鑼鼓聽聲，聽話聽音」。會不會傾聽，能不能聽懂對方的話中之意、聽懂對方的「弦外之音」，能不能在傾聽中清楚對方的「弱點」或「破綻」，從而迅速調整應對的策略，關係著整個談判的成敗。一個高明的談判者不僅要善於用耳傾聽，還要善於用嘴在不經意的情形下，引導對方多多地說、不停地說。

　　美國鋼鐵公司總經理卡里，請來著名的房地產經紀人約瑟夫‧戴爾，對他說：「我們公司的房子是租別人的，我想還是自己有座房子才行。」從卡里的辦公室窗戶望出去，只見江中船來船往，碼頭密集，這是多麼繁華的景致呀！卡里說：「我想買的房子也必須能看到這樣的景色，請你替我物色一所合適的吧。」

　　約瑟夫費了好幾個星期來尋找這所「合適」的房子。在許多「合適」的房子中間，第一所便是卡里鋼鐵公司隔壁的那幢樓房，卡里似乎很想買隔壁那幢房子，並且據他說，有些同事也竭力想買那幢房子。

　　當卡里第二次請約瑟夫去商討買屋之事時，約瑟夫卻勸他買下鋼鐵公司住所在的那幢舊樓房，同時指出，隔壁那幢房子所能眺望到的景色，不久便要被一所計劃中的新建築所遮蔽了，而這幢舊房子還可以保全多年對江面景色的眺望。

　　卡里立刻對此建議表示反對，他表示對這所舊房子絕對無意購買。約瑟夫並不申辯，他只是認真地傾聽著，腦子飛快地思考著，究竟卡里的意思是想要怎樣呢？卡里始終堅決反對那幢舊房子，然而他對那幢房子的木料，建築結構所下的批評，以及他反對的理由，都是些瑣碎的地方，顯然可以看出，這並不是卡里真實的意見，而是那些主張買隔壁那幢新房子的職員的意見。約瑟夫聽著聽著，心裡就明白了七八分，他知道卡里心裡實際想買的，其實是他嘴中竭力反對的那棟舊房子。

　　由於約瑟夫一言不發地坐在那裡聽，沒有表示他的反對意見，卡里也就不講了。這時約瑟夫開始運用他的策略：連眼皮都不眨一下，沉靜地說：「先生，您初來紐約時，您的辦公室在哪裡？您的鋼鐵公司在哪裡成立的？」卡里沉默了一會兒才答道：「在這裡，就在我們此刻所坐的辦公室裡誕生的。」卡里說得很慢，約瑟夫也不再說什麼。就這樣過了五分鐘，他們都默默地坐著。終於，卡里以半帶興奮的腔調對約瑟夫說：「我的職員們差不多都主張搬出這幢房子，但這是我們的發祥地啊！我們差不多可以說就是在這裡誕生、成長的，這裡實在是我們應該永遠長駐下去的地方呀！」於是，在半小時內，這件事就完全辦妥了。

　　約瑟夫並沒有賣弄華而不實的推銷術，而是憑藉兩隻耳朵分析和判斷出了卡里的真實意圖，然後很巧妙地引出了卡里的隱衷，就像一個燃

火引柴的人，以微小的星光，觸發了熊熊的烈焰。

「因其言，聽其辭」是說話的一個不可或缺的重要組成部分，是交談藝術中的重要技巧。在與人溝通的過程中，尤其是以推銷或說服為目的的談話中，必須學會傾聽，善於傾聽。

「因其言，聽其辭」還有一個重要表現，就是以靜制動、克己以制人。這樣的人擁有超強的自我克制力，能夠時時處處控制住自己的脾氣和情緒，喜怒不形於色，透過制己進而達到制人的目的。歷史上凡是成大事者，一般都具備這種品質和能力，漢高祖劉邦便是其中一位。

楚漢相爭時期，有一次劉邦和項羽在陣前對話，劉邦歷數項羽的罪狀，項羽大怒，命令潛伏的士兵放箭射殺劉邦。劉邦躲閃不及，一枝箭射中胸口，傷勢嚴重，劉邦甚至痛得無法起身，但楚軍以及漢軍大部分士兵卻難以看清其傷處以及傷勢。

此時事態嚴峻，若是主將受傷，群龍便會無首。萬一楚軍乘勝追擊，那麼漢軍就會潰敗。於是劉邦忍了忍，他鎮靜下來，趁人不注意，把手放在自己的腳上，對項羽大聲喊道：「碰巧你們射中了，不過可惜射中了我的腳，並不是我的身體。」漢軍士兵聽見劉邦這樣說，便穩定下來，最終沒有被楚軍攻陷。

在今天，能夠做到克己制人、喜怒不形於色是一個人成功的必備能力，某位領導者倘若一遭遇困難或面臨危險就無法自持，臉上立刻露出不安或慌亂，不僅會降低自己的自信心，還會影響到周圍共事者的士氣和情緒，一旦如此，便有可能根基動搖，「軍心渙散」，導致事業停步甚至倒退或失敗。

所以，對於每一個人來說，如果想開創自己的一番事業，就要盡量做到克己、喜怒不形於色。當然，這並非一朝一夕所能成就的本領，是需要經過反覆磨練方能達到的一種境界。遇到事情要學會忍耐，首先讓自己冷靜下來，用理智的思維去看待周圍的一切，磨練自己的性情，這樣才能逐漸成熟起來，久而久之，方能達到喜怒不形於色的境界。

當然在日常生活中，喜怒哀樂是人之常情，我們應當順其自然，喜樂隨心，不必強行克制自己做一個面無表情的「木頭人」，否則就會失去人生情趣，讓人敬而遠之。

第三章 欲張反斂，欲取反與

【原文】

古善反聽者，乃變鬼神①以得其情。其變當也，而牧之審也。牧之不審，得情不明；得情不明，定基不審。變象比，必有反辭，以還聽之。欲聞其聲反默，欲張反斂②，欲高反下，欲取反與。欲開情③者，象而比之，以牧其辭④，同聲相呼，實理同歸。或因此，或因彼⑤，或以事上，或以牧下⑥。此聽真偽、知同異，得其情詐⑦也。動作言默，與此出入，喜怒由此以見其式⑧，皆以先定為之法則。以反求復，觀其所託⑨，故用此者，己欲平靜，以聽其辭，察其事，論萬物，別雄雌。雖非其事，見微知類⑩。若探人而居其內，量其能射其意也。符應不失，如螣蛇之所指，若羿之引矢。

【注釋】

①鬼神：鬼，隱密不測。鬼神是指死者的靈魂和山川的神明。

②斂：收斂。

③開情：情，感情、情緒。這裡是說敞開心靈的大門。

④象而比之，以牧其辭：象，模仿；比，類比。用象比的方法把握對方的言辭。

⑤或因此或因彼：因，原因；此，這裡；彼，那裡。或這個原因，或那個原因。

⑥或以事上，或以牧下：事，侍奉；牧，統治（人民）。意思是說或用來侍奉君主，或用來觀察民情。

⑦情詐：真情和虛偽。

⑧式：定式，模式。

⑨觀其所託：託，寄託。觀察其所寄託之處。

⑩見微知類：微，微小；類，種類。根據輕微徵兆探索有關聯的重大事物。

⑪探：偵察，打聽。

⑫射其意：此處指如弓之發矢，準確猜中對方意圖。

⑬符應：驗合符契。

⑭蛇：意指蛇。

⑮羿：即后羿，神話傳說中的神射手。

【譯文】

古代善於從反面聽別人言論的人，可以改變鬼神，從而刺探到實情。他們隨機應變很得當，對對手的控制也很周到。如果控制不周到，得到的情況就不清晰，得到的情況不清晰，心裡的盤算就不全面。要把模仿和類比靈活運用，就要說反話，以便觀察對方的反應。想要講話，反而先沉默；想要敞開，反而先收斂；想要升高，反而先下降；想要獲取，反而先給予。要想了解對方的內情，就要善於運用模仿和類比的方法，以便把握對方的言辭。同類的聲音可以彼此呼應，合乎實際的道理會有共同的結果。或者由於這個原因，或者由於那個原因；或者用來侍奉君主，或者用來管理下屬。這就要分辨真偽，了解異同，以分辨對手的真實情報或詭詐之術。活動、停止，言說、沉默都要透過這些表現出來，喜怒哀樂也都要借助這些模式，都要事先確定法則。用反向形式來得到對方的回應，以觀察其寄託。所以用這種反向思考的方法，自己要平靜，以便聽取對方的言辭，考察事理，論說萬物，辨別真偽。雖然這還不是事情本身，但是可以根據輕微的徵兆，探索出同類的大事。就像刺探敵情而深居敵境一般，要首先估計敵人的能力，其次再摸清敵人的意圖，像驗合符契一樣可靠，像蛇一樣迅速，像后羿張弓射箭一樣準確。

【延伸閱讀】

「古善反聽者，乃變鬼神以得其情。其變當也，而牧之審也。牧之不審，得情不明；得情不明，定基不審。變象比，必有反辭，以還聽之。欲聞其聲反默，欲張反斂，欲高反下，欲取反與。」本章主要講反應之術要善於變化，特別是善於從反方向入手。事情若從正面無法入手，不妨考慮反其道而行之，往往能收到化繁為簡、事半功倍、神鬼不測的效果。

漢武帝頒布推恩令就是成功運用「欲取反與」策略的典範。

西漢自文、景兩代起，如何限制和削弱日益膨脹的諸侯王勢力，一直是封建皇帝面臨的棘手問題。文帝時，賈誼鑑於淮南王、濟北王的謀逆，曾提出「眾建諸侯而少其力」的建議。文帝接受了這一建議，但沒有完全解決問題。漢景帝即位後，採納晁錯的建議削藩，結果吳、楚等七國以武裝叛亂相對抗，即「七國之亂」。景帝迅速平定了叛亂，並採取一連串相應的措施，使諸侯王的勢力受到很大的削弱。但至武帝初年，一些諸侯仍然連城數十，地方千里，驕奢淫逸，阻眾抗命，威脅著中央集權的鞏固。因此，元朔二年（西元前127年），主父偃上書武帝，建議令諸侯推私恩分封子弟為列侯。這樣，名義上是施德惠，實際上是分其國，以削弱諸侯王的勢力。這一建議既迎合了武帝鞏固專制主義中央集權的需要，又避免激起諸侯王武裝反抗的可能，因此立即為武帝所採納。

同年春正月，武帝頒布推恩令。推恩令下達後，諸侯王的支庶多得以受封為列侯，不少王國也先後分為若干侯國。按照漢制，侯國隸屬於郡，地位與縣相當。因此，王國析為侯國，就是王國的縮小和朝廷直轄土地的擴大。這樣，漢朝廷不行黜陟，而藩國自析。其後，王國轄地僅有數縣，徹底解決了問題。

推恩令是漢武帝推行的一個旨在減少諸侯封地，削弱諸侯

名家名言

《老子》：

「反者，道之動。」

「將欲翕之，必固張之；將欲弱之，必固強之；將欲廢之，必固興之；將欲奪之，必固與之。是謂微明。柔弱勝剛強。」

王勢力的一項重要法令。頒布推恩令以前，諸侯王只能把封地和爵位傳給嫡長子，推恩令頒布之後，允許諸侯王把封地分為幾部分傳給幾個兒子，形成直屬於中央政權的侯國。推恩令吸取了晁錯削藩令引起「七國之亂」的教訓，反其道而行，欲取反與，使得諸侯王國名義上沒有進行任何的削藩，避免了激起諸侯王武裝反抗的可能性。於是「藩國始分，而子弟畢侯矣」，導致封國越分越小，勢力大為削弱，從此「大國不過十餘城，小侯不過十餘里」。

「欲聞其聲反默，欲張反斂，欲高反下，欲取反與」在後世應用甚廣，尤其是政治和軍事方面。「欲擒故縱」便是推而廣之的典型。欲擒故縱中的「擒」和「縱」是相互矛盾。其中，「擒」是目的、結果，是實質；「縱」是方法、手段，是表象。

西晉末年，幽州都督王浚野心極大，甚至想代晉稱帝。匈奴人劉淵建立的漢（後改稱趙，史稱前趙）名將石勒打算消滅王浚的部隊。王浚勢力強大，石勒恐一時難以取勝。他決定採用「欲擒故縱」之計，迷惑王浚，他派門客王子春帶了大量珍珠寶物，敬獻王浚。並寫信向王浚表示擁戴他為天子。信中說，現在社稷衰敗，中原無主，只有你威震天下，有資格稱帝。王子春又在一旁添油加醋，說的王浚心裡喜不自勝，信以為真。正在這時，王浚有個名叫游統的部下，伺機謀叛王浚。游統想找石勒作靠山，石勒卻殺了游統，將游統首級送給王浚。這一招，使王浚對石勒絕對放心了。

西元314年，石勒得知幽州遭受水災，老百姓沒有糧食，王浚不顧百姓生死，苛捐雜稅，有增無減，民怨沸騰，軍心浮動。石勒親自率領部隊攻打幽州。這年4月，石勒的部隊到了幽州城，王浚還蒙在鼓裡，以為石勒來擁戴他稱帝，根本沒有準備應戰。等到他突然被石勒將士捉拿時，才如夢初醒。王浚中了石勒「欲擒故縱」之計，身首異處，美夢成了泡影。

戰場上沒有同情和憐憫，更沒有真正的饒恕。但戰場總會有勝有負，古人有「窮寇莫追」的說法。實際上並非不追，而是看如何去追。若把敵人逼急了，則往往會使敵人集中全力，拚命瘋狂反撲，與其如此，倒不如暫時放敵人一馬。放其一馬，不等於放虎歸山，目的在於使

其放鬆戒備、喪失警惕、懈其鬥志，然後再伺機而動，一舉將其殲滅。

中國歷史上，欲擒故縱之例頗多。諸葛亮將孟獲七擒七縱，在於審時度勢，採用攻心之計。如今，「欲張反斂，欲高反下，欲取反與」、「欲擒故縱」更成為大多數精明企業家和商家的致勝法寶。

有個大的電器公司，其產品品質上乘，在國內外享有盛譽，急需擴大生產規模，但公司當時拿不出那麼多的資金做擴建專案，比較可行的辦法是兼併其他的小企業，利用改造小企業原有的設備。但如何兼併對方呢？如果對方一點好處都得不到，怎麼會俯首稱臣呢？於是，該電器公司決定給小企業三大好處：一是抽一部分技術人員對小企業職工進行培訓；二是拿出一部分資金對小企業原有設備進行改造；三是在產品品質合格的前提下，小企業可使用該電器公司的品牌。

這樣一來，該電器公司就輕而易舉地吞併了這些小企業，使這家大電器公司省下了70%的資金，擴大了生產規模，增加了盈利。這就像先播種後豐收一樣，先博得對方的好感，進而達到自己的目的，這比主動出擊的成功率要高得多。

類似的事例還有很多：

美國的可口可樂公司，為了打開中國大陸市場，不是一開始就向中國傾銷商品，而是採取「欲將取之，必先予之」的辦法。先無償向中國提供價值400萬美元的可樂灌裝設備，花大力氣在電視上做廣告，提供低價濃縮飲料，先吊起你的胃口，使你樂於生產和推銷美國的可樂，而一旦市場打開，再要進口設備和原料，他就要根據你的需求情況來調整價格，抬價收錢了。

10年中，美國的可口可樂風行中國，生產企業由1家發展到8家，銷量、價格也成倍成長。美國商人賺足了錢，無償給中國設備的投資早已不知收回幾倍了。

「欲速則不達」，先讓你嚐到些甜頭而割捨不掉，然後再實施自己的計劃，這種「欲擒故縱」、「欲得先與」的戰術，在商場上俯拾皆是、不勝枚舉。可以說，鬼谷子的思想在當今商戰中綻放著奇光異彩。

人們常說，商場如戰場，沒有感情可言，沒有永恆的敵人，也沒有永恆的朋友，只有永恆的利益。所以，投身商海，一定要謹慎從事，切

不可貪圖小恩小惠，否則就會因小失大、得不償失。在商海中打拚，更要掌握一些必備的兵法謀略，用它來保護自己、克制「敵人」！「欲聞其聲反默，欲張反斂，欲高反下，欲取反與」便是其中一個最有力的致勝法寶！

第四章　知之始己，自知而後知人

【原文】

故知之始己，自知而後知人①也。其相知也，若比目之魚②。其伺言也，若聲與之響③；其見形也，若光之與影。其察言也，不失若磁石之取針，舌之取燔骨④。其與人也微，其見情也疾。如陰與陽，如陽與陰；如圓與方，如方與圓。未見形圓以道之，既見形方以事之。進退左右，以是司之。己不先定，牧人不正⑤，事用不巧，是謂「忘情失道」；己審先定以牧人，策而無形容⑥，莫見其門，是謂「天神」。

【注釋】

①知之始己，自知而後知人：想要知道他人，就必須先從了解自己開始；了解自己以後才能知人。

②比目之魚：只有一隻眼睛的魚，經常是兩魚合作並游。

③響：回聲。

④燔骨：燔（ㄈㄢ），燒。燔骨，燒烤骨頭上所帶的肉。

⑤牧人不正：牧，統馭。統馭人，但不能整齊。

⑥形容：形態、形象、容貌。

【譯文】

所以，要想掌握情況，要先從自己開始，只有了解了自己，然後才能了解別人。對別人的了解，就像兩條比目魚一樣沒有距離；掌握對方的言論就像聲音與回聲一樣相符；明瞭對方的情形，就像光和影子一樣不走樣；考察對方的言辭，就像用磁石來吸取鋼針，用舌頭來獲取焦骨上的肉一樣萬無一失。自己曝露給對方的微乎其微，而偵察對方的行動十分迅

名家名言

老子：

「自知者明，知人者智。」

《孫子·謀攻》：

「知己知彼，百戰不殆。」

速，就像陰變陽、又像陽轉陰、像圓變方，又像方轉圓一樣自如。在情況還未明朗之前就用圓略來誘惑對手，在情況明朗以後就要用方略來戰勝對方。無論是向前，還是向後，無論是向左，還是向右，都可用這個方法來對待。如果自己不事先確定策略，統帥別人也就無法步調一致。做事沒有技巧，叫作「忘情失道」，自己首先確定進行策略，再以此來統領眾人，策略要不曝露意圖，讓旁人看不到其門道所在，這才可以稱為「天神」。

【延伸閱讀】

呂不韋：

「欲勝人者必先自勝，欲論人者必先自論，欲知人者必先自知。」

「故知之始己，自知而後知人也」。本章主要講要了解別人，首先必須了解自己，這樣，才能正確而靈活地運用各種策略，進退自如。老子曰：「知人者智，自知者明。」能了解別人的長短善惡固然算得上聰明，但若能知人更能自知，才真正算得上大智慧。

有這樣一則寓言：鷹從高岩上飛下來，以非常優美的姿勢俯衝而下，把一隻羊羔抓走了。一隻烏鴉看見了，非常羨慕，心想：「要是我也能這樣去抓一隻羊，就不用天天吃腐爛的食物了，那該多好啊！」於是烏鴉憑藉著對鷹抓羊羔的記憶，反覆練習俯衝的姿勢，也希望像鷹一樣去抓一隻羊。

一天，烏鴉覺得練習得差不多了，呼啦啦地從山崖上俯衝而下，猛撲到一隻公羊身上，狠命地想把羊帶走，然而烏鴉的腳爪卻被羊毛纏住了，拔也拔不出來。儘管烏鴉不斷地用力怕打翅膀，但仍飛不起來。牧羊人看到後，跑過去將烏鴉一把抓住，剪去了牠翅膀上的羽毛。傍晚，牧羊人帶著烏鴉回家，交給了他的孩子們。孩子們問是什麼鳥，牧羊人回答說：「這確確實實是一隻烏鴉，可是牠自己卻要充當老鷹。」

人貴有自知之明。識人雖然重要，但識己更有甚之。知人先知己，才能果斷出擊。烏鴉認識到老鷹的長處和優勢，並且知道向其學習，「以彼之長，補己之短」。然而，烏鴉的初衷

雖好，卻不明智，沒有自知之明，忽略了自身的條件，鷹的俯衝速度、力量、銳利的爪子，烏鴉一樣都不具備，怎能有鷹的本領和成就呢？有時候屬於別人的東西，照搬照抄到自己身上未必有用，「拿來主義」要不得！

　　了解別人，學習別人的優點是一種謙虛好學的好品質，但必須建立在了解自己的基礎之上，按照自己的實際條件，學習適合自己、能為我所用的東西才能有所成就。

　　了解自己是人生在世最需要做的首要事情，也是世界上最難做到的一件事。

　　一位少年去拜訪年長的智者。

　　少年問智者，自己如何才能變成一個自己愉快，又能給別人帶來快樂的人。

　　智者笑著望著他說：「孩子，你有這樣的願望，已經是很難得了。很多比你年長的人，從他們問的問題本身就可以看出，不管給他們多少解釋，都不可能讓他們明白真正重要的道理，就只好讓他們那樣好了。」

　　少年滿懷虔誠地聽著，臉上沒有絲毫得意之色。

　　智者接著說：「我送給你四句話。第一句話是，把自己當成別人。你能說說這句話的涵義嗎？」

　　少年回答說：「是不是說，在我感到憂傷的時候，就把自己當成是別人，這樣痛苦就自然減輕了；當我欣喜若狂之時，把自己當成別人，那些狂喜也會變得平淡、中和一些？」

　　智者微微點頭，接著說：「第二句話，把別人當成自己。」

　　少年沉思一會兒，說：「這樣就可以真正同情別人的不幸，理解別人的需求，而且在別人需要的時候給予恰當的幫助。」

　　智者兩眼發光，繼續說道：「第三句話，把別人當成別人。」

　　少年說：「這句話的意思是不是說，要充分地尊重每個人

名家名言

《呂氏春秋》：

「察己則可以知人，察今則可以知古。」

的獨立性，任何情形下都不可侵犯他人的專屬領地？」

智者哈哈大笑：「很好，很好，孺子可教也。第四句話是，把自己當成自己。這句話理解起來太難了，留著你以後慢慢品味吧。」

少年說：「這句話的涵義，我一時體會不出。但這四句話之間有許多自相矛盾之處，我怎樣才能把它們統一起來呢？」

智者說：「很簡單，用一生的時間和閱歷。」

少年沉默了很久，然後叩首告別。

後來少年變成了壯年人，又變成了老人。再後來在他離開這個世界很久以後，人們都還時時提到他的名字。人們都說他是一位智者，因為他是一個愉快的人，而且也給每一個見到過他的人帶來了快樂。

能夠認識別人，自是一種智慧和能力；能夠認識自己則是聖者、賢人。人生最難做到的就是正確、客觀地認識自己。在人的一生當中，很多人因為不能正確認識自己，所以終其一生不知道自己應該做什麼、適合做什麼、能夠做什麼，不能為自己的人生準確定位。因為不能正確認識自己，所以時常陷入自卑或自大的盲點；因為不能正確認識自己，所以出現了錯誤，往往找不到問題的癥結所在；因為不能正確認識自己，所以總是牢騷滿腹、怨天尤人，卻不知從自身找原因。

所謂「當局者迷，旁觀者清」，自己處在自身的立場和角度，難免會自我設限，這就是一種「心障」，「心障」會蒙蔽自己的雙眼，對自己認識不清、不全面或者有失偏頗，這時就需要借助和求教於別人，看看別人眼中和心中的自己究竟是怎麼樣的。

所謂「以銅為鑑，可以正衣冠；以古為鑑，可以知興替；以人為鑑，可以明得失。」有時候單單透過別人對自己的評價來認識自己也是遠遠不夠的，因為別人出於「明哲保身」等種種立場和因素，難免會隱匿自己的某些真實觀點，對你敷衍塞責。所以人要認識自己，還在於能夠以人為鑑，反照自己，做

名家名言

王安石：

「故古之欲知人者，必先求知己，欲愛人者，必先求愛己。」

到時刻自省。《論語‧學而》篇中曾子有曰：「吾日三省吾身……」只有時時處處反省自己，總結經驗，吸取教訓，才能不斷進步和改善自我。

　　認識自己，絕非一朝一夕的事，而是需要一生的時間和閱歷的。如果我們能及時發現自己的不足和過錯，在實際可行的基礎上，取彼長，補己短，自我調整，我們就能更快地走向成功，取得更大、更好的成就。

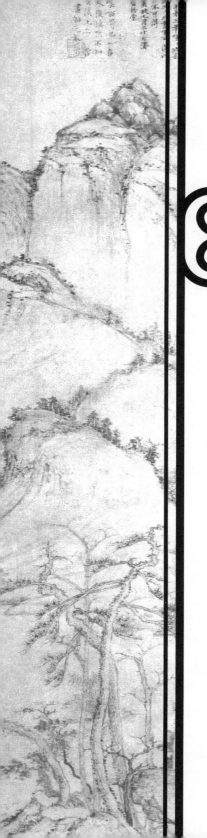

第三篇

內捷術

第一章　務隱度，務循順

【原文】

　　君臣上下之事，有遠而親②，近而疏③，就之不用，去之反求④。日進前而不御，遙聞聲而相思⑤。事皆有內揵，素結本始⑥。或結以道德，或結以黨友，或結以財貨，或結以采色⑦。用其意⑧，欲入則入，欲出則出，欲親則親，欲疏則疏，欲就則就，欲去則去，欲求則求，欲思則思。若稚蜘母⑨之從其子也，出無間，入無朕，獨往獨來，莫之能止。內者進說辭，揵者，揵所謀⑩也。欲說者，務隱度；計事者，務循順。陰慮可否，明言得失，以御其志。

《莊子·庚桑楚》：

「夫外韄者，不可繁而捉，將內揵；內韄者，不可謬而捉，將外揵。」

《戰國策·秦策》：

「簡練以為揣摩。」

【注釋】

　　①內揵：內，內心、內情；揵（ㄐㄧㄢˋ），通「楗」，本義為門閂。本指內情相守，這裡指要從內心與君主溝通，以達到情投意合的目的。

　　②遠而親：看似疏遠，其實極親密。

　　③近而疏：看似親密，其實極疏遠。

　　④就之不用，去之反求：就，靠近、趨近；去，離開。在身邊卻不任用，離去以後還受聘請。

　　⑤日進前而不御，遙聞聲而相思：日進前，每天都在君主的面前；御，駕馭馬車，這裡引申為「使用」；遙聞聲，聽到很遙遠的地方聲音。

　　⑥素結本始：素，平常；本始，本源。意思是把平常與本源相聯結。

　　⑦采色：這裡指藝術和娛樂。

　　⑧用其意：推行某種主張。

　　⑨蜘母：母蜘蛛。土蜘蛛的母愛極強，因此每當出入巢穴

時，都要把穴口加蓋以防外敵。

　　⑩揵所謀：進獻計謀。

　　⑪隱度：暗中揣測、估量。

　　⑫循順：沿著順暢的途徑，遵循固有規律。

　　⑬御：駕馭，把握。

【譯文】

　　君臣上下之間的事情，有的距離很遠卻很親密，有的距離很近卻很疏遠。有的在身邊卻不被使用，有的在離去以後還受聘請。有的天天都能在君主眼前卻不被信任，有的距離君主十分遙遠卻聽到聲音就被思念。凡是事物都有採納和建議兩方面，平常的東西都與本源相聯結。或者靠道德相聯結，或者靠朋黨相聯結，或者靠錢物相聯結，或者靠藝術相聯結。要想推行自己的主張，就要做到想進來就進來，想出去就出去；想親近就親近，想疏遠就疏遠；想接近就接近，想離去就離去；想被聘用就被聘用，想被思念就被思念。就好像母蜘蛛率領小蜘蛛一樣，出來時不留洞痕，進去時不留標記，獨自前往，獨自返回，誰也沒法阻止牠。所謂「內」就是採納意見；所謂「揵」就是進獻計策。想要說服他人，務必要先悄悄地揣測；度量、策劃事情，務必要遵循固有的規律。暗中分析是可是否，透徹辨明所得所失，以便影響君主的意向。

名家名言

《左傳・昭公三十二年》：

「揣高卑。」

【延伸閱讀】

　　「欲說者，務隱度；計事者，務循順」是講遊說別人，首先要了解其真實情況，分析和揣度其內心世界，然後再「對症下藥」，這樣才能「合其道」、順其意、稱其心，使對方順利接受自己的主張。因此，掌握對方的真實情況與真實心理，是遊說成功與否的關鍵。

　　懂得進諫之道的人在掌握對方的真實情況與真實心理的基礎上，往往能依靠各種巧妙的方法取得成功。「鄒忌諷齊王納

諫」便是一個典型。

　　鄒忌身高八尺多，形體容貌端美。早晨穿戴好衣帽，照鏡子時對他的妻子說：「我與城北徐公相比，哪一個美？」他妻子說：「您美極了，徐公怎能比得上您呢？」城北的徐公，是齊國的美男子。鄒忌不相信自己會比徐公美，就又問他的妾：「我與徐公相比，哪一個美？」妾說：「徐公怎麼能比得上您呀！」第二天，有客人從外邊來，鄒忌與他坐著談話，又問他：「我和城北的徐公比，誰美？」客人說：「徐公不如您美。」又過了一天，徐公來了，鄒忌仔細端詳他，自己覺得不如徐公美；再照鏡子看看自己，更覺得遠遠不如。晚上躺著想這件事，說：「我妻子認為我美，是偏愛我；妾認為我美，是害怕我；客人認為我美，是有求於我。」

　　於是鄒忌上朝拜見齊威王，說：「我確實知道自己不如徐公美。我的妻子偏愛我，我的妾害怕我，我的客人有求於我，他們都認為我比徐公漂亮。如今齊國有方圓千里的疆土，一百二十座城池，宮裡的嬪妃和身邊的親信，沒有不偏愛大王的；朝中的大臣沒有一個不害怕大王的；全國的老百姓沒有不有求於大王的。由此看來，大王受到蒙蔽很深啊！」

　　齊威王說：「好！」就下了命令：「所有的大臣、官吏、百姓能夠當面指責我的過錯的，可得上等獎賞；上書勸諫我的，可得中等獎賞；在公共場所批判議論我的過失，傳到我耳朵裡的，可得下等獎賞。」命令剛下達，群臣都來進諫，門前、院內像集市一樣；幾個月以後，還偶爾有人來進諫；一年以後，就是想進諫，齊威王所領導的臣民也沒什麼可說的了。

　　燕、趙、韓、魏等國聽到這種情況，都到齊國來朝見。這就是所謂的在朝廷上戰勝別國。

　　這個故事主要寫的是戰國初期齊威王接受鄒忌的勸諫而採納群言，終於使齊國大治。鄒忌善於思考，能夠「欲說者，務隱度；計事者，務循順」，運用得當的方法巧妙進諫。鄒忌見齊威王後，並沒有開門見山、單刀直入，而是先講自己的切

《漢書·陸賈傳》：

「生揣我何念。」

身體會，用類比推理的方式講出「王之蔽甚矣」。他先敘述了
妻、妾、客蒙蔽自己的原因，然後從自己的生活小事推而廣之
到治國大事，說明齊王因為處於最有權勢的地位，因而所受的
蒙蔽也就最深。鄒忌沒有對威王直接批評，而是以事設喻，啟
發誘導齊威王看到自己受蒙蔽的嚴重性，從而使他懂得納諫的
重要性。鄒忌對齊威王的進諫符合對方的身分，並且遵循了正
確的途徑，利用了適當的方法，所以取得了成功。

　　由鄒忌的故事我們可以總結出這樣的道理：在批評、建議
別人的時候一定要懂得委婉含蓄之道，這就如同在苦藥丸外面
加了一層「糖衣」，不僅不影響治病救人的目的，還能讓對方
因為嚐到「甜頭」而樂於嚥下你的良藥。

　　春秋時期發生過這樣一個故事，燭鄒替齊景公飼養的愛鳥
不小心飛走了，景公發怒要殺燭鄒。在這千鈞一髮的時候，國
相晏嬰站出來說：「燭鄒這書呆子有三大罪狀，請大王讓我列
舉完以後，再按罪論處。」得到景公的允許後，晏嬰把燭鄒叫
到景公的面前說：「你為大王管理著愛鳥，卻讓牠飛走了，這
是第一條罪狀；你使得我們大王因為鳥的事殺人，這是第二條
罪狀；更嚴重的是各國諸侯聽了這件事後，以為大王重視鳥而
輕視讀書人，這是第三條罪狀。」數完這些所謂罪狀後，晏嬰
便請景公把燭鄒殺掉。景公儘管殘忍，但從晏嬰的話裡聽出了
利害，就對晏嬰說：「不要殺了，我聽從你的意思就是了。」

　　晏嬰沒有直接表達自己對齊景公荒唐作法的不滿，而是就
坡騎驢、順勢而下、因勢利導，故意推導出一個更加荒唐的結
論，讓齊景公自然而然地看清自己的過錯，從而做出正確的取
捨。

　　由此可見，如果批評和建議的方法得當，就很容易達到
預期的效果，反之，如果直言不諱，則會引起對方的反感和不
悅，讓對方覺得沒面子、下不了台，即使你的意見或建議是合
理的，對方也不願接受。這不僅達不到「治病救人」的目的，
甚至連自己也要遭到「池魚之殃」。

名家名言

《漢書・翟方進傳》
：

「方進攝知其指。」

　　所以，批評或者建議別人，一定要「欲說者，務隱度；計事者，務循順」，把握好對方的實際情況和真實心理，再採用適當和切實可行的方法，才能收到預期的效果。

第二章　方來應時，以合其謀

【原文】

方①來應時②，以合其謀。詳思③來捷，往應適當也。夫內有不合者，不可施行也。乃揣切④時宜，從便所為，以求其變。以變求內者，若管取捷。

【注釋】

①方：方法，道術。
②應時：合乎時宜。
③詳思：詳細地思考。
④揣切：揣量、切摩。

【譯文】

以道術來進言當應合時宜，以便與君主的謀劃相合。詳細地思考後再來進言，去適應形勢。凡是內情有不合時宜的，就不可以實行。就要揣量切摩形勢，從便利處入手，來改變策略。用善於變化來爭取被採納，就像以門管來接納門楗一樣順當。

【延伸閱讀】

「方來應時，以合其謀」。是說向君主進言，應當應和時宜才能與君主的謀劃相合，時機不當，就會因為觸犯了君主的威嚴而很難成功。

《韓非子》上記載了這樣一個故事：

殷紂王曾做長夜之飲，即大白天關起窗子、拉上帷幕、點上蠟燭，不分晝夜地飲酒作樂。結果使得他醉生夢死，以

致忘了年、月、日。他問左右的人是何月、何日，左右也沒有人知道。他只好派人去問箕子。箕子私下對家人說：「以天下之尊，居然不知月、日，這個天下可危險極了；舉國上下都忘了月、日，我若獨自清醒而知道月、日，我也危險極了。」於是，他對來者說：「我醉得厲害，人也迷糊了，什麼日子我也記不起來了。」

假如箕子用「天下之尊，居然不知月、日，這個天下可危險極了」為進諫之言，勸諫紂王，勢必會招來紂王的不悅，因為正是紂王不分晝夜的尋歡作樂、不務正業而導致了他不知月、日的荒謬結果，在這種時候向他進諫，顯然是諷刺紂王是個無道昏君。「眾人皆醉我獨醒」顯然不合時宜，會冒犯龍威。所以，箕子的做法可謂明智之舉。

然而，歷史上的臣子並非都像箕子那樣明智。有的人雖然是出於一片赤膽忠心，對君主冒死直言力諫，但往往因為不合時宜、不識進退之道，結果不但產生不了進諫的作用，反而白白斷送了性命。這就是所謂的「逆鱗」。傳說龍的脖頸下面有片鱗是逆著長的，叫作「逆鱗」，「逆鱗」是萬萬碰觸不得的，因為稍稍一動，龍就會疼痛鑽心，非得攪個海浪翻騰、地動山搖不可。當然，龍只是傳說中的動物，並無真實性可考。但在現實生活中，長有這種「逆鱗」的人卻為數不少，以皇帝或君主最為典型，俗話說：「伴君如伴虎」，對於這種人，千萬不能觸碰他們的「逆鱗」，否則是會招惹麻煩，甚至招致殺身之禍的。

唐朝的魏徵以直言進諫而流芳後世，這主要是由於他運氣好，遇到了像唐太宗這樣的「明主」，如果他遇到的是像夏桀、殷紂、隋煬那樣的無道昏君，不知道早被砍過多少次頭了。然而即使是唐太宗這樣的明君聖主，也曾對直言不諱的魏徵動過殺心。

有一次，魏徵在上朝時，當著眾多大臣的面，跟唐太宗爭得面紅耳赤，唐太宗實在聽不下去了，想發怒，卻又怕在大臣

《聖經》：

「萬物皆應時。」

面前丟了自己從諫如流的好名聲，只好忍氣吞聲，強壓怒火。退朝後，回到後宮，恨恨地自言自語道：「總有一天要把這個人殺了！」在一旁的長孫皇后聽到後，忙問：「陛下要殺誰啊？」唐太宗說：「還不是那個魏徵，他總是當著眾臣的面侮辱我，使我實在難堪。」長孫皇后聽罷，立即退了出去，換上朝服，走到唐太宗面前叩首道賀。

唐太宗十分驚訝，忙問緣由。皇后說：「我聽說有賢明的君主才有忠直的臣子。現在魏徵敢於直言進諫，皆因陛下賢明之故，我怎能不慶賀呢？」

倘若不是長孫皇后的巧妙求情，或許魏徵真的就死於李世民的龍威之下了。

由此可見，下屬向上司進言，若想讓上司接受，又不致使自己遭受危險，就必須選擇合適的時機，尤其不能當眾批評上司或與上司爭論。常常有這樣的情況，在公司中，一些人其實很有才能，但由於愛當面向上司提不同的意見，或當眾頂撞上司，所以結果往往得不到重用。這是因為他們犯了一個職場中最大的忌諱，即不尊重上司或者說不給上司留面子。任何管理階層的人，都想維護自己的權威，而當眾批評，甚至頂撞上司無疑是對上司尊嚴與威信的損害和貶低，這和古代向君主進諫「逆鱗」的道理如出一轍。所以韓非子說：向君主進諫，最忌諱的便是當面觸犯。

向人諫言如此，做生意也是如此，每一種商品都有其旺季與淡季，買進和賣出都各有各的時機，一定要順勢而行，不可逆勢而動。

大自然的很多法則也都說明了這一點：播種和收穫都各有各的時機，農民們不能在秋冬播種，在春夏收穫；人們不能在格陵蘭島的冰山上栽種柑橘，也不能到熱帶地區的河裡去取出冰塊，因為季節、時間和地點不對，所以不會有收穫。

名家名言

歐洲名言：

「每一種東西在它應時之時都是好的。」

第三章　得其情，乃制其術

元好問：

「眼處心生句自神，暗中摸索總非真。」

王充：

「入山見木，長短無所不知；入野見草，大小無所不識。然而不能伐木以作室屋，采草以和方藥，此知草木所不能用也。」

【原文】

　　言往來，先順辭也。善變者，審知地勢，乃通於天，以化四時使鬼神合於陰陽而牧人民，見其謀事，知其志意。事有不合者，有所未知也。合而不結者，陽親而陰疏。事有不合者，聖人不為謀也。故遠而親者，有陰德①也；近而疏者，志不合也；就而不用者，策不得也；去而反求者，事中來也；日進前而不御者，施不合也；遙聞聲而相思者，合於謀待決事②也。故曰：「不見其類③而為之者見逆④，不得其情而說之者見非⑤。得其情，乃制其術⑥。此用可出可入，可捷可開。」

【注釋】

　　①陰德：心意暗合。
　　②決事：謀大事，指參與決斷國家大事。
　　③類：類似，共同點。
　　④見逆：違逆，與願望相背反。
　　⑤見非：遭到非議。
　　⑥術：技能、手段、方法等。

【譯文】

　　凡是談論過去的事情，要先有順暢的言辭，凡是談論未來的事情，要採用易懂、變通的言辭。善於變化的人，要詳細了解地理形勢，只有這樣，才能溝通天道，化育四時，驅使鬼神，符合陰陽，牧養人民。要了解君主謀劃的事情，要知曉君主的意圖。所辦的事情凡有不合君主之意的，是因為對君主的意圖還有不了解的地方。意見一致了，而不能密切結合是因為

只停留於表面親近，而背地裡還有距離。如果與君主的意見沒有吻合的可能，聖人是不會為其謀劃的。所以說，與君主相距很遠卻被親近的人，是因為能與君主心意暗合；距離君主很近卻被疏遠的人，是因為與君主志向不一；就職上任而不被重用的人，是因為他的計策沒有實際效果；辭職離去而能再被返聘的人，是因為他的主張被實踐證明可行；每天都能出現君主面前，卻不被信任的人，是因為其行為不得體；雖距離遙遠，卻只要能聽到聲音就被思念的人，是因為其主張正與決策者相合，正等他參與決斷大事。所以說，在情況還沒有明朗之前就去遊說的人，定會事與願違，在還沒掌握實情的時候就去遊說的人，定要受到非議。只有了解情況，再依據實際情況確定方法，這樣去推行自己的主張，才可以出去，又可以進來；既可以進諫君主，堅持己見，又可以放棄自己的主張，隨機應變。

【延伸閱讀】

　　「不見其類而為之者見逆，不得其情而說之者見非。得其情，乃制其術。此用可出可入，可揵可開。」是教導我們在情況還沒有明朗之前就去遊說的人，一定會事與願違，在還未掌握實情的時候就去遊說的人，定要受到非議。只有了解情況，再依據實際情況確定方法，這樣去推行自己的主張，就可以出去，又可以進來；既可以進諫，堅持己見，又可以放棄自己的主張，隨機應變。

　　春秋戰國時的韓非子，就深明此道。在古代社會裡，衡量忠臣的一個重要標準就是「文死諫、武死戰」。即是說，當君主有錯誤的時候，大臣們要「冒死直諫」。但韓非子並不贊同讓臣子去做無謂的犧牲，而是主張「進諫」要因人而異、從客觀實際出發、具體問題具體分析，並且隨機應變。這是一種進言的智慧。古人在這方面留下了許多富於啟迪意義的故事。「宓子賤掣肘」便是很好的一個例子。

　　魯國人宓子賤是孔子的學生。他曾有一段在魯國朝廷做

名家名言

張械：
「以實用為貴，以涉虛為戒。」

毛澤東：
「『實事』就是客觀存在著的一切事物，『是』就是客觀事物的內部聯繫，即規律性，『求』就是我們去研究。」

官的經歷。後來，魯君派他去治理一個名叫單父的地方（今山東單縣）。他受命時心裡很不平靜。宓子賤擔心：到地方上做官，離國君甚遠，更容易遭到自己政治上的夙敵和官場小人的誹謗。假如魯君聽信了讒言，自己的政治抱負豈不是會落空？因此，他在臨行時想好了一個計策。宓子賤向魯君要了兩名副官，以備日後施用計謀之用。

　　宓子賤風塵僕僕地剛到單父不久，該地的大小官吏都前往拜見。宓子賤叫兩個副官拿記事簿把參拜官員的名字登記下來，這兩人遵命而行。當兩個副官提筆書寫來者姓名的時候，宓子賤卻在一旁不斷地用手去拉扯兩個副官的胳膊肘兒，使兩人寫的字一塌糊塗，不成樣子。等前來賀拜的人已經雲集殿堂，宓子賤突然舉起副官寫得亂糟糟的名冊，當眾把他們狠狠地鄙薄、訓斥了一頓。宓子賤故意滋事的作法使滿堂官員感到莫名其妙、啼笑皆非。兩個副官受了冤屈、侮辱，心裡非常惱怒。事後，他們向宓子賤遞交了辭呈。宓子賤不僅沒有挽留他們，而且火上加油地說：「你們寫不好字還不算大事，這次你們回去，一路上可要當心，如果你們走起路來也像寫字一樣不成體統，那就會出更大的亂子！」

　　兩個副官回去以後，滿腹怨恨地向魯君回報了宓子賤在單父的所為。他們以為魯君聽了這些話會責備宓子賤，從而可以一解心頭之恨。然而這兩人沒有料到魯君想了想，竟然負疚地嘆息道：「這件事既不是你們的錯，也不能怪罪宓子賤。他是故意做給我看的。過去他在朝廷為官的時候，經常發表一些有益於國家的政見。可是我左右的近臣往往設置人為的障礙，以阻撓其政治主張的實現。你們在單父寫字時，宓子賤有意掣肘的作法實際上是一種隱喻。他在提醒我今後執政時要警惕那些專權亂諫的臣屬，不要因輕信他們而把國家的大事辦壞了。若不是你們及時回來稟報，恐怕今後我還會犯更多類似的錯誤。」

　　魯君說罷，立即派其親信去單父。這個欽差大臣見了宓子

名家名言

老子：
「信言不美、美言不信。善者不辯、辯者不善。」

賤以後，說道：「魯君讓我轉告你，從今以後，單父再不歸他管轄。這裡全權交給你。凡是有益於單父發展的事，你可以自主決斷。你每隔五年向魯君通報一次就行了。」

宓子賤很滿意魯君的開明作法。在沒有強權干擾的情況下，他在單父實踐了多年夢寐以求的政治抱負。

宓子賤生怕魯君聽信了讒言，自己的政治抱負到頭來落得一場空，但又深知要勸諫的人是高高在上的君主，直諫萬不可取，於是發揮智慧，用一個自編自導、一識即破的鬧劇，讓魯君意識到了奸詐隱蔽的言行對志士仁人報國之志的危害。這正是「得其情，乃制其術」的妙用。這種不用說話便產生進諫之功效的方式，可謂達到了進諫的至高境界。

在中國歷史上，懂得這種高超智慧的人不僅可以成就自己的政治抱負，還可以用來成就或保全自己的仕途。

孟嘗君是戰國時期有名的四公子之一，在齊國擔任相國的重要職務。這一年，齊王的夫人死了，孟嘗君為此大傷腦筋：齊王要立誰為夫人呢？倘若是個與自己作對的人，那就麻煩了，做不好，自己相國的要職也會被別人奪走。

齊王有七名寵妾，個個如花似玉，齊王經常與六名寵妾在一起。孟嘗君想：「齊王要立夫人肯定會從這六人中挑選一位，不過，哪一位是齊王最喜歡的呢？」孟嘗君想來想去，想到了一個好主意，他命人製作了七對耳環，每對耳環都用上等美玉製作，其中一對耳環最精巧、最珍貴，然後把七對耳環獻給齊王，齊王看到這麼精美的耳環，立刻高興地把它們賜給了他的寵妾。

過了幾天，孟嘗君再次進宮見齊王，悄悄地觀察齊王身邊的七位寵妾，見她們都戴上了自己進獻的耳環，其中一位寵妾戴上了那一對特殊的耳環。告別齊王回府後，孟嘗君立即命人起草奏章，勸齊王立那位戴特殊耳環的寵妾為夫人。齊王接奏，正合心意，便立最中意的美人為其夫人。

這樣一來，那位當上了夫人的美人，自然不會忘記孟嘗

君，所以孟嘗君還是平平安安地做他的相國，齊國百姓也因此安居樂業。

　　孟嘗君根據具體情況，採用「以物相人」的計謀，透過一對小小的耳環保全了自己的相國之職，可謂高明。

　　這個道理在今天的職場中最為適用。「不想當將軍的士兵不是好士兵」，在職場中打拚的人，有誰不想步步高升、一展志向抱負呢？然而，要想成就這個夢想，就需要和上司、主管打交道，只有得到上司的器重和垂青，才能在職場中大展拳腳、大顯身手、有所成就。而要想得到上司的器重，往往需要透過向上司提意見和建議的途徑來展示自己的能力和才華。

　　其實，向上司提出意見或建議和古代臣子向君王進諫是同樣的道理，需要「得其情，制其術」。

　　首先，在下屬向上司進諫的時候，應該「多獻可，少加否」。多從正面去闡發自己的觀點；少從反面去否定和批駁上司，要懂得用迂迴變通的辦法，刻意迴避與上司的意見相左而產生正面衝突。

　　其次，進諫應該「多桌下，少桌面」。即多利用非正式場合，少使用正式場合，盡量與上司私下交談，交換意見，避免對上司公開表示意見，這樣做不僅能給自己留有迴旋餘地，即使提出意見出現失誤，也不會有損自己在公眾心目中的形象，而且有利於維護上司的個人尊嚴，不至於使上司陷入被動和難堪的境地。

　　美國的羅賓森教授曾說過這樣一段話：「人有時會很自然地改變自己的看法，但是如果有人當眾說他錯了，他會惱火，更加固執己見，甚至會全心全意地去維護自己的看法，這不是那種看法本身多麼珍貴，而是他的自尊心受到了威脅。」這句話是告誡我們人人都有自尊心，人人都有維護自己尊嚴的本能，作為下屬，在向上司進言的時候千萬莫要忘記維護上司的尊嚴。

　　最後，向上司進言應該「多引水，少開渠」。即對上司進言千萬不要直接去點破上司的錯誤所在，或越俎代庖地替上司做出你所謂的正確決策。而是要用引導、試探、徵詢意見的方式，使上司在參考你所提出的建議後，水到渠成地用他的嘴說出你心中想的正確決策，即把你的東

西「轉一個彎」變成上司自己的想法，把你的功勞讓給你的上司。

　　對此，著名成功學和勵志大師戴爾‧卡內基曾說過：「如果你僅僅提出建議，而讓別人自己去得出結論，讓他覺得這個想法是他自己的，這樣不更聰明嗎？」實際就是如此，我們對於自己得出的看法，往往比別人強加給我們的看法更加堅信不疑。因此作為一個聰明的下屬，在向上司提意見或建議時，僅僅需要做好引導，提出建議，提供資料即已足矣，而其中所蘊含的結論，則留給上司。

第四章　聖人立事，以此先知而捷萬物

【原文】

　　故聖人立事①，以此先知而捷萬物。由夫道德、仁義、禮樂、計謀，先取《詩》、《書》，混說損益②，議論去就③。欲合者，用內，欲去者，用外④。外內者必明道數⑤，揣策來事⑥，見疑決之，策無失計，立功建德。治民入產業⑦，曰「捷而內合」。上暗不治⑧，下亂不悟⑨，捷而反之⑩。內自得⑪，而外不留說⑫，而飛⑬之。若命自來己，迎而禦之⑭；若欲去之，因危與之，環轉因化，莫知所為，退⑮為大儀⑯。

《後漢書‧楊彪傳》：

「愧無日磾先見之明，猶懷老牛舐犢之愛。」

【注釋】

　　①立事：建立事業。

　　②先取《詩》、《書》，混說損益：引用《詩經》和《書經》來驗證自己的學說。

　　③議論去就：經過討論，最後決定是否應該做。

　　④欲合者，用內，欲去者，用外：欲，想；合，與離相對。指根據想法來運用力量。

　　⑤外內者必明道數：在決定內外大事時，必須明確道理和方法。

　　⑥揣策來事：推理預測未來的事情。

　　⑦產業：產，謀生，財產；業，事情，經營功績。

　　⑧上暗不治：暗，昏暗。全句是說君主昏庸，不能推行善政。

　　⑨下亂不悟：亂，昏亂，糊塗。全句是說人民掀起叛亂而不能分辨事理。

　　⑩捷而反之：固執己見，事與願違。

⑪自得：自以為自己聰明，得計。

⑫不留說：不接受他人的主張。

⑬飛：表揚。

⑭若命自來己，迎而駻之：命，召令；自來，指君主有令詔來；駻：防禦、抵制，這裡是指拒不接受。

⑮退：保全、完成的意思。

⑯大儀：好辦法，大原則，祕訣。

【譯文】

聖人立身處世，都以自己的先見之明來議論萬事萬物。其先見之明來源於道德、仁義、禮樂和計謀。首先摘取《詩經》和《書經》的教誨，再綜合分析利弊得失，最後討論是就任還是離職。要想與人合作，就要把力量用在內部，要想離開現職，就要把力量用在外面。處理內外大事，必須明確理論和方法，要預測未來的事情，就要善於在各種疑難面前臨機決斷，在運用策略時要不失算，不斷建立功業和累積德政。要善於管理人民，使他們從事生產事業，這叫作「鞏固內部團結」。如果上層昏庸，不理國家政務，下層紛亂不明為臣事理，各執己見，事事牴觸，還自鳴得意；不接受外面的新思想，還自吹自擂。在這種情況下，如果朝廷詔命自己，雖然也要迎接，但又要拒絕。要拒絕對方的詔命，要設法給人一種錯覺。就像圓環旋轉往復一樣，使旁人看不出你想要做什麼。在這種情況下，急流勇退是最好的方法。

【延伸閱讀】

「故聖人立事，以此先知而揵萬物。」本章主要講和君主打交道要小心謹慎、步步為營，更要有先見之明。本章還提出針對不同的對象要採取不同的策略，包括「揵而內合」、「揵而反之」、「飛之」、「迎而馭之」、「因危與之」，等等。

擁有先見之明，在生活上才能避凶趨吉、趨利避害，在工

名家名言

達文西：

「不管過去還是現在，科學都是對一切可能的事物的觀察。所謂先見之明，是對即將出現的事物的認知，而這認知要有一個過程。」

作上才能事半功倍，在敵我鬥爭中，才能先發制人、克敵制勝。

三國諸葛亮的空城計之所以成功，重要的一點是得益於他的先見之明。

當時蜀軍將士大部分在城外，諸葛亮坐守孤城，司馬懿率大軍前來攻城，寡不敵眾，這次必敗在司馬懿手上無疑。但諸葛亮有先見之明，深知司馬懿生性膽小多疑，故大開城門，命少數士卒打掃城門前道路，自己在城樓上安坐，焚香彈琴，司馬懿見此情景，恐有埋伏，遂下令退兵，使諸葛亮轉危為安。

可見，有先見之明，則可以取得勝利、轉危為安。倘若沒有先見之明，或剛愎自用，不聽別人先見之言，往往會一敗塗地、悔之晚矣。

在吳越交戰之時，吳王夫差活捉越王勾踐回國，吳王軍師伍子胥有先見之明，力奏吳王殺掉勾踐斬草除根，但吳王不聽，並且最後還將伍子胥處死。臨刑前，伍子胥囑咐將其雙眼高掛城樓，他要親眼看到越王勾踐反攻回來。後來，勾踐臥薪嚐膽，「十年生聚，十年教訓」，振興國政，結果果然「苦心人，天不負，臥薪嚐膽，三千越甲可吞吳」。

夫差不僅沒有先見之明，而且剛愎自用，不聽伍子胥先見之良言，結果放虎歸山，為越所滅。

擁有先見之明，不僅可以取得政治和軍事上的勝利，還可以「明哲保身」，在爾虞我詐、勾心鬥角、明爭暗鬥、紛繁複雜的官場上保全自己。

唐朝名將郭子儀封爵為汾陽王，他的王府在首都長安的親仁里。自汾陽王府落成後，每天都是府門大開，任憑人們出出進進，府中人從不干涉。有一天，郭子儀帳下的一名將官因外調去某地任職，前來王府辭行。他知道郭子儀王府中百無禁忌，就一直走進了內宅。他看見郭子儀的夫人和他的愛女兩人正在梳洗打扮，郭子儀在一旁侍奉她們，她們一會兒要王爺拿手巾，一會兒要他去端洗臉水，使喚郭子儀就好像使喚奴僕一樣。這位將官回去後，不免把這情景講給他的家人聽，於是一傳十，十傳百，沒幾天，整個京城的閒人都把這件事當作一個笑話在談論著。

郭子儀聽了倒沒有什麼，他的幾個兒子聽了都覺得大丟面子。他們

相約一起來找父親，要他下令，將其王府像別的王府一樣，關起大門，不讓閒雜人等出入。郭子儀聽了哈哈一笑，不願接受。幾個兒子哭著跪下來求他。一個兒子說：「父親您功業顯赫，普天下的人都尊敬您，可是您自己卻不尊敬自己，不管什麼人，您都讓他們隨意進入內宅。孩兒以為，即使商朝的賢相伊尹、漢朝的大將軍霍光也無法做到您這樣。」郭子儀笑著叫兒子起來，語重心長地說：「我敞開府門，任人進出，不是為了追求浮名虛譽，而是為了自保，為了保全我們的身家性命。」

兒子一個個驚訝萬分，忙問這其中的道理何在？郭子儀嘆了口氣，說：「你們光看到郭家顯赫的聲勢，沒看到這聲勢喪失的危險。我爵封汾陽王，往前走，再沒有更大的富貴可求了。月盈而蝕，盛極而衰，這是必然的道理，所以，人們常說要急流勇退。可是，朝廷尚要用我，怎肯讓我歸隱；再說，即使歸隱，也找不到一塊能容納郭府一千餘口的隱居地呀。可以說，我現在是進不得也退不得。在這種情況下，如果我們緊閉大門，不與外面來往，只要有一個人與我家結下怨仇，誣陷我們對朝廷懷有二心，必然就會有專門落井下石、妒害賢能的小人從中挑撥，製造冤案，那麼我們郭家的九族老小都要死無葬身之地了。到那時，我們是叫天天不應，叫地地不靈，誰也救不了我們。現在，我們郭府的四門敞開著，府中沒有任何隱密，即使有人想要進我的讒言，也找不到藉口！」兒子聽了郭子儀的話，恍然大悟，無不佩服父親的先見之明。

郭子儀有先見之明，並且緊緊把握明哲保身的自救之道，減少甚至避免了皇帝與權臣對他的猜忌，因而成功地在唐玄宗、肅宗、代宗、德宗四朝中長期任職，安享富貴。

這個故事提出了「明哲保身」的問題。「保身」的一個重要條件就是「明哲」，即明白道理才能保存自己。郭子儀明白以靜制動的道理，所以能在風雲變幻的宦海中立於不敗之地，使自己的聰明才能為社會發揮了更大的效用。如果郭子儀沒有先見之明，不能用冷靜、理智的行動去防止和杜絕形形色色的流言蜚語，那麼，很有可能他的政敵們就會抓住把柄，製造一些莫須有的罪名，將其整垮。到那時，縱使郭子儀有天大的本事，又怎能為社會做貢獻呢？

有先見之明、明哲保身還展現在能夠功成身退，敢捨棄得來不易的

功名利祿上。張良就是最典型的一位。

　　張良素來體弱多病，自從漢高祖入都關中，天下初定，他便托詞稱病，閉門不出。隨著劉邦皇位的漸次穩固，張良逐步從「帝者師」退居「帝者賓」的地位，遵循著可有可無、時進時止的處事原則。在漢初劉邦翦滅異姓王的殘酷鬥爭中，張良極少參與謀劃。在西漢皇室的明爭暗鬥中，張良也恪守「疏不間親」的古訓。

　　當初高祖劉邦在論功行封時，曾令張良自擇齊國三萬戶為食邑，張良辭讓，謙請封始與劉邦相遇的留地（今江蘇沛縣），劉邦同意了，故稱張良為留侯。張良辭封的理由是：韓滅後他家敗落淪為布衣，布衣得劃萬戶、位列侯，應該滿足。看到漢朝政權日益鞏固，國家大事有人籌劃，自己「為韓報仇強秦」的政治目的和「封萬戶、位列侯」的個人目標亦已達到，一生的夙願基本滿足。再加上身纏病魔，體弱多疾，又目睹彭越、韓信等有功之臣的悲慘結局，聯想范蠡、文種興越後的或逃或死，張良乃自請告退，摒棄人間萬事，專心修行。

　　張良很有先見之明，深諳「狡兔死，走狗烹；飛鳥盡，良弓藏；敵國破，謀臣亡」的哲理，而且他深知劉邦的為人，所以選擇了功成身退，因此避免了韓信等人的悲慘命運在自己身上重演，可謂高明。

　　孔子曾說過：危險的邦國不要進入，混亂的邦國不要居住。天下有道時，就出來從政治國；無道時，就要隱居不出。這是古代封建社會中很重要的「明哲保身」之道。不過，在今天這個充滿競爭的社會裡，它有著不可避免的局限性。我們生存在這個社會，社會給我們提供了吃、穿、住、用、行等各種生存和發展條件，我們就應該用自己的智慧和才能積極回報社會，為社會做出應有的貢獻。絕不能為求自保，而把自己封閉起來，不思進取，因為孤立自己無異於故步自封、自尋死路。清王朝若不是夜郎自大、閉關鎖國，就不會讓中華民族遭受近代百年的恥辱。

　　因此，作為辦公室領導階層，應牢固樹立以積極諫言獻策為榮，以明哲保身為恥的榮辱意識，積極履行諫言獻策的職責，真正做到敢於諫言，真心諫言，善於諫言。

　　所以，站在積極意義的角度，我們在當代的大環境、大背景下，不

能一味選擇明哲保身，其理由在於一是大勢不允許、不合時宜，二是不符合現代的價值觀和生存之道。

　　客觀地說，明哲保身在當代仍有其可利用的一面。在當代，利益是人們追逐的首要目標，為了利益，人們難免會自私自利，所以每個人都難免會遭遇鉤心鬥角、明爭暗鬥的際遇，在這種際遇下，如果你想做個溫和派、中立者，那麼不妨借鑑一下古人應付危險、化險為夷的「明哲哲學」，這對於現代社會中每一個人保全自己、從而運用自己的才能為社會做出更大的貢獻，是非常有利的。

　　先見之明在當代則具有很強的指導意義。「凡事豫則立，不豫則廢」，沒有先見之明，就不能在做事之前做好必要的策劃和準備，沒有先見之明，也不能在激烈的市場競爭中把握先機、佔領市場。所以，先見之明在任何時代、任何場合，都是一種不可或缺的能力和方法。

第四篇

抵巇術

第一章　抵巇之理

【原文】

物有自然，事有合離②。有近而不可見，遠而可知。近而不可見者，不察其辭也；遠而可知者，反往③以驗來④也。巇者，罅也。罅⑤者，澗也，澗者，成大隙也。巇始有朕，可抵而塞，可抵而卻，可抵而息，可抵而匿，可抵而得，此謂抵巇之理也。

【注釋】

①抵巇：抵，抵塞；巇（ㄒㄧˋ），縫隙。抵巇，在這裡指彌補不足、堵塞漏洞。

②物有自然，事有合離：物，天地間的一切事物；自然，非人所為的，天然的；合離，聚合與分離。

③往：既往，過去。

④來：將來的意思。

⑤罅：音（ㄒㄧㄚˋ），裂痕，間隙。

【譯文】

萬物都有規律存在，任何事情都有對立的兩個方面。有時彼此距離很近，卻互相不了解；有時互相距離很遠，卻彼此熟悉。距離近而互相不了解，是因為沒有互相考察言辭；距離遠卻能彼此熟悉，是因為經常往來，互相體察。所謂「巇」就是「瑕罅」，而「罅」就是容器的裂痕，裂痕會由小變大。在裂痕剛剛出現時，可以透過「抵」使其閉塞，可以透過「抵」，使其停止，可以透過「抵」使其變小，可以透過「抵」使其消失，可以透過「抵」而奪取器物。這就是「抵巇」的原理。

【延伸閱讀】

「矛盾是無處不在的」，本章主要講天下萬事萬物都有合有離，都難免會產生裂縫，產生矛盾，從政者一定要善於觀察矛盾的徵兆，採取不同的態度對待：「巇始有朕，可抵而塞，可抵而卻，可抵而息，可抵而匿，可抵而得。」這五種態度中，「抵而塞」與「抵而得」是兩種最常用的方法。大到國家的治理，小到企業經營、人際交往，都會出現矛盾和裂縫，在這種時候，一定要及時查漏補缺、彌補縫隙，正所謂「亡羊補牢，為時未晚」矣！

家喻戶曉的「將相和」便是一個典型的例子。

戰國時候，秦國最強大，常常進攻別的國家。

有一回，趙王得了一件無價之寶——和氏璧。秦王知道了，就寫了一封信給趙王，說願意拿十五座城換這塊璧。趙王接到了信非常著急，立即召集大臣來商議。大家說秦王不過想把和氏璧騙到手罷了，不能上他的當，可是不答應，又怕他派兵來進攻。正在為難的時候，有人說有個藺相如，他勇敢機智，也許能解決這個難題。

趙王把藺相如找來，問他該怎麼辦。藺相如想了一會兒，說：「我願意帶著和氏璧到秦國去。如果秦王真的拿十五座城來換，我就把璧交給他；如果他不肯交出十五座城，我一定把璧再帶回來。那時候秦國理屈，就沒有動兵的理由。」趙王和大臣們沒有別的辦法，只好派藺相如帶著和氏璧到秦國去。

藺相如到了秦國，進宮見了秦王，獻上和氏璧。秦王雙手捧住璧，一邊看一邊稱讚，絕口不提十五座城的事。藺相如看到這情形，知道秦王沒有拿城換璧的誠意，就上前一步說：「這塊璧有一點瑕疵，讓我指給您看。」秦王聽他這麼一說，就把和氏璧交給了藺相如。藺相如捧著璧，往後退了幾步，靠著柱子站定。他理直氣壯地說：「我看您並不想交付十五座城。現在璧在我手裡，您要是強逼我，我的腦袋和璧就一塊

《新唐書·劉棲楚傳》：

「然其性詭激，敢為怪行，乘險抵巇，若無顧藉。」

兒撞碎在這柱子上！」說著，他舉起和氏璧就要向柱子上撞。
秦王怕他把璧真的撞碎了，連忙說一切都好商量，於是命人拿
出地圖，把允諾劃歸趙國的十五座城指給他看。藺相如說和氏
璧是無價之寶，要舉行個隆重的典禮，他才肯交出來。秦王只
好跟他約定了舉行典禮的日期。藺相如知道秦王絲毫沒有拿城
換璧的誠意，一回到住處，就讓手下人化了裝，帶著和氏璧抄
小路先回趙國去了。到了舉行典禮那一天，藺相如進宮見了秦
王，大大方方地說：「和氏璧已經送回趙國去了。您如果有誠
意的話，先把十五座城交給我國，我國馬上派人把璧送來，絕
不失信。不然，您殺了我也沒有用，還會讓天下的人都知道秦
國是絕對不會講信用的！」秦王沒有辦法，只得客客氣氣地把
藺相如送回趙國。

　　這就是「完璧歸趙」的故事。藺相如立了功，趙王封他做
上大夫。

　　過了幾年，秦王約趙王在澠池會見。趙王和大臣們商議
說：「去吧，怕有危險；不去吧，又顯得太膽怯。」藺相如認
為對秦王不能示弱，還是去好，於是趙王讓藺相如隨行。大將
軍廉頗帶著軍隊送他們到邊界上，做好了抵禦秦兵的準備。

　　趙王到了澠池，會見了秦王。秦王要趙王鼓瑟。趙王不好
推辭，鼓了一段。秦王就命人記錄下來，說在澠池會上，趙王
為秦王鼓瑟。

　　藺相如看到秦王這樣侮辱趙王，生氣極了。他走到秦王面
前，說：「請您為趙王擊缶。」秦王拒絕了。藺相如再要求，
秦王還是拒絕。藺相如說：「您現在離我只有五步遠。您不答
應，我就跟您拼命！」秦王被逼得沒法，只好敲了一下缶。藺
相如也叫人記錄下來，說在澠池會上，秦王為趙王擊缶。

　　秦王沒佔到便宜。他知道廉頗已經在邊境上做好了準備，
不敢拿趙王怎麼樣，只好讓趙王回去。

　　藺相如在澠池會上又立了功。趙王封藺相如為上卿，職
位比廉頗高。廉頗很不服氣，他對別人說：「我廉頗攻無不

楊雄《法言·重黎》
：

「蛾可抵乎？」

克，戰無不勝，立下許多大功。他藺相如有什麼本事，就靠一張嘴，反而爬到我頭上去了。我碰見他，一定要讓他下不了台！」這話傳到了藺相如耳朵裡，藺相如就請病假不上朝，免得跟廉頗見面。

　　有一天，藺相如坐車出去，遠遠看見廉頗騎著一匹大馬過來了，他趕緊命車夫把車調轉回頭。藺相如手下的人看不過去了。他們說，藺相如怕廉頗像老鼠見了貓似的，為什麼要怕他呢！藺相如對他們說：「諸位請想一想，廉將軍和秦王比，誰厲害？」他們說：「當然秦王厲害！」藺相如說：「秦王我都不怕，會怕廉將軍嗎？大家知道，秦王不敢進攻我們趙國，就因為我們趙國武有廉頗，文有藺相如。如果我們倆鬧不和，就會削弱趙國的力量，秦國必然乘機來打我們。我所以避著廉將軍，為的是我們趙國啊！」

　　藺相如的話傳到了廉頗的耳朵裡。廉頗靜下心來想了想，覺得自己為了爭一口氣，就不顧國家的利益，真不應該。於是，他脫下戰袍，背上荊條，到藺相如門上請罪。藺相如見廉頗特來負荊請罪，連忙熱情地出來迎接。從此以後，他們倆成了好朋友，同心協力保衛趙國。

　　將相和好的表面原因是藺相如的寬闊胸襟和廉頗勇於認錯、知錯就改、負荊請罪。實際上，是緣於他們共同的愛國思想，緣於他們共同的認知：將相不和，就會讓敵人有機可乘、乘虛而入，趙國危矣！正是因為他們二人及時彌補了這種空隙和漏洞，才保全了國家社稷的大局。

　　一個國家如此，人與人相處更是如此。人與人之間相處，產生隔閡和裂痕是在所難免的。不管是親人之間、夫妻之間、朋友之間，還是同事之間，有了裂痕就要及時主動地去補救，不要讓裂痕越來越大，以致無法挽救。

　　從前，在蘇州某山下有一戶人家姓田。父母已亡，只剩下三個兄弟，老大叫家福，老二叫家祿，老三叫家壽。一家人靠種花採茶過日子。

名家名言

韓愈〈釋言〉：

「弱於才而腐於力，不能奔走乘機抵巇，以要權利。」

　　然而，三兄弟經常鬥嘴吵架，甚至動手相打，有時相互打得頭破血流，一家人難以相安。這是為什麼呢？原來三兄弟都十分貪財，三個人都自私貪婪。

　　有一年，弟兄三人在北山背陰面種了茶樹，在南山朝陽面栽了花。栽的是一種據說是從印度傳來的花，叫摩尼花。摩尼本是印度國王給公主的帽冠上鑲嵌的一顆寶珠，潔白光亮，珍貴無比。這花兒的形狀就很像那顆寶珠，潔白圓潤，芬芳四溢，因此就叫它「摩尼花」。

　　這年的春末夏初，摩尼花開了，茶樹也長大可以採摘了。南山的花香被風吹到北山的茶樹林。老大頭一個發現今年的茶葉上有一股甜香味兒。甜得沁人心脾，香得使人陶醉。老大高興極了，瞞著老二、老三，偷偷把茶葉搶先摘下來，拿到市場上去賣了。這充滿花香的茶葉果然人人喜歡，人們都爭先恐後地來買，因此價錢也比往年高了許多，並且一會兒就賣完了。

　　後來這件事被老二、老三知道了。老二說：「北山的茶樹是我種的，南山的摩尼花是我栽的，賣茶葉的錢應該全歸我。」老三說：「種茶我出了力，栽花我吃了苦，賣的錢應該全歸我。」老大卻說：「摩尼是大家栽的，茶葉是大家採的，但是發現茶葉有香味的卻是我一個人，所以賣的錢理應只歸我。」三兄弟吵得不可開交，於是就動手打了起來。俗話說：「相罵無好言，相打無好拳」。這一打就打了個三敗俱傷，頭破血流，兄弟三人還不肯甘休，你揪著我，我揪著你就鬧到戴逵那兒去了。

　　戴逵是何許人呢？原來他是當時有名的雕塑家兼琴師。據說他彈出的琴聲可以把鳳凰引來，可以使鳥兒跳舞。當朝宰相知道了，就派人去找他來宰相府彈琴。他卻不願為權貴彎腰，把琴砸了，就隱居到蘇州的深山中來了。因此，蘇州一帶的百姓，人人都知道他為人正直、辦事公允，都尊重他，有事都要找他幫個忙，評個理。

　　這一天，田家三兄弟就找到戴逵這兒來了。三人爭著把事

楊雄《法言》：
「賢者司禮，小人司
戲。」

情的前因後果述說了一番。戴逯聽了，笑笑說：「摩尼花香茶葉貴，本是好事。但是，摩尼、摩尼，不要變成謀利，要認作末利。人不能過分求利，而更不能因利忘義。為謀利而傷了兄弟的手足情，太不值得。若是你們兄弟三人一條心，門前的黃土也會變成金。我看以後把『摩尼』改成『末利』吧。只要你們三人都牢記住這兩個字：末利，就再也不會吵鬧打架了。」兄弟三人聽從了戴逯的勸導，從此，團結一心，共創幸福生活。後來，這件事也教育了四方百姓。從此這一帶民風淳樸，百姓和睦相處。人們都把「摩尼花」改叫作「末利花」。後人認為「末利」既是花草，就都加了個草字頭，叫作「茉莉花」。

這個傳說雖然無證可考，但卻教給了我們一個深刻的道理，即「抵巇」之理，切勿因為小利而失大道。茉莉花那清純自然、超凡脫俗的高雅氣質正是它不追名逐利的象徵，值得我們學習。

總之，在有矛盾和裂痕時，我們一定要及時「抵而塞之」，在沒有矛盾和裂痕時，我們要加強和鞏固內部團結，這才是真正的「抵巇」之道。

第二章　秋毫之末，太山之本

【原文】

事之危①也，聖人知之，獨保其用。因化②說事，通達計謀，以識細微，經起秋毫之末③，揮之於太山④之本。其施外，兆萌芽蘗⑤之謀，皆由抵巇。抵巇隙，為道術。

老子：

「合抱之木，生於毫末；九層之台，起於累土；千里之行，始於足下。」

【注釋】

①事之危：事物僅有危機徵兆的時候。

②因化：順應變化。

③秋毫之末：指秋季所生出的動物細毛。

④太山：即泰山。

⑤兆萌芽蘗：兆萌是微小的徵候，芽蘗是伐木後從根部所生的新芽。

【譯文】

當事物出現危機之初，只有聖人才能知道，而且能單獨知道它的功用，按事物的變化來說明事理，了解各種計謀，以便觀察對手的細微舉動。萬事萬物在開始時都像秋毫之末一樣微小，一旦發展起來就像泰山的根基一樣宏大。當聖人將施政向外推行時，奸佞小人的一切陰謀詭計都會被排斥，可見抵巇原來是一種方法。

【延伸閱讀】

鬼谷子曰：「經起秋毫之末，揮之於太山之本。」是說萬事萬物在開始時都像秋毫之末一樣微小，一旦發展起來就像泰山的根基一樣宏大。本章主要講事物和矛盾都是從細微發展到

巨大的，聖人之所以能夠抓住事物的危險徵兆是在於能夠見微知著。

　　智者聖賢往往初見端倪，就能知道事情的本質和發展趨勢，這是一種明察秋毫、見微知著、以小見大的能力。下面是鬼谷子見微知著，及時幫助百姓避免災禍、挽救損失的故事。

　　有一年夏初的一天，晴空萬里，豔陽高照，黃鸝歡唱，蟬鳴蝶舞。鬼谷子突然對孫臏和龐涓說：「很快要漲大水啦！你們馬上分頭下山，告訴四周百姓，加固房屋，備好糧食，以防水淹。」孫臏、龐涓面面相覷，將信將疑，又不敢多問，只好遵命下山。

　　三天後，天氣果然驟變。悶雷滾滾，大雨傾盆，山洪暴發，大地變成一片汪洋。幸虧鬼谷子事先告訴了百姓，才免遭一場災禍。百姓感激鬼谷子，孫臏、龐涓也更加敬重他。但是他們卻不知其中的奧妙，於是便向鬼谷子求教。

　　鬼谷子告訴他們，自己並非神仙，也不會料事如神，只是透過常年觀察天象總結出了一些規律。在漲大水之前，早晨的天空會昏黃一片。這說明遠處已有大水，陽光一照，水面的顏色反射到天空是昏黃色，因此可以斷定，不久就要發洪水。

　　正是因為鬼谷子能夠見微知著、防微杜漸，才使得百姓倖免於難。正所謂「千里之堤，潰於蟻穴」，倘若不能防微杜漸，往往會釀成大禍。

　　臨近黃河岸畔有一片村莊，為了防止黃河氾濫，農民們築起了魏峨的長堤。一天有個老農偶然發現螞蟻窩一下子猛增了許多。老農心想這些螞蟻窩究竟會不會影響長堤的安全呢？他要回村去報告，路上遇見了他的兒子。老農的兒子聽了不以為然地說：「如此堅固的長堤，還害怕幾隻小小的螞蟻嗎？」說完拉老農一起下田了。當天晚上風雨交加，黃河裡的水猛漲起來，開始咆哮的河水從螞蟻窩滲透出來，繼而噴射，終於堤決人淹。

　　由此可見，防微杜漸、及時修復裂痕和缺口，在人生的各

名家名言

《韓非子‧喻老》：

「千丈之堤，以螻蟻之穴潰；百尺之室，以突隙之煙焚。」

個環節上都非常重要。人生的某一個環節出現了缺口，哪怕是很小的缺口，假如不及時修補，就會造成不堪設想的惡劣後果。

美國史丹福大學心理學家瓊巴德曾進行過一項試驗：他找來兩輛一模一樣的汽車，把其中一輛擺在一個中產階級社區，而另一輛擺在相對雜亂的一個社區。他把後一輛車的車牌摘掉，並且把車頂打開。結果不到一天，這輛車就被人偷走了。而前一輛車擺了一個星期也安然無事。後來，瓊巴德用錘子把那輛車的玻璃砸了個大洞。結果僅僅幾個小時之後，車就不見了。

以這個試驗為基礎，政治學家威爾遜和犯罪學家凱琳提出了一個「破窗理論」：如果有人打破了一個建築物的窗戶玻璃，而這扇窗戶又得不到及時的維修，別人就可能受到某些暗示性的縱容去打爛更多的窗戶玻璃。久而久之，這些破窗戶就給人造成一種無序的感覺。結果在這種公眾麻木不仁的氛圍中，犯罪就會滋生、成長。

實際上「破窗理論」所描述的現象在我們的日常生活和工作中隨處可見：桌上的財物、敞開的大門可能使本無貪念的人心生貪念；對於違反公司規定的行為，未能引起上層的重視，或看到了卻沒能及時給予嚴肅處理，從而致使類似行為再次甚至多次重複發生；有關主管對工作中不起眼的員工浪費行為不以為然，結果導致成本增加且浪費日趨嚴重，等等。

「破窗理論」給了我們很深刻的啟示：必須及時修復第一個被打破玻璃的窗戶，防微杜漸。這在社會管理和企業管理中具有重要的借鑑意義。

在日本，有一種稱作「紅牌作戰」的品質管制活動，主要內容包括以下幾個方面：清楚區分要與不要的東西，將不要的東西貼上「紅牌」；將需要改善的事、地、物以「紅牌」標示；有油污、不清潔的設備貼上「紅牌」；藏汙納垢的辦公室死角貼上「紅牌」；辦公室、生產現場不該出現的東西貼上「紅牌」；努力減少「紅牌」的數量。在這樣一種積極暗示下，久而久之，人人都遵守規則，認真工作。日本的實踐證明，這種工作現場的整潔對於保障企業的產品品質產生了重要的作用。

　　企業借助「紅牌作戰」的活動，可以讓工作場所變得整齊清潔，工作環境變得舒適幽雅，企業成員都養成了做事耐心細緻的好習慣。久而久之，大家都遵守規則，認真工作。

　　一個企業產品品質是否有保障的重要標誌，就是生產現場是否整潔。這是「破窗理論」在企業管理領域的直接展現。

　　「勿以惡小而為之，勿以善小而不為」，對於公司員工中發生的「小奸小惡」行為，管理者一定要予以高度重視，防微杜漸，必要的時候還需要小題大做，以收到「殺雞儆猴」、小懲大誡的作用。

　　美國有一家公司，規模雖然不大，但以極少炒員工魷魚而著名。有一天，資深車工傑克在切割台上工作了一會兒，就把切割刀前的防護擋板卸下放在一旁。沒有防護擋板，雖然埋下了安全隱憂，但收取加工零件會更方便、快捷一些，這樣傑克就可以趕在中午休息之前完成三分之二的零件了。

　　不巧的是，傑克的舉動被無意間走進工廠巡視的主管逮了個正著。主管雷霆大怒，令他立即將防護板裝上之後，又站在那裡大聲訓斥了半天，並聲稱要將傑克一整天的工作作廢，不計算其工作量。

　　第二天一上班，傑克就被通知去見老闆。老闆說：「身為老員工，你應該比任何人都明白安全對於公司意味著什麼。你今天少完成了零件，少實現了利潤，公司可以換個人、換個時間把它們補起來，可你一旦發生事故、失去健康乃至生命，那是公司永遠都補償不起的……」

　　離開公司那天，傑克流淚了，工作了幾年時間，傑克有過風光，也有過不盡如人意的地方，但公司從沒有人對他說不行。可這一次不同，傑克知道，這次碰到的是公司靈魂的所在。

　　在管理實踐中，作為管理者，必須高度警覺和重視那些看起來輕微的、不起眼的，但觸犯了公司核心價值觀的「小過錯」，並堅持嚴格依法管理。所謂「千里之堤，潰於蟻穴」，

名家名言

陸九淵：

「差之毫釐，謬以千里。」

不及時修好第一扇被打碎玻璃的窗戶，就可能給企業帶來無法彌補的損失。

　　「破窗理論」的本質在於建立一種防範和修復「破窗」的機制，「亡羊補牢」，並且要嚴厲懲治「破窗」的罪魁禍首和始作俑者。只有這樣，企業之廈才能永遠窗明几淨！

第三章　可以治則抵而塞之，不可治則抵而得之

【原文】

　　天下分錯①，上無明主；公侯無道德，則小人讒賊②；賢人不用，聖人竄匿③；貪利④詐偽者作，君臣相惑，土崩瓦解，而相伐射⑤。父子離散，乖亂⑥反目，是謂「萌芽巇罅」。聖人見萌芽巇罅，則抵之以法。世可以治則抵而塞之，不可治則抵而得之⑦。或抵如此，或抵如彼；或抵反之⑧，或抵覆之⑨。五帝⑩之政，抵而塞之，三王之事，抵而得之。諸侯相抵，不可勝數。當此之時，能抵為右。

諸葛亮〈出師表〉：

「必能裨補闕漏，有所廣益。」

【注釋】

　　①分錯：錯，混亂、騷亂。分錯是四分五裂。
　　②讒賊：說壞話，邪惡為害。
　　③竄匿：逃跑隱匿。
　　④貪利：貪圖利祿。
　　⑤伐射：互相殘殺。
　　⑥乖亂：違背常理，行為混亂。
　　⑦抵而得之：得，取得。透過「抵」來取得。
　　⑧反之：幫助其恢復原狀。
　　⑨覆之：顛覆對手。
　　⑩五帝：中國古代五位帝王，一說為黃帝、顓頊、帝嚳、堯帝、舜帝。
　　⑪三王：夏商周三朝開國君主，即夏禹王、商湯王、周文王和周武王。
　　⑫諸侯相抵：這裡指春秋五霸，即齊桓公、晉文公、宋襄公、楚莊公、秦穆公五個霸主互相抵制和對抗。

⑬右：上位。

【譯文】

　　天下動亂不止，朝廷沒有賢明的君主；官吏們失去社會道德，小人讒言妄為；賢良的人才不被信用，聖人逃匿躲藏起來；一些貪圖利祿，奸詐虛偽的人飛黃騰達，君主和大臣之間互相懷疑，君臣關係土崩瓦解，互相征伐；父子離散，骨肉反目，這就叫作「輕微的裂痕」。當聖人看到輕微的裂痕時，就設法治理。當世道可以治理時，就要採取彌補的「抵」法，使其「巇」得到彌合，以繼續保持它的完整，繼續讓它存在下去；如果世道已壞到不可治理時，就用破壞的「抵」法（徹底把它打破），佔有它並重新塑造它。或者這樣「抵」，或者那樣「抵」；或者透過「抵」使其恢復原狀，或者透過「抵」將其重新塑造。對五帝的聖明政治只能「抵而塞之」；三王從事的大事就是了解當時的殘暴政治，從而奪得並重新建立政權。諸侯之間互相征伐，戰爭頻繁，不可勝數，在這個混亂的時代，善於鬥爭的諸侯才是強者。

【延伸閱讀】

　　「世可以治則抵而塞之，不可治則抵而得之」。本章是《鬼谷子》中最有特色的一篇，已接近了民主思想的邊緣，因而也是受正統思想攻擊最厲害的一篇。作者並不是站在最高統治者的立場來看待和處理社會問題，而是站在一種比較公正的立場，他公開宣布：國家發生了矛盾，如果還可以挽救的話，就協助當權者挽救；如果國家已經腐敗不堪，無可救藥，就推翻它，取而代之。

　　所謂「窮則變，變則通」，當一個國家的統治出現了危機和矛盾，若能「抵而塞之」，則可以變法圖強，以挽救危機。

　　商朝第十九代君主盤庚，甲骨文做般庚，名旬，生卒年不詳，湯的九世孫，祖丁子，陽甲弟。陽甲死後繼位。根據《夏商周年表修正》，他在位28年（前1300～前1277年在位），於在位的第三年（前1298年）遷都於殷。他是一位很有作為的國王。後病死，葬於殷（今河南省安陽縣小屯莊）。

商朝從建國到滅亡，歷經五百多年。因為前期屢屢遷都。而最後的二百七十多年定都於殷（今河南安陽市），所以商朝又叫殷朝。有時候也稱為殷商或者商殷。盤庚定都於殷，不再遷徙，反映了這時候農業的重要性已經超過了畜牧業，人們有了定居下來的需要。

盤庚決定遷殷，是經歷了一番波折的。太甲以後，商朝歷代的君主和貴族們過著腐化的生活。他們寄生在國人和奴隸身上，殘酷地剝削人民和奴隸，任何事情都驅使奴隸去做。在奴隸和奴隸主人之間。階級矛盾十分嚴重，奴隸們不堪忍受折磨大批逃亡。在統治者之間，對王位的爭奪也十分激烈，有的人說應當父死子繼，有的人說應當兄終弟及，叔侄之間，兄弟之間，為爭奪王位，常常展開你死我活的鬥爭。他們為私利把國家弄得混亂不堪。商朝被階級矛盾和奴隸主人內部的矛盾削弱，國力日漸減弱，有些小國和少數民族也起來反叛，加上水澇、乾旱等等自然災害，內外交困使得商朝這個奴隸制國家，簡直到了崩潰的邊緣。

盤庚看到這種情況，覺得國家不能再照老樣子維持下去了。應當想出一個根除弊病的辦法來解決這些問題，挽救商朝的衰亡。他想出來的辦法，就是把都城遷到殷，因為到那裡去有著幾項好處：第一，殷地的土地比較肥沃，自然環境和現在的都城奄比起來，無論是建設都城還是發展農業生產，都會比現在的情況要好；第二，遷都以後，一切都得從頭做起，王室、貴族將會受到抑制，這樣，階級矛盾就可以得到緩和；第三，遷都可以避開那些叛亂勢力的攻擊，都城比較安全，外在的干擾少了，統治就可以穩定很多。

為了扭轉動亂局面，西元前1300年，盤庚不顧舊貴族的反對，毅然將都城由奄（今山東曲阜）遷於殷（今河南安陽小屯）。可是不少人反對遷都的決定，反對的人主要是王公貴族。他們知道，到了新的地方不能像現在一樣照舊享樂。盤庚是個意志十分堅定的人，是不會因為有人反對就改弦易轍的。

名家名言

《史記·項羽本紀》：

「秦始皇遊會稽，渡浙江，梁與籍俱觀，籍曰：『彼可取而代也。』」

他把王公貴族召集起來，對他們發表了兩篇訓話。第一篇訓話是勸說，告訴大家遷都到殷的好處。他說：「我要效仿先王關心臣民的樣子，關心你們，保佑你們，帶著你們去尋求安樂的地方。你們如果懷有二心，先王的在天之靈便要降下災難，懲罰你們。」第二篇訓話是示威，他用強硬的口氣，告誡人們一定要規規矩矩地服從遷都命令，否則就要受到嚴厲的制裁。

盤庚用了軟硬兼施的手段，終於完成了遷都的計劃，可是抗爭並沒有結束。老百姓到了一個新地方，好多地方不適應，於是就鬧著要回老家。王公貴族就乘機搗亂，煽動大家要求搬回老家去。盤庚又發表了一篇訓話，用強硬的態度，警告王公貴族不要搗亂，否則必遭嚴懲。過了幾年，局勢才安定下來。奴隸們在這裡被迫夜以繼日地工作，一個十分繁榮的都市出現在殷的土地上。從此，商朝的都城就永久地固定在殷城，由於盤庚的治理，商朝在這時政治上比較穩定，社會經濟和文化因此有了更大的發展。

盤庚遷都，使得殷商這個奴隸制國家擺脫了困境，並且得到了進一步的發展。從此商朝的都城就定在殷城，政治穩定、經濟和文化都有了很大發展。近代在殷城發掘出的大量青銅器就是那個時代鼎盛的證明，著名的司母戊大方鼎就是那個時期鑄造的。遷都之後，殷商的生產力、生產技術都有了很大的進步和提升，成為我國文明發展史上一個重要的里程碑。盤庚遷殷可算得上我國歷史上較早、較成功的改革。

由此可見，變法圖強、改弦易轍，進行適時、適當的改革是可以挽救統治危機的。但是，這種改革只限於階級矛盾還有餘地緩和的基礎之上，倘若階級矛盾和統治危機已達到無法挽救的地步，則只能「不破不立」，即透過革命「破舊」以「立新」，取而代之。周武王順天應命、替天行道、興周伐紂便是「抵而得之」。

商朝最後一個國王是商代的第三十二位帝王子辛，也叫「帝辛」，「紂王」並不是正式的帝號，是後人硬加在他頭上的惡諡，意思是「殘又損善」。據正史所載，商紂王博聞廣見、思維敏捷、身材高大、臂力過人。他曾經攻克東夷，把疆土開拓到東南一帶，開發了長江流域。殷商末年，它有兩個主要的敵手：西部的周方國及東部的夷人部族（甲骨

文裡被稱作人方）。

這個時候，活動在渭河流域的姬姓周部落逐漸強大起來，首領周武王姬發正在積極策劃滅商。他繼承父親文王遺志，重用姜尚等人，使國力增強。當時，商的軍隊主力正遠在東方與東夷作戰，國內軍事力量空虛，周武王把握時機，聯合各個部落，率領兵車300輛，虎賁（衛軍）3000人，士卒4.5萬人，進軍到距離商紂王所居的朝歌只有70里的牧野（今河南淇縣西南），舉行了誓師大會，列數紂王罪狀，鼓勵軍隊與紂王決戰。

而此時商紂王的大軍遠在東南，無力回援，牧野之戰的商軍，並非商王朝的精銳之師，而是臨時武裝起來的奴隸和囚徒。交戰中，部分奴隸與囚徒臨陣倒戈，周武王最終贏得了勝利，取代了商紂。

自古以來，變法改革以及王朝更替都是順應社會發展規律的舉措和行為，能不能透過變法得以圖強，能不能透過革命取而代之，是要看能否順應歷史發展潮流、社會發展規律以及是否順應民心，而並非一人人力所能為也。

所以，「世可以治則抵而塞之，不可治則抵而得之」，是符合社會發展規律、符合民心的正確思想和行為。

在今天看來，鬼谷子的這一思想也是可以運用於很多地方的，如果我們在生活中遇到某些矛盾時，我們應先考察矛盾是否可以「治」，若可以「治」，則可「抵而塞之」以解決；若不可「治」，則應堅決地「抵而得之」。

第四章　巇隙，察之以捭闔

【原文】

　　自天地之合離、終始，必有巇隙，不可不察也。察之以捭闔，能用此道，聖人也。聖人者，天地之使①也。世無可抵②，則深隱而待時③；時有可抵④，則為之謀⑤。可以上合⑥，可以檢下⑦。能因能循，為天地守神⑧。

【注釋】

　　①天地之使：天地的代行者。
　　②世無可抵：世，這裡指亂世；無可抵，指無可補救。
　　③深隱而待時：隱，隱藏，隱跡。深深的隱藏，等待時機。
　　④時有可抵：有補救的機會。
　　⑤為之謀：為治理亂世而籌劃的計謀。
　　⑥可以上合：對上層可以合作。
　　⑦可以檢下：對下級可以督促檢查。
　　⑧為天地之守神：守神，守護神。成為天地的守護神。

【譯文】

　　自從天地之間有了「合離」、「終始」以來，萬事萬物就必然存在著裂痕，這是不可不研究的問題。要想研究這個問題就要用「捭闔」的方法。能用這種方法的人，就是聖人，聖人是天地的使者。當世道不需要「抵」的時候，就深深地隱居起來，以等待時機；當世道有可以「抵」的弊端時，對上層可以合作，對下屬可以督察，有所依據、有所遵循，這樣就成了天地的守護神。

【延伸閱讀】

　　「自天地之合離、終始，必有巇隙，不可不察也。察之以
捭闔，能用此道，聖人也。」本章主要講抵巇之術是一種符合
自然規律的聖人之道，人們應該根據時代的要求靈活應用。

　　既然，萬事萬物皆有「巇隙」，在敵我較量和抗爭中，
完全可以憑藉慧眼找對敵方的矛盾和空隙所在，然後乘「隙」
而入，以敵方內部矛盾作為突破口，大作文章，離間其內部關
係，瓦解其內部團結，以贏得鬥爭的勝利。王允利用董卓和呂
布的矛盾，巧施離間之計就是一個典型的例子。

　　董卓在長安自稱太師，要漢獻帝尊稱他為「尚父」。他還
把他的弟弟、侄兒都封為將軍、校尉，連他剛出生的孩子也封
為侯。為了尋歡作樂，他在離長安二百多里的地方建築了一個
城堡，稱作郿塢。他把城牆修得又高又厚，把從百姓那裡搜刮
得來的金銀財寶和糧食都貯藏在那裡，單是糧食，足足夠三十
年吃的。

　　郿塢築成之後，董卓十分得意地對人說：「大事成了，天
下就是我的；即使不成功，我就在這裡安安穩穩度晚年，誰也
別想打進來。」

　　董卓在洛陽的時候，就殺了一批官員；到了長安以後，
他更加專橫跋扈。文武官員說話一不小心，觸犯了他，就丟會
掉腦袋。一些大臣怕保不住自己性命，都暗暗地想除掉這個壞
蛋。

　　董卓手下有一個心腹，名叫呂布，是一個出名的勇士。呂
布的力氣特別大，射箭騎馬的武藝十分高強。他本來是并州刺
史丁原的部下。董卓進洛陽的時候，丁原正帶兵駐守洛陽。董
卓派人用大批財物去拉攏呂布，要呂布殺死丁原。呂布被董卓
收買，背叛了丁原，投靠董卓。董卓把呂布收作乾兒子，叫呂
布隨身保護他。他走到哪裡，呂布就跟到哪裡。人們害怕呂布
的勇猛，就不好對董卓下手。

　　司徒王允決心除掉董卓。他知道要除掉董卓，先要拉攏
他身邊的呂布。他就常常請呂布到他家裡，一起喝酒聊天。日

名家名言

張君房《雲笈七籤》
：

「將至所居，自後垣乘
虛而入，徑及庭中。」

子久了，呂布覺得王允待他好，也就把他跟董卓的關係說了出來。原來，呂布跟董卓雖說是「父子關係」，但是董卓性格暴躁，稍不如他的意，就向呂布發火。有一次，呂布說話頂撞了他，董卓竟將身邊的戟扔向呂布。幸虧呂布眼明手快，把身子一側，躲過了飛來的戟，沒有被刺著。後來，呂布向董卓賠了禮，董卓也表示寬恕他。但是，呂布心裡很不痛快。他把這件事告訴了王允。王允聽了很高興，就把自己想殺董卓的打算也告訴了呂布，並且說：「董卓是國賊，我們想為民除害，您能不能幫助我們，做個內應？」

呂布聽到真要殺董卓，倒有點猶豫起來，說：「我是他的乾兒子，兒子怎麼能殺父親呢？」王允搖搖頭說：「唉，將軍真糊塗，您姓呂，他姓董，本來不是骨肉至親，再說，他向您擲戟的時候，還有一點父子的感情嗎？」呂布聽了，覺得王允說得有道理，就答應跟王允一起除掉董卓。

西元192年，漢獻帝生了一場病剛剛痊癒，在未央宮會見大臣。董卓從郿塢到長安去。為了提防人家暗算，他在朝服裡面穿上鐵甲。在乘車進宮的大路兩旁，派衛兵密密麻麻排成一條夾道。他還叫呂布帶著長矛在他身後保衛著。經過這樣安排，他認為萬無一失了。

可是董卓萬萬沒有想到王允和呂布早已商量好了。呂布約了幾個心腹勇士扮作衛士混在隊伍裡，專門在宮門口守著。董卓的座車一進宮門，就有人拿起戟向董卓的胸口刺去。但是戟刺在董卓胸前鐵甲上，刺不進去。董卓用胳膊一擋，被戟刺傷了手臂。他忍著痛跳下車，叫著說：「呂布在哪兒？」

呂布從車後站出來，高聲宣布說：「奉皇上詔書，討伐賊臣董卓！」

董卓見他的乾兒子背叛了他，就罵著說：「狗奴才，你敢……」他的話還沒說完，呂布已經舉起長矛，一下戳穿了董卓的喉嚨。兵士們擁了上去，把董卓的頭砍了下來。呂布從懷裡拿出詔書向大家宣布：「皇上有令，只殺董卓，別的人一概

徐珂《清稗類鈔之盜賊類之趁火打劫》：

「將為汝寄頓於吾家也。蓋倉促起意，利人之危而乘之也。」

不追究。」

　　董卓的將士們聽了，都高興地呼喊萬歲。長安的百姓受盡了董卓的殘酷壓迫，聽到除了奸賊，成群結隊跑到大街上唱著，跳著。許多人還把自己家裡的衣服首飾變賣了，換了酒肉帶回家大吃一頓，慶祝一番。

　　王允之所以能夠成功，就是因為他看到和利用了敵人的內部矛盾。正所謂「堡壘最易從內部攻破」。如果對方並無縫隙讓你有機可乘、乘虛而入，那麼就需要你隨時注意捕捉和利用敵人陣營中的內部矛盾，人為地給對手製造裂痕，使之互相猜疑，瓦解其內部團結，使其形成內亂，分崩離析，然後乘隙而攻之，這就是兵書上說的「離間」之計。楚漢相爭時的劉邦之所以能擊敗項羽，最主要得益於他的離間計。

　　西元前203年，劉邦被項羽圍困在滎陽城內。楚軍在城外斷絕了漢軍的運糧通道，城內糧草日漸困乏，十分危急。劉邦向項羽求和，項羽不肯。陳平向劉邦獻計，建議離間項羽與亞父范增、鍾離昧、龍且、周殷等人的關係，待項羽眾叛親離時，再舉兵進攻。劉邦採納了陳平的計謀，使人造謠說：項王屬下鍾離昧、龍且、周殷想要投降漢王。項羽為人本來就好猜忌，果然對鍾離昧等人產生了懷疑。一天，項羽派使者到劉邦營中，陳平讓侍者準備好十分精緻的餐具，侍者剛一進屋，便假裝驚訝地說：「我們以為是亞父派來的人呢，原來是項王的使者。」又把這些餐具端了出去，換上了十分粗劣的餐具和飲食。使者回營告訴了項羽，項羽對范增也產生了懷疑。這時，范增向項羽建議急攻滎陽，項羽卻一反常態，拒不聽從。過了幾天，范增得到了項羽已經懷疑自己的消息，便找到項羽告辭回鄉，在回鄉路上患病死去。項羽失掉了范增，又不信任鍾離昧等人，真正成了孤家寡人。不久，韓信、陳平等人用計從城中救出了劉邦。以後，不到一年的時間，項羽便失去了軍事優勢。最後，垓下一戰，項羽自刎於烏江。

　　乘虛而入、搶佔市場是當今很多商家在商戰中慣用的計

謀。用攻其不備、乘虛而入的手段搶佔市場，也是商戰策略中風險最小、最容易成功的一種。

美國花旗銀行在德國開辦家庭銀行，不到幾年時間，就在德國消費者金融業務中取得了統治地位。他們運用的策略，就是「乘虛而入」。

德國的銀行家們雖然也知道，普通的消費者有一定的購買力，能成為銀行的客戶，但他們認為，大銀行向來是為工商界和富有的投資者服務的；為普通消費者服務不免有損大銀行的氣派。花旗銀行正是抓住德國金融市場的薄弱環節，創辦家庭銀行，專為個人消費者服務，經營消費者所需的業務，一切手續都使消費者感到便利。雖然德國銀行有極強大的勢力，有遍布在每個城市商業區的眾多分支機構，但花旗銀行所辦的家庭銀行只花了5年左右的時間，就佔有了德國低端消費的全部銀行業務。

在現代經商活動中，「乘虛而入」是經營高手慣用之計。精明的商家為了使自己的企業和產品在競爭中立於不敗之地，千方百計地尋找對方的弱點和空位，進而搶佔市場、贏得自身最大利益。但應用此計必須要求自己真正了解對手的詳細情況，要不斷進行分析、論證，以求準確無誤地把握住對方的空隙，然後迅速而果斷地出擊，切勿操之過急，以免「欲速則不達」，或者為對方的假象所迷惑。

第五篇

飛箝術

第一章　飛而箝之

【原文】

　　凡度權量能②，所以徵遠來近③。立勢而制事④，必先察同異之黨，別是非之語，見內外之辭⑤，知有無之數⑥，決安危之計，定親疏之事⑦，然後乃權量之⑧。其有隱括⑨，乃可徵，乃可求，乃可用。引鉤箝之辭⑩，飛而箝之。鉤箝之語⑪，其說辭也，乍同乍異⑫。其不可善者⑬，或先徵之，而後重累⑭；或先重以累，而後毀之；或以重累為毀⑮，或以毀為重累。其用⑯，或稱財貨、琦瑋⑰珠玉、璧白、采色⑱以事之⑲，或量能立勢⑳以鉤之㉑，或伺候見澗而箝之，其事用抵巇。

【注釋】

　　①飛箝：飛，飛揚、褒獎。箝，意為挾住、挾持。飛箝，在這裡是指先褒揚對手，令其激動，待其露情竭志時，因其所好緘束鉗持，令其不得後退。

　　②度權量能：度，度量，權衡；權，人的計謀；能，能力。意思是度量權略，權衡能力。

　　③徵遠來近：徵，徵召；遠，遠方，這裡指遠方有才能之人。

　　④立勢而制事：造成一種態勢，掌握變化的規律。

　　⑤內外之辭：內是實情，外是表面，指對內、對外的各種進言。

　　⑥有無之數：數，數量。指有餘不足的程度。

　　⑦親疏之事：有關親密或疏遠的事情。

　　⑧權量：權衡度量，計算長短輕重。

　　⑨隱括：隱伏不清之處。

　　⑩引鉤箝之辭：鉤是彎曲金屬所作的鉤針，比喻引誘他人的言論。

　　⑪鉤箝之語：即為引誘對方和挾持對方所說出的話。

　　⑫其說辭也，乍同乍異：乍，忽然；同，相同；異，差異。這裡是

說鉤箝之語，對於對方的言論，忽然相同，忽然不同。

⑬不可善者：即使運用鉤箝之法也不能轉移的人。

⑭重累：反覆。

⑮以重累為毀：透過反覆試驗，以使對方瓦解。

⑯其用：準備要採用時。

⑰財貨、琦瑋：財貨，錢財貨物；琦瑋，珍貴寶玉。

⑱采色：帶顏色的美麗東西。

⑲以事之：給予試驗。

⑳量能立勢：量能，測驗，考察才能；立勢，造成態勢。指透過衡量才能，創造態勢。

㉑以鉤之：用來吸引他們。

【譯文】

凡是揣度人的智謀和測量人的才能，就是為了吸引遠處的人才和招徠近處的人才，造成一種聲勢，進一步掌握事物發展變化的規律。一定要首先考慮派別的相同和不同之處，區別各種對的和不對的議論，了解對內、對外的各種進言，掌握有餘和不足的程度，決定事關安危的計謀。確定與誰親近和與誰疏遠的問題。然後權量這些關係，如果還有不清楚的地方，就要進行研究，進行探索，使之為我所用。借用引誘對手說話的言辭，然後透過恭維來箝住對手。鉤箝之語是一種遊說辭令，其特點是忽同忽異。對於那些以鉤箝之術仍沒法控制的對手，或者首先對他們威脅利誘，然後再對他們進行反覆試探；或者首先對他們進行反覆試探，然後再對他們發動攻擊加以摧毀。有人認為，反覆試探就等於是對對方進行破壞，有人認為對對方的破壞就等於是反覆試探。想要重用某些人時，或者先賞賜財物、珠寶、玉石、白璧和美麗的東西，以便對他們進行試探；或者透過衡量才能創造態勢，來吸引他們；或者透過尋找漏洞來控制對方，在這個過程中要運用抵巇之術。

名家名言

《意林》引《太公六韜》：

「辯言巧辭，善毀善譽者，名曰：間諜飛言之士。」

【延伸閱讀】

　　本章主要是從君主的角度討論如何運用飛箝之術對待人才的問題。首先，君主必須揣度、分析以求全面把握人才的情況；其次，要使用言辭、「重累」等各種方法反覆試探對方，以掌握其真實思想；然後要想方設法控制對方，包括使用財物、尋找對方漏洞、抓住對方弱點，等等。

　　中國歷史上，大張旗鼓地招賢納士之舉，莫過於燕昭王高築黃金台的故事了。詩仙李白曾寫過一首詩頌揚這段千古佳話：「燕趙延郭隗，遂築黃金台。劇辛方趙至，鄒衍復齊來……」

　　燕昭王登上王位後，禮賢下士，用豐厚的聘禮來招募賢才，想要依靠他們來報齊國破燕殺父之仇。為此，他去見郭隗先生，說：「齊國乘人之危，攻破我們燕國，我深知燕國勢單力薄，無力報復。然而如果能得到賢士與我共同治理國家，以雪先王之恥，這是我的願望。請問先生要報國家的大仇應該怎麼辦？」

　　郭隗先生回答說：「成就帝業的國君以賢者為師，成就王業的國君以賢者為友，成就霸業的國君以賢者為臣，行將滅亡的國君以賢者為僕役。如果能夠卑躬屈節地侍奉賢者，屈居下位接受教誨，那麼比自己才能超出百倍的人就會光臨；早些學習晚些休息，先去求教別人過後再默思，那麼才能勝過自己十倍的人就會到來；別人怎麼做，自己也跟著做，那麼才能與自己相當的人就會來到；如果憑靠幾案，拄著手杖，盛氣凌人地指揮別人，那麼供人驅使跑腿當差的人就會來到；如果放縱驕橫，行為粗暴，吼叫罵人，大聲呵斥，那麼就只有奴隸和犯人來到。這就是古往今來實行王道和招致人才的方法啊。大王若是真想廣泛選用國內的賢者，就應該親自登門拜訪，大家看到您求賢若渴，那些有本領的人一定會像百川匯海似的源源而來。」

劉勰《文心雕龍·論說》：

「飛箝伏其精術。」

　　昭王說：「我應當先拜訪誰才好呢？」郭隗先生說道：「我聽說古時有一位國君想用千金求購千里馬，可是三年也沒有買到。宮中有個近侍對他說道：『請您讓我去買吧。』於是國君就派他去了。三個月後他終於找到了千里馬，可惜馬已經死了，但是他仍然用五百金買了那匹馬的腦袋，回來向國君覆命。國君大怒道：『我要的是活馬，死馬有什麼用！而且還白白花掉了五百金！』這個近侍胸有成竹地對君主說：『買死馬尚且肯花五百金，更何況活馬呢？天下人一定都以為大王您擅長買馬，千里馬很快就會有人送了。』於是不到一年，三匹千里馬就到手了。如果現在大王真的想要羅致人才，就請先從我開始吧；我尚且被重用，何況那些勝過我的人呢？他們難道還會嫌千里的路程太遙遠了嗎？」

　　於是，燕昭王按照郭隗的主意，蓋了一座金碧輝煌的宮殿。選擇了一個吉祥的日子，舉行隆重的儀式，恭恭敬敬地把郭隗請到新宮殿裡去住。趙王每天都要像學生請教老師那樣前去探望。昭王還在沂水之濱修築了一座高台，用以招徠天下賢士。台上放置了幾千兩黃金，作為贈送給賢士的晉見禮。這座高台便是著名的「黃金台」。

　　消息傳開，樂毅從魏國趕來，鄒衍從齊國而來，劇辛也從趙國來了，人才爭先恐後集聚燕國。昭王又在國中祭奠死者，慰問生者，和百姓同甘共苦。燕昭王二十八年的時候，燕國殷實富足，國力強盛，士兵們心情舒暢，願意效命。於是昭王用樂毅為上將軍，和秦楚及三晉趙魏韓聯合策劃攻打齊國，齊國大敗，齊湣王逃到國外。

　　在伐齊戰爭取得決定勝利的同時，昭王派燕將秦開襲破東胡，迫使東胡從燕國東北部後退千餘里，燕國領土向東北擴展到遼東一帶。燕還向南進軍，攻佔了中山國許多地方。昭王終使燕國躋身於列強之列，步入黃金時代。

　　透過這個故事，我們可以知道這樣的道理：要想招納賢才，不但要降貴紆尊、放下架子，更要有一顆誠心，並且付諸

名家名言

賈公彥：

「飛箝者，言察是非，語飛而箝持之。」

實際行動。這樣的事例在我國歷史上非常多：文王訪賢才得姜尚輔佐西周，劉備三顧茅廬方請得孔明出山等等。

　　請來了賢能之士就萬事大吉了嗎？當然不是，既是賢才，當然是很多人孜孜以求的棟樑，都想為己所用，加之人才本身具有流動性，所以想方法控制住人才，讓其長期為我所用是一個英明和有遠見的領導者必須考慮的事。所謂「用兵之道，攻心為上，攻城為下。心戰為上，兵戰為下」，用兵之道如此，制人之道亦是如此，若想控制一個人，最有效的上上之策便是抓住其人性弱點，控制其心。

　　「攻心」術之最善者，莫過於使「人心服」、「敵心死」。所謂「人心服」，是使人口服心服，樂為己用；所謂「敵心死」，是使敵心完全瓦解，不敢再進行反抗。古往今來，最善攻心者，莫過於三國劉備。

　　劉備少孤，一貧如洗，以販履織席為業。這樣一個普普通通的下層平民，為何能崛起於群雄之上，成為鼎足三分的一代梟雄呢？從其本人來說，是因他最懂得「攻心」之妙用，是一個非常傑出的「攻心」戰略家。他團結部下，重在「攻心」：他以義結關、張，食則同桌，寢則同席，三人桃園結義，誓同生死，故使雲長不為曹操的封高官、贈厚金所收買，翼德始終拼命為之血戰沙場，曾二易其主的趙子龍，劉備一見便對他推心置腹，子龍感其誠，從此赤膽忠心追隨他；諸葛亮因感其三顧之隆情厚意，才離開隆中為之驅馳，做到「鞠躬盡瘁，死而後已！」他對待百姓，也重在「攻心」：他初任定州中山府安喜縣尉，署縣事一月，與民秋毫無犯，民皆感化。

　　他救徐州而三讓徐州，故深得徐州百姓的愛戴。他駐軍新野，政治一新，百姓稱頌他：「新野牧，劉皇叔，自到此，民豐足。」因而取得了百姓的衷心擁護。曹操追擊，他棄樊城奔襄陽，兩縣百姓誓死跟隨，他擁民眾數萬，一日僅行十餘里，有被俘的危險。有人勸他「棄百姓，先行為上」。劉備泣說：「舉大事者必以人為本。今人歸我，奈何棄之？」後來劉備取

蜀，也採取「攻心」戰略，即以結民心為先。

　　正因劉備能處處以百姓為重，又以恩義結將相之心，故人心歸之，願為其效死。「得人心者昌」，這便是劉備之能成大事的關鍵所在。歷史上類似的事件還有很多：周文王為民請命，廢除炮烙博取民心；勾踐臥薪嚐膽，與民同甘共苦贏取民心；劉邦與關中父老「約法三章」籠絡民心等不一而足。

　　「攻心」之術，歷來為政治和軍事家所推崇。能掌握「攻心」之術，不僅能事半功倍，甚至可以不費吹灰之力就取得「全勝」。「攻心」之術不僅是「伐國之道」的最有效戰略，用於治軍、治國同樣如此：用於治軍，則將帥齊心，士卒誓死效忠，可以一鼓作氣，戰無不勝，功無不克；用於治國，則令人心服，民心歸順，上下一心，國定邦興。推而廣之，凡是涉及人際關係，需要人做的事，攻心之術，無不可用之。

第二章　鉤其所好，以箝求之

【原文】

　　將欲用之於天下①，必度權量能，見天時之盛衰，制②地形之廣狹，阻險之難易，人民貨財之多少，諸侯之交孰親孰疏、孰愛孰憎；心意之慮懷，審其意③，知其所好惡，乃就說其所重④，以飛箝之辭鉤其所好，以箝求之。

名家名言

孔子：

「己所不欲，勿施於人。」

【注釋】

　　①用之於天下：把飛箝之術推廣到全天下。
　　②制：控制，引申為掌握、了解。
　　③審其意：詳細考察他們的思慮和希望。
　　④說其所重：遊說其所重視的問題。

【譯文】

　　要把「飛箝」之術向天下推行，必須考核人的權謀和才能，觀察天地的盛衰，掌握地形的寬窄和山川險阻的難易，以及人民財富的多少。在諸侯之間的交往方面，必須考察彼此之間的親疏關係，究竟誰與誰親密，誰與誰疏遠，誰與誰友好，誰與誰相惡。要詳細考察對方的願望和想法，要了解他們的好惡，然後針對對方所重視的問題進行遊說，再用「飛」的方法誘出對方的愛好所在。最後再用「箝」的方法把對方控制住。

【延伸閱讀】

　　「審其意，知其所好惡，乃就說其所重，以飛箝之辭鉤其所好，以箝求之」是說要詳細考察對方的願望和想法，了解他們的好惡，然後針對對方所重視的問題進行遊說，再用「飛」

的方法察覺出對方的愛好所在，最後再用「箝」的方法把對方控制住。簡而言之，就是說要想控制對方，就必須了解對方的好惡，尤其是對方的喜好，然後投其所好，就能成功控制對方的心。春秋時期，晉國的趙穿就是用「投其所好」的計謀剷除暴君晉靈公的。

晉靈公是中國歷史上有名的荒淫暴虐之人，他厚斂於民，廣興土木，好為遊戲。

他閒著實在無聊時，便下令在絳州城內建了一個桃園，遍求奇花異草，栽種其中。又築三層高台，中建絳霄樓，憑欄四望，全城風物，市井百態，盡收眼底。

修好這個桃園後，晉靈公時常登臨俯瞰、飲酒取樂，並以張弓彈鳥為戲。但是時間長了後，他便玩厭了這樣的遊戲，漸覺不如彈人有刺激性。於是，這個暴君就發展利用彈人來賭勝負。對準台下的百姓，一聲令下，亂彈齊發。百姓頭破血流，目毀牙落，號哭遍地；抱頭逃避，相互踐踏。當時出現了民諺：「莫看台，飛丸來。出門笑且忻，歸家哭而哀！」

趙盾是歷史上有名的忠臣，在中國的歷史上，每當有昏君出現時，往往都會伴隨著忠臣的悲哀。他是當時朝中的一個元老重臣，曾經多次勸諫過晉靈公，希望他能夠禮賢遠侫，勤政親民。開始的時候，晉靈公還假意檢討，繼而就拒諫飾非，最後竟積厭生怨，決定殺死趙盾。但是，晉靈公和他的侫臣兩次刺殺趙盾都沒有成功，趙盾得以逃過了一劫。

而趙盾有一個堂侄名叫趙穿，他接受了叔父的前車之鑑，對晉靈公採取了「投其所好」的計謀。他首先向晉靈公叩頭謝罪，請求辭職，說：「罪人之族，不敢復侍左右，乞賜罷斥。」晉靈公見其詞卑貌恭，認為他真誠可信，反而安慰他說：「盾累次欺蔑寡人，寡人實不能堪，與卿何干？卿可安心供職。」

在初步取得晉靈公的信任之後，趙穿就開始百般投其所好，晉靈公喜歡遊玩，趙穿就說：「所貴為人主者，唯能極人

名家名言

《莊子·庚桑楚》：
「是故非以其所好籠之而可得者，無有也。」

生聲色之樂也」。

晉靈公當然也好美色，昏君往往如此。趙穿就建議派佞臣屠岸賈為他盡選國中美色，並藉以調虎離山。同時，趙穿還以桃園侍衛單弱為由，以晉靈公的名義，從自己指揮的軍隊中精選出了200名勇士，並暗地裡同他們制訂了除暴計劃。一次，趙穿趁著深夜桃園侍宴的絕佳時機，一舉劇除了晉靈公這個暴君。

以利誘之，投其所好是趙穿取得成功的關鍵因素。但是，要想做到投其所好，並非易事，所設之「餌」必須符合對方的胃口，才能讓對方樂於吞下，從而才能鉤住他，即必須找對對方的真正弱點，然後再下「餌」。

春秋戰國時期，強大的楚國發兵攻打絞國，大軍行動迅速。楚軍數萬人馬兵臨城下，氣勢旺盛，絞國自知出城迎戰，凶多吉少，決定堅守城池。

絞城是一個地勢險要，易守難攻的城池。強楚雖然多次進攻，但均被擊退。兩軍相持一個多月。楚國莫敖屈瑕仔細分析了敵我雙方的情況，認為絞城只可智取，不可強攻。於是他便向楚王獻上一條「以利誘之」的計謀。他對絞城進行深入地分析之後說道：「攻城不下，不如利而誘之。」他建議：趁絞城被圍月餘，城中缺少薪柴之時，派些士兵裝扮成樵夫上山打柴運回來，敵軍一定會出城劫奪柴草。這樣，在開頭的幾天裡，讓他們得一些小利，等他們麻痹大意，大批士兵出城劫奪柴草之時，先設伏兵斷其後路，然後聚而殲之，乘勢奪城。

楚王卻擔心絞國不會輕易上當，屈瑕說：「大王放心，絞國雖小而輕躁，輕躁則少謀略。有這樣香甜的鉤餌，不愁它不上鉤。」

楚王也認為很有道理，就依計而行，命一些士兵裝扮成樵夫上山打柴。絞侯聽探子報告有挑夫進山的情況，忙問這些樵夫有無楚軍保護。探子說，他們三三兩兩進出，並無兵士跟隨。絞侯馬上佈置人馬，待「樵夫」背著柴禾出山之機，突然

馮夢龍《東周列國志》：

「今王志在報吳，必先投其所好，然後得制其命。」

襲擊，果然順利得手，抓了三十多個「樵夫」，奪得不少柴草。這樣一連幾天，果然收穫不小。

絞侯對抓「樵夫」襲柴禾的事情開始「樂此不疲」了，卻不知道自己將成為別人網中之物。絞國士兵出城劫奪柴草的越來越多。楚王見敵人已經吞下釣餌，便決定迅速逮大魚。第六天，絞國士兵像前幾天一樣出城劫掠，「樵夫」們見絞軍又來劫掠，嚇得沒命地逃奔，絞國士兵緊緊追趕，不知不覺被引入楚軍的埋伏圈內。只見伏兵四起，殺聲震天，絞國士兵哪裡抵擋得住，慌忙敗退，又遇伏兵斷了歸路，死傷無數。楚王此時乘機攻城，絞侯自知中計，已無力抵抗，只得投降。

由此可見，人們在做事時，如果也能做到投其所好，遇到的阻力就會小得多，辦起事情來也就容易成功。

投其所好就是抓住了對方心中的欲望，然後想方設法地滿足他的欲望，然後讓他為我所用。人都是有弱點的，而人的最大弱點就是人的欲望都「需要」別人的逢迎。只要抓住了這個弱點，然後投其所好，就能取得成功。

這個道理最適合於今天的行銷行業。一個高明的推銷員往往能透過「投客戶之所好」來取得銷售的成功。

喬‧吉拉德是當今世界上最偉大的推銷員之一。有人曾問他成功的祕訣是什麼，他開玩笑似地說：「沒有別的，我只是讓顧客感覺我喜歡他們。」

每逢節假日，喬‧吉拉德總是會在百忙之中抽出時間給顧客寄張賀卡，並且親筆寫上諸如「我喜歡你」或者「只為你一人」之類的話語。簡單的一句話和小小的一張賀卡都是微不足道的，談不上什麼成本，可是，卻沒有人會不喜歡。喬‧吉拉德也因此擁有一大批老顧客。

有一次，一位中年婦女走進了喬‧吉拉德所在的展銷室，她告訴喬‧吉拉德，想在這裡打發一會兒時間，因為她想買一輛白色的福特車，就像姐姐開的那輛一樣，但對面福特車的推銷員讓她過一個小時再去，所以她就先來這兒看看。閒談中，

名家名言

司馬光：

「天之生人，各有偏長。國家之用人，備有眾長。然而投之所向，輒不濟事者，所用非所長，所長非所用也。」

她還說這是姐姐送給自己的生日禮物——今天是她55歲生日。

「生日快樂！夫人。」喬‧吉拉德一邊說，一邊請她隨便看看，接著他出去了一會兒，然後回來對她說：「夫人，您喜歡白色的車，既然您現在有時間，我就給您介紹一下我們的雙門式轎車，也是白色的。」

他們正談著，女祕書走了進來，遞給喬‧吉拉德一束玫瑰。他把花送給那位女士：「祝您長壽，尊敬的夫人。」

中年婦女感動極了，眼眼都濕了。「已經很久沒有人給我送禮物了。」她說，「剛才那位福特推銷員一定是看我開了輛舊車，以為我買不起新車，我剛要看車，他卻說要去收一筆款，於是我就上這兒來了。其實，我只是想買一輛白色的車而已，只不過我姐姐的車是福特的，所以我也想買福特的。現在想想，不買福特車也可以。」

最後，她在喬‧吉拉德那裡買了一輛雪佛萊，並填寫了一張全額支票。喬‧吉拉德從頭到尾都沒有勸她放棄購買福特車而改買雪佛萊車，只是因為她在喬‧吉拉德那裡受到了重視，於是便放棄了原來的打算，轉而選擇了雪佛萊。

喬‧吉拉德不愧是世界上最偉大的推銷員，他以一束玫瑰花和一句誠摯的祝福為代價，成功地推銷了一輛車，一輛顧客原本沒想買的車。投其所好的神奇妙用由此可見一斑。

商場如戰場，投其所好的關鍵，在於正確掌握到對方的喜好，進而將對方控制於自己的股掌之上。應用此術還要特別注意小心謹慎，盡量做到不動聲色、不露痕跡，自然而然地讓對方樂於接受、甘於為我所用，切不可急功近利、急於求成，一定要等到水到渠成之時方能行「控制對方」之實，否則只能「欲速則不達」、前功盡棄、功虧一簣。

第三章 量智能、權材力、料氣勢

【原文】

用之於人①，則量智能②、權材力③、料氣勢④，為之樞機⑤以迎之、隨之，以箝和之，以意宜之；此飛箝之綴⑥也。

【注釋】

①用之於人：將飛箝之術用於人。
②智能：智慧和才能。
③材力：指才能，「材」同「才」。
④氣勢：氣概和聲勢。
⑤樞機：關鍵和重點，樞是門軸，機是樞紐。
⑥飛箝之綴：綴，聯結，綴合。這裡是說飛箝之術的連帶作用。

【譯文】

如果把「飛箝」之術用於他人，就要揣摩對方的智慧和才能，度量對方的實力，估計對方的氣勢，然後以此為突破點與對方周旋，進而爭取以「飛箝」之術達成議和，以友善的態度建立邦交。這就是「飛箝」的妙用。

【延伸閱讀】

「則量智能、權材力、料氣勢。」本章主要講如果把「飛箝」之術用於他人就要揣摩對方的智慧和能力，度量對方的實力，估計對方的勢氣，然後以此為突破口和切入點，方能取得成功。

司馬錯遊說秦惠王伐蜀就是一個例子。

戰國時期，為爭奪地盤，巴、蜀兩國交鋒，都向秦國告急。秦惠王想出兵討伐蜀國，但是考慮到蜀道之危險艱難，又恐韓國乘機來犯，所

以猶豫不決。秦惠王找來司馬錯和張儀進行商議，於是引發了司馬錯和張儀的一場舌戰。

司馬錯要攻打蜀國，張儀說：「不如攻打韓國。」秦惠王說：「請你們說說各自的見解，讓我聽聽。」

張儀回答說：「應先與魏、楚兩國表示親善，然後出兵三川，堵塞轘、緱氏兩個隘口，擋住通向屯留的路，讓魏國出兵切斷南陽的通路，楚國派兵逼近南鄭，而秦國的軍隊則攻擊新城和宜陽，兵臨二周的近郊，聲討周君的罪行，（隨後）乘機侵佔楚、魏兩國的土地。周王室知道已經不能拯救自身，一定會交出九鼎和寶器。我們佔有了九鼎，掌握地圖和戶籍，挾持周天子，用他的名義來號令天下，天下沒有敢於違抗的，這就能建立王業了。如今，蜀國是西邊偏遠落後的國家，戎狄為首領。攻打蜀國，會使士兵疲憊，使百姓勞苦，卻不能以此來建立名望；即使奪取了那裡的土地，也算不得什麼利益。我聽說：『爭名的要在朝廷上爭，爭利的要在市場上爭。』現在的三川地區和周王室，正是整個天下的大市場和朝廷，大王不去爭奪，反而與那些野蠻的人爭奪名利，這就離帝王之業遠了。」

司馬錯說：「不對。我聽到過這樣的話：『想使國家富庶的一定要擴大他的領地，想使軍隊強大的一定讓他的百姓富足，想建立王業的一定要廣施他的恩德。這三個條件具備了，那麼，王業就會隨之實現了。』現在大王的土地少，百姓貧困，所以我希望大王先從容易辦的事做起。蜀國是西邊偏僻的國家，以戎狄為首領，而且有像桀、紂一樣的禍亂。用秦國的軍隊前往攻打，就如同用豺狼驅趕羊群一樣。得到它的土地，能夠擴大秦國的疆域；得到它的財富，能夠使百姓富足，整治軍隊又不傷害百姓，蜀國已經歸服了。因此，奪取了蜀國，但天下人不認為我們暴虐；取盡了蜀國的財富，諸侯國也不認為我們貪婪。這就是說，我們用兵一次，就能名利雙收，還能得到除暴、平亂的好名聲。如果現在去攻打韓國，脅迫周天子，

名家名言

《墨子·尚賢中》：

「聽其言，跡其形，察其所能而慎予官，此謂『事能』。」

必然招致壞名聲，而且不一定有利，又有不義的名聲。去進攻天下人都不希望進攻的地方，這是很危險的！請允許我講明這個緣故：周王室，現在還是天下的宗室；韓國，是周國的友好鄰邦。如果周天子自己知道要失去九鼎，韓王自己知道要喪失三川，那麼，兩國一定會聯合起來，共同採取對策，依靠齊國和趙國，並且向楚、魏兩國求援，以解除危難。把九鼎送給楚國，把土地送給魏國，大王是不能阻止的。這就是我所說的危險，不如攻打蜀國那樣萬無一失。」

秦惠王說：「很對。我採納你的意見。」結果，秦國出兵進攻蜀國。十月奪取了那裡的土地，然後平定了蜀國。蜀國的君主改稱為侯，秦國派遣陳莊去輔佐蜀侯。蜀國歸附以後，秦國就更加強大富庶了。

司馬錯正是揣摩、拿準了秦惠王欲擴展疆土、富國強兵的心理，所以成功地說服了秦惠王伐蜀。

三國諸葛孔明也是一個善於揣摩和度量他人的心理戰高手。

西元208年，曹操親率二十多萬大軍南征。江東的孫權搖擺在抗曹與降曹的兩種選擇之間。經過魯肅的建議，孫權有意聯合劉備對付曹操；這時諸葛亮也與劉備商量聯孫抗曹，他在分析了江東當時的處境和可能出現的對策之後，料定孫權方面會派人前來試探。果然，魯肅隨後來到，從而成為諸葛亮開展一場出色外交談判的起點。諸葛亮聽說江東來人，便高興地說：「大事濟矣！」接著十分慎重地叮囑劉備，凡來人提及與曹操作戰的問題，都推給他諸葛亮回答。他不僅要從與來人對形勢的談話中掌握相關資訊，而且還打算透過傾心交談結交朋友。結果，直率的魯肅經過諸葛亮的爭取，透露出江東投降傾向與抗曹勢力的現狀和作為決策者的孫權目前害怕曹操兵多將廣、不敢全力抗曹的心態，並且自告奮勇，願意充當諸葛亮出使江東鼓動抗曹的引薦人。後來的情況證明，在江東談判中，魯肅確實產生了穿針引線和彌合裂縫的作用，給予諸葛亮很大

名家名言

葛洪：

「量才而授者，不求功於器外；揆能而受者，不負責於力盡。」

的支持。諸葛亮在見到江東決策人物之前，首先遭遇到的是一批力主降曹、膽怯自私的文官。他們雖非決策人物，但對孫權決策有重大影響；尤其是謀主張昭，曾經是江東第二代創業者、孫權的哥哥孫策臨終時指定的處理江東內政的主要決策顧問。這些人的投降主張已經嚴重地干擾著孫權抗曹的決心，諸葛亮採用了快刀斬亂麻的果斷手法，對各種不利於孫、劉聯兵抗曹的言論，一駁到底，不拖泥帶水。很快，諸葛亮與孫權直接會談。他看到孫權「碧眼紫髯，堂堂一表」，立即判斷對手有很強的自尊心，「只有激，不可說」。對待這位江東的最高權威人物，諸葛亮對準他當時在戰與降之間舉棋不定的矛盾心態，不但把曹操的實力格外加碼地描述了一番，而且一點也不委婉地建議他如果不能早下抗曹決心，不如乾脆投降。孫權不甘屈辱，立即回敬一句：「誠如君言，劉豫州何不降曹？」於是諸葛亮抓住這個話題，毫不猶豫地拋出一枚令對方難以承受的重磅炸彈：「昔田橫，齊之壯士耳，猶守義不辱。況劉豫州王室之胄，英才蓋世，眾士仰慕。事之不濟，此乃天也，又安能屈處人下乎！」這枚炸彈既是對孫權的強大刺激，也是對孫權的有力鞭策，當然還是劉備一方對抗曹軍的堅定表態。此時，被觸犯了尊嚴的孫權「不覺勃然變色，拂衣而起，退入後堂」。

倘若不是孔明這位高超的心理戰專家能夠準確把握對方脈搏，而是換上一個庸醫，絕不會有如此的膽識，因為諸葛亮的作法要冒使整個談判失敗的危險。但諸葛亮不是一個逞一時口舌之快而意氣用事的人，他之所以敢這樣做，完全是因為他料準了孫權的為人和心理。

所以說，無論做什麼事，只要涉及與對手的較量，都要預先對對手進行仔細的分析，以求全面、準確地了解對方，正所謂「知己知彼」，方能「百戰百勝」。戰場如此，商場如戰場，亦是如此。在當今的商務談判中，對對手「量智慧、權材力、料氣勢」具有非凡的借鑑意義和指導作用。

名家名言

白居易：

「量才授職，則政成事舉。」

　　首先，從自身角度來看，知己才能知人。要善於剖析自我，勇於克服自身的弱點，不斷提高自身的素質和專業水準。作為一個談判者，其知識、閱歷、經驗、修養、口才乃至風度都有一定的要求，談判需要廣泛、豐富的知識和經驗，此外，性格上的弱點對談判也有著重要的影響：如果是自卑的人，面對較強硬的對手，就會有強大的心理壓力，容易接受暗示，猶豫不決，當斷不斷甚至唯唯諾諾；若是脾氣急躁的人，在談判中往往心浮氣躁、欠缺冷靜，缺乏耐心，容易造成判斷失誤，或因急於求成，忽視某些必要細節，讓對方有機可乘、鑽漏洞；倘若是愛鑽牛角尖的人，則不善於多向思考和及時調整策略，或因為應變能力差而造成談判失利，等等。所以，在談判之前，一定要充分認識自己、武裝好自己，揚長避短，既不讓對手有機可乘，又可以以己之長、攻彼之短。

張居正：
「用人必考其終，授任必求其當。」

　　其次，從對手角度講，對對手相關資料蒐集和累積得越多，準確性越高，就越能為自己提供贏得對手的籌碼。在談判之前，要根據具體情況和要求，充分了解談判對手的信譽、作風、經營能力及以往履行合約的情況，等等，盡可能多地掌握和準備好有關對方的情報資料。要知道人的心理是由人的知識水準、認識水準、個人修養、閱歷等自身素質所決定的，所以，了解談判對手，還包括對對方的個人性格特點、興趣、愛好、追求等的了解。因此，完全有必要在談判之前對對手做一個詳細而全面的分析、了解。

　　總之，在商務談判中，必須盡可能地熟悉對方的情況，做到知己知彼。不能倉促上陣；否則就可能受制於人，陷於被動。

第四章　空往而實來

【原文】

　　用於人①，則空往而實來②，綴而不失，以究其辭。可箝而從③，可箝而橫④；可引而東，可引而西；可引而南，可引而北；可引而反⑤，可引而復。雖覆，能復，不失其度⑥。

【注釋】

　　①用於人：用在對人的關係上。
　　②則空往而實來：用好聽的空話，突出對方的實情。
　　③從：合縱。
　　④橫：連橫。
　　⑤反：返還。
　　⑥度：節度。

【譯文】

　　如果把「飛箝」之術用於他人，可用好聽的空話去套出對方的實情，透過這樣連續行動，來考究遊說的辭令。這樣就可以實現合縱，也可以實現連橫；可以引而向東，也可以引而向西；可以引而向南，可以引而向北；可以引而返還，也可以引而復去。雖然如此，還是要小心謹慎，不可喪失其節度。

【延伸閱讀】

　　「空往而實來」，是說可以用好聽的空話去套出對方的實情，即以虛求實。這和「假作真時真亦假，無為有處有還無」大同小異、如出一轍，有時候故意「指假為真」，以假象去迷惑對方，往往能引誘甚至逼迫對方顯露出真實意圖。這就是「以假求真」。

以假求真、以虛求實的最大奧妙就在於反覆試探以抓住對方心理，從而決定是投其所好、用激勵褒獎的言辭去說服對方，還是故意詰難對方，用假象使對方說出實情。

蘇秦巧用反語智激張儀便是採用了後者。

當蘇秦正躊躇滿志說服諸侯合縱時，秦軍擊敗魏國後準備乘勝攻打趙國。為順利完成合縱，蘇秦想讓同門師兄弟張儀去秦國遊說秦王罷兵。於是他派人送親筆信給張儀，給他造成他去趙國後蘇秦必會推薦他得到重用的假象。

張儀到了趙國，當他興沖沖去見同窗好友、今日大富大貴、且大權在握的蘇秦時，卻一連吃了好幾天閉門羹。好不容易傳見了，這位昔日的好友卻待他無比傲慢、刻薄，毫無故人之情。一連串的羞辱之後，張儀終於忍無可忍，大罵蘇秦為勢利小人。

蘇秦卻不氣不惱，微笑著進一步貶低他：「以余子之才，應該先我而際遇，未料你竟窮困如此。我本想把你推薦給趙侯，使你得於富貴，就怕你志衰才退，無所作為，反連累於我。」

張儀說：「大丈夫自能取富貴，難道非由你推薦不成？」

蘇秦冷笑道：「既然如此，即可自便。」於是便讓人給張儀十兩金子。張儀將金子扔在地上，憤然而去，蘇秦也不挽留。

張儀走投無路，果然如蘇秦所願去依附秦國了。

在這個故事中，張儀的所見所聞，蘇秦的所作所為其實都是假象，這種假象彷彿一隻無形的手，一步一步把張儀引向秦國，從而完成了蘇秦預先設計的計謀。這是故意詰難、貶低、詆毀對方的激將之法，也是對「飛箝」之術的反用，即不褒反貶，故意打擊對方，以激發其自尊和鬥志。這正是所謂「請將不如激將」，當因為某事不得不求於人時，倘若直接以禮相待、盛意拳拳不能奏效，不妨虛晃一招，以假求真、以虛求實，讓對方在不知不覺中如你所願。

名家名言

劉安《淮南子·要略》：

「擊危乘勢以為資，清靜以為常，避實就虛，若驅群羊，此所以言兵也。」

如果把「以虛求實、空往實來」應用於軍事，便是家喻戶曉的「空城計」了。

西漢時期，北方匈奴勢力逐漸強大，不斷興兵進犯中原。飛將軍李廣任上郡太守，抵擋匈奴南進。

一天，皇帝派到上郡的宦官帶人外出打獵，遇到三個匈奴兵的襲擊，宦官受傷逃回。李廣大怒，親自率領百名騎兵前去追擊。一直追了幾十里地，終於追上，殺了兩名，活捉一名，正準備回營時，忽然發現有數千名匈奴騎兵也向這裡趕來。匈奴隊伍也發現了李廣，但看見李廣只有百名騎兵，以為是為大部隊誘敵的前鋒，不敢貿然攻擊，急忙上山擺開陣勢，觀察動靜。

李廣的騎兵非常恐慌。李廣沉著地穩住隊伍：「我們只有百餘騎，離我們的大營有幾十里遠。如果我們逃跑，匈奴肯定會追殺我們。如果我們按兵不動，敵人肯定會疑心我們有大部隊行動，他們絕不敢輕易進攻的。現在，我們繼續前進。」到了離敵陣僅兩里地光景的地方，李廣下令：「全體下馬休息。」李廣的士兵卸下馬鞍，悠閒地躺在草地上休息，看著戰馬在一旁津津有味地吃草。匈奴部將感到十分奇怪，派了一名軍官出陣觀察形勢。李廣立即上馬，衝殺過去，一箭射死了那個軍官。然後又回到原地，繼續休息。

匈奴部將見此情形，更加恐慌，料定李廣胸有成竹，附近定有伏兵。天黑以後，李廣的人馬仍無動靜。匈奴部將怕遭到大部隊的突襲，慌慌張張引兵逃跑了。李廣的百餘騎安全返回大營。

「空城計」在我國歷史上應用甚多，三國時期諸葛孔明的「空城計」，同樣是以「虛張聲勢、瞞天過海」，取得了「勝司馬懿」之實。

「空往實來」不僅可以在政治、軍事上廣泛應用，同樣可以做為生活智慧應用於日常生活。

有個叫比克的人，借給一個商人3000金幣，可是第二天他

《孫子·虛實》：

「兵之形，避實而擊虛。」

不小心把借據丟失了，到處找也找不到，急得直冒汗。妻子在一旁，也想不出補救的辦法，嘴裡還不停地埋怨。比克心裡發慌，趕忙跑去找他最好的朋友盧比，請他想個辦法。

「如果那個商人知道我丟了借據，就不會把錢還我了，真主在上，那可是3000金幣啊！」比克對盧比說，「我手裡再沒有任何關於這筆借款的證據了。」

「商人借錢時沒有第三個人知道嗎？」盧比問。

「只有我妻子知道，但那是在商人把錢借走之後，我才告訴她的。」

「那等於說，魚兒跑了，你才撒下網去。」盧比說，「商人借錢的期限是多長時間？」「時間是一年。」比克說。

盧比深思了片刻，為比克想出了好辦法：「可以向那個商人要一個借錢的證據。」

「什麼？向借錢的人要借錢的證據？」比克困惑不解，感到簡直荒唐可笑。「對，只有這個辦法可行。」盧比說，「你馬上給商人去封信，要求儘早歸還你借給他的3500金幣。」

「我只借給他3000金幣，哪來的3500金幣？」

「你去信催討3500金幣，他必定立刻回信，說明他只欠你3000金幣。這樣一來，你手裡不就有證據了嗎？」比克一聽有道理，便寫了一封信，對於為什麼要急著催還這筆借款，理由也說得很充分。

果然，不出5天工夫，商人回了一封親筆信，信中這樣寫道：「……你發生了一點特殊情況，問我能不能提前償還這筆借款，我不能照你要求的去做，我們商定的借期是一年，我是按借款日期安排我的生意的。至於說到借款的數目，你說錯了，肯定錯了！我只借了3000金幣，絕不是3500金幣，你那裡有我親自寫的證據，你是不是把別人的借款算到我頭上來了？真主在上，我借的是3000金幣，不是3500金幣……」

比克拿著這封信，高興地跑去找盧比報喜。

商人比克在意外丟失借據後，經朋友盧比教導，向自己借貸的商人寄去了一封信，假說急需對方還款，並故意將其所借金幣數額多說

了五百，使得對方不得不急忙回信申辯，這樣，比克就等於重新擁有了借據。這真是「惡人先告狀」、「先發制人、後發制於人」啊！不過這種「以虛求實、空往實來」的策略的確可以幫我們做定很多靠「正經方法」無法解決的棘手問題。

　　總之，「以虛求實、空往實來」是一種高明的人生智慧，它能幫助我們解決很多「疑難雜症」，使我們的人生之旅更加輕鬆自如！

第六篇

忤合術

第一章　趨合倍反

【原文】

　　凡趨合倍反②，計有適合。化轉③環屬④，各有形勢⑤。反覆相求，因事為制⑥。是以聖人居天地之間，立身御世，施教揚聲明名也，必因事物之會，觀天時之宜，國之所多所少，以此先知之，與之轉化。世無常貴，事無常師。聖人常為無不為，所聽無不聽。成於事⑦而合於計謀⑧，與之為主⑨。合於彼而離於此，計謀不兩忠，必有反忤⑩。反⑪於此，忤於彼；忤於此，反於彼。其術也，用之天下，必量天下而與之，用之國，必量國而與之；用之家，必量家而與之；用之身，必量身材能⑫氣勢而與之。大小進退，其用一也。

【注釋】

　　①忤合：忤，牴觸、背逆；合，符合，不違背。忤合，在這裡是指以忤求合，先忤後合。

　　②趨合倍反：趨合是趨向合一，相當於「合」；倍反是背逆，相當於「忤」；倍，同「背」。

　　③化轉：變化轉移。

　　④環屬：像鐵環一般連鎖起來而沒有裂縫。

　　⑤形勢：事物變化發展的態勢。

　　⑥因事為制：因，依據、憑藉；制，法則，法度，控制。這裡是指要根據實際情況進行控制。

　　⑦成於事：把事情辦成功。

　　⑧合於計謀：實現或符合預定的計謀。

　　⑨與之為主：與之，與他們；為主，為主人。指都是各為其主。

　　⑩計謀不兩忠，必有反忤：忠，忠實；反，背反；忤，牴觸，背逆。任何計謀都不可能同時忠於兩個主人，必然要相牴觸。

⑪反：此處當順從解釋。

⑫材能：才氣和能力。

【譯文】

　　凡是有關聯合或對抗的行動，都會有相應的計策。變化和轉移就像鐵環一樣環連而無中斷。然而，變化和轉移又各有各的具體情形。彼此之間環轉反覆，互相依賴，需要根據實際情況進行控制。所以聖人生活在世界上，立身處世都是為了說教眾人，擴大影響，宣揚名聲。他們還必須根據事物之間的聯繫來考察天時，以便抓住有利時機。國家哪些方面有餘，哪些方面不足，都要從這裡出發去掌握，並設法促進事物向有利的方面轉化。世界上的萬事萬物沒有永遠佔領高貴地位的，世界上的萬事萬物也沒有永遠居於榜樣地位的。聖人常常是無所不做，無所不聽。辦成要辦的事，實現預定的計謀，都是為了自己的主人，合乎那一方的利益，就要背叛這一方的利益。凡是計謀不可能同時忠於兩個對立的君主，必然違背某一方的意願。合乎這一方的意願，就要違背另一方的意願；違背另一方的意願，才可能合乎這一方的意願。這就是「忤合」之術。如果把這種「忤合」之術運用到天下，必然要把全天下都放在忤合之中；如果把這種「忤合」之術用到某個國家，就必然把整個國家放在忤合之中；如果把這種「忤合」之術運用到某個家族，就必然要把整個家族都放在忤合之中；如果把這種「忤合」之術用到某一個人，就必然要把這個人的才能都放在忤合之中。總之，無論把這種「忤合」之術用在大的範疇，還是用在小的範疇，其功用都是一樣的。

《莊子·刻意》：

「無所於忤，虛之至之。」

【延伸閱讀】

　　所謂「忤」，就是意見相互牴觸而彼此悖離，又稱「倍反」；所謂「合」，就是意見契合而走到一起，又稱「趨合」。因為世界上每種事情的情況都千差萬別，所以處理事情

的策略和主張也就各不相同，或者相互契合，或者相互牴觸，而且「世無常貴，事無常師」，所以非常有必要實行「忤合之術」。

實際上，鬼谷子的「忤合之術」就是哲學中所講的矛盾，即矛盾雙方既對立又統一，並且可以相互轉化。鬼谷子的忤合術是基於「忤」與「合」可以互相轉化的原理。事情總是有正有反，有利有弊，有直有曲的。智者往往能夠在現實環境裡針對客觀條件是否具有「天時地利」以及對方是否「人和」，並結合自己的實際需要，變不利為有利，或曲中見直或直中見曲，適時改變鬥爭形勢，變被動為主動，從而化險為夷、轉危為安。

百里奚，亦稱百里子或百里，字里，名奚。春秋時虞國（今山西平陸北）人。秦穆公時賢臣，著名的政治家。

百里奚早年貧窮困乏，流落不仕，在被晉國俘虜前，曾遊歷齊、周、虞、虢等國，這使得他對於各國的民俗風情、地理形勢、山川險阻知之甚悉，為他後來給秦穆公籌劃東進準備了必要條件。

百里奚早年顛沛流離的生活和坎坷的經歷使他嚐盡了艱苦生活的滋味，也親眼目睹了下層人民的悲慘處境，對他後來任秦國大夫時，為官清正，樹立以民為貴的思想都有著積極的影響。

百里奚輾轉到虞國任大夫。秦穆公五年（前655年）晉國借道於虞以伐虢國，大夫宮之奇以「唇亡齒寒」勸諫虞君，虞君因曾經接受晉獻公的寶玉「垂棘之璧」與名馬「屈產之乘」而答應了晉國。百里奚深知虞君昏庸無能，很難納諫，便緘默不語。結果晉在滅虢之後，返回時就滅了虞國，虞君及百里奚被俘。

後來，晉獻公把女兒嫁給秦穆公，百里奚被當作陪嫁小臣送到了秦國。他以此為恥，便從秦國逃到宛（今河南南陽），被楚國邊境的人抓獲。秦穆公聽說百里奚賢智，想用高價贖回

名家名言

《荀子·性惡》：

「合於文理，而歸於治。」

他，又怕楚人不許，就派人對楚國人說：「吾媵臣百里奚在焉，請以五羖羊皮贖之。」楚國人同意將百里奚交還秦國。百里奚回到秦國，秦穆公親自為他打開囚鎖，向他詢問國家大事。百里奚推辭說，他是亡國之臣，不值得詢問。秦穆公說：「虞君不用子，故亡，非子罪也。」秦穆公與百里奚談論國事數日，秦穆公十分賞識他，授以國政，號稱「五羖大夫」。這時他已是七十多歲的高齡。

百里奚相秦期間，內修國政，教化天下，恩澤施於民眾。作為諸侯國的大臣，百里奚勞作不乘車馬，暑熱不張傘蓋，在都城裡行走不用車馬隨從，不用甲兵護衛。這種平易樸素的品行，不僅為百官樹立了榜樣，也以實際行為感動了百姓。在當時這確實難能可貴，贏得了時人的讚許和尊敬。

在用人方面，百里奚舉薦有才德的賢士。他早年周遊各地，曾結識賢人蹇叔，得到過蹇叔的助益。此時蹇叔受到他的推薦，被秦穆公拜為上大夫，共議國事，為秦國的富強與成就霸業發揮了很大的作用。

在外交上，百里奚施德於諸侯，樹立秦國的威信，為秦穆公稱霸奠定了基礎。

百里奚作為傑出的政治家，在晚年建立了輝煌的業績。他依靠出眾的才智和超群的謀略，使僻處一隅的秦國逐漸強大起來，為秦國取得霸主地位產生不可低估的作用。

百里奚的為官之路可謂坎坷曲折，但他深知「忤合」之道，身處逆境、面對昏庸君主時，能做到不自找麻煩、引火焚身，而是採取了明哲保身的緘默態度，以求以後更大的發展。在秦國，因為秦穆公真正能夠禮賢下士，並且不計較百里奚是亡國棄臣，對他予以重用，所以百里奚在這種有利的大環境下竭盡所能地發揮了他畢生的政治才能，也成就了他一生的政治抱負。

百里奚的故事很符合矛盾原理：矛盾雙方在一定條件下可以互相轉化，只要不灰心、不氣餒、不輕言放棄，逆境終可以轉化為成長的墊腳石、進步的階梯，即「背反」可以轉變為「趨合」。

班婕妤是漢成帝的后妃，她的父親班況曾在漢武帝後期馳騁疆場，立下不少汗馬功勞。在趙飛燕入宮前，漢成帝對班婕妤最為寵幸。

　　趙氏姐妹入宮後，飛揚跋扈，許皇后十分痛恨，無可奈何之餘，想出一條下策，在孤燈寒食的寢室中設置神壇晨昏誦經禮拜，祈求皇帝多福多壽，詛咒趙氏姐妹災禍臨門。

　　事情敗露後，趙氏姐妹故意在成帝面前搬弄是非，誣陷許皇后不僅咒罵自己，還咒罵皇帝。漢成帝一怒之下，把許皇后軟禁於昭台宮。趙氏姐妹還想利用這一機會對她們的主要情敵班婕妤加以打擊。

　　糊塗的漢成帝色令智昏，居然聽從趙氏姐妹的調唆審問班婕妤，並欲治其死罪。大難將至，班婕妤從容不迫地說：「我聽說死活有命運注定，能否富貴在於天意。行善尚且不能得到幸福，做惡還想指望什麼？如果鬼神有知，就不會接受奸邪壞人的胡說；如果鬼神無知，向他訴說又有何益呢？所以我是不願做禱告詛咒之事的。」

　　漢成帝覺得她說得有理，又念及以前的恩愛之情，更是頓生憐惜之心，當下就決定不予追究，並且厚加賞賜，以彌補心中的愧疚。

　　「死生有命，富貴在天」是為「合此」，「修正」、「為邪」是為「忤彼」；「若鬼神有知」是為「合此」，「就不會聽信讒言」是為「忤彼」；「要是鬼神無知」是為「合此」，「那麼向鬼神訴說就是徒勞」是為「忤彼」。聰明的班婕妤在面臨險境時，從容鎮定地用忤合術的智慧將漢成帝說服，成功地使自己轉危為安。

　　這就啟示我們，在面對不利環境時，要充分發揮自己的主觀能動性和創造性，相信依靠自己的能力和努力，可以變不利為有利，可以化險為夷、轉危為安。

　　但反過來說，「趨合」同樣可以轉變為「背反」，倘若身處順境卻驕傲自滿、掉以輕心、不思進取、故步自封，順境就會變成進步的絆腳石，成功的阻礙，所以要求我們必須要有憂患意識、危機意識，要時時刻刻居安思危、居榮思辱，才能在競爭激烈的今天立於不敗之地。一個人如此，一個企業如此，一個國家、整個地球更是如此：如今環境問題、人口問題、糧食問題、資源問題、疾病問題、經濟危機、腐敗問題，等等，都是不可小覷的嚴重問題。倘若沒有憂患意識和危機意識，大則一個國家可能面臨生存的危機，小則一個企業、一個個人可能面臨倒閉破產、離職失業的危機。

第二章　先謀慮計定，後行忤合之術

【原文】

必先謀慮計定①，而後行之以忤合之術②。古之善背向者，乃協四海、包諸侯，忤合天地而化轉之，然後以之求合。故伊尹③五就湯④、五就桀⑤，而不能有所明，然後合⑥於湯。呂尚⑦三就文王、三入殷朝，而不能有所明，然後合於文王。此知天命之鉗⑧，故歸之不疑也。

【注釋】

①計定：確定計謀。

②忤合之術：即反合之術。

③伊尹：古代傳說人物，輔弼商湯消滅夏桀，是商朝開國名相。

④湯：商朝的開國之君。重用伊尹消滅夏桀，開創商王朝，推行善政。

⑤桀：夏朝最後一個暴君，被商湯王消滅。

⑥合：在這裡指歸服。

⑦呂尚：太公望，即姜尚，輔佐周文王，周武王、對周朝建國貢獻極大，是齊國的始封主。

⑧天命之鉗：天命的制約。

【譯文】

因此，無論在何時何地都要進行謀劃、分析，計算準確了以後再實行「忤合」之術。古代那些善於透過悖離一方、趨向一方而橫行天下的人，常常是掌握四海之內的各種力量，控制了各個諸侯，促成「忤合」轉化的趨勢，然後達成「合」於聖賢君主的目的。過去伊尹五次臣服商湯，五次臣服夏桀，其行動目的還未被世人所知，就決定一心臣服商湯王。呂尚三次臣服周文王，三次臣服商紂王，其行動目的還未顯露於世

人，就最後歸服了周文王。這就是懂得天命的制約，所以才能歸順一主而毫不猶豫。

【延伸閱讀】

「先謀慮計定，而後行之以忤合之術。」是說無論在何時何地都要進行周密的謀劃、分析，計算準確了以後再實行「忤合」之術。

審時度勢、棄暗投明便是「先謀慮計定，而後行之以忤合之術」的典型。

棄暗投明原意是指拋棄昏庸懦弱的主公，投靠賢明仁德的主公，一般是勸服敵方投向己方的勸降用語。後來「棄暗投明」的詞義有了發展，用來指斷絕跟黑暗勢力的關係，走向光明大道，也喻指在政治上脫離反動陣營，投向進步的方面。

馬超是東川張魯的手下，張魯受被劉備逼得正緊的劉璋之請，讓他帶兵攻打劉備入川以後佔領的葭萌關。諸葛亮讓張飛出戰，兩人大戰二百多回合，不分勝負；接著夜戰，還是難決高下。諸葛亮就給劉備出主意，要用計謀招降馬超。

劉備收買了張魯的謀士楊松。楊松就散布謠言說馬超想造反，勸說張魯，限令馬超一個月內攻取西川，打退劉備。馬超心裡明白這是不可能完成的。進，不能攻取西川；退，又不能透過重兵把守的關隘。馬超陷入了進退兩難的境地。

這時，劉備派遣跟馬超有交往的李恢去勸降。李恢來到馬超營寨。馬超對部下說：「我知道李恢能說會道，他今天一定是來遊說的。」就在營帳外面埋伏刀斧手，叮囑說：「讓你們砍，就把他砍成肉醬！」不一會兒，李恢進來了，馬超威嚴地坐在軍帳裡，呵斥說：「你來做什麼？」李恢說：「特意來做說客。」

馬超說：「我的劍可是新磨的，你說說看，話不在理，就試試我的劍！」李恢笑著說：「將軍的災禍不遠啦！」馬超說：「我有什麼禍？」李恢說：「您跟曹操有殺父之仇。向前

斯長里：

「要想取得成功，就得順應潮流，切不可不知變通地逆流而動。」

走，不能幫著劉璋打敗劉備，往後退，又沒法制服楊松跟張魯見面。四海沒法容身，沒有主公可以依靠。如果再失敗了，有什麼臉見天下人？」馬超聽了叩頭拜謝，說：「您說得太對了，只是我走投無路。」李恢說：「劉皇叔重視結交人才，他必成大業。您的父親跟劉備共同聲討過曹操，您為什麼不棄暗投明呢？這樣既可以報父仇，也可以建功業。」馬超非常高興，便跟隨李恢到葭萌關投靠劉備。

　　後來，馬超成為了五虎上將之一，官職升到驃騎將軍，進封斄鄉侯。這正是他棄暗投明的結果。

　　在中國歷史上，審時度勢、棄暗投明的事例真可謂比比皆是、不勝枚舉：伊尹五次投靠夏桀，五次投靠商湯，最後選擇了商湯；呂尚三次到商紂王的首都尋找從政機會，三次投靠周文王，最後選擇了周文王；魏徵先隨李建成，後投李世民；楊業棄北漢投大宋，等等。這些人不是以忠誠於某個君主為從政標準，而是以大勢所趨、民心所向作為標準主動地挑選明主，所以能夠做到棄暗投明。後來，人們常說：「良禽擇木而棲，良臣擇主而事。」便是這個道理。

　　在當今這個時代，棄暗投明仍有其現實意義。倘若你是一個想靠「邪門歪道」、投機取巧發跡的「江湖混混」、「黑道中人」，那麼浪子回頭、棄暗投明，轉向陽光大道是你最聰明和最明智的選擇，也是最符合道德標準和法度的正確作法。倘若為了一己之私，貪圖安逸和不勞而獲，置國家法紀與社會公德於不顧，結果只能玩火自焚、悔之晚矣。

　　喬治是一名警察。這天，他突然接到上級的密令。原來，羅丹街有個嫌疑犯，被警署限制了人身自由。為了取得罪證，警署安排喬治假扮水果販子，在嫌疑犯的樓下跟監。

　　第二天，喬治就從郊區批了幾箱水果，有模有樣地在羅丹街擺起了攤。出門前，喬治特意做了一番偽裝，豎起高高的衣領，將對講機藏在裡面。

　　每天，喬治起早摸黑地賣水果。那嫌疑犯十分狡猾，常

名家名言

尚仲賢《單鞭奪槊·楔子》：

「高鳥相良木而棲，賢臣擇明主而佐。背暗投明，古之常理。」

常從窗口探出頭來，警惕地朝樓下來回張望。喬治絲毫不敢馬虎，一邊吆喝著賣水果，一邊緊盯著不放。

可是，整整一個星期過去了。羅丹街既沒有可疑的車輛，也沒有可疑的人物，更沒有可疑的交易出現。喬治急了，請示上級，要不要採取其他行動？上級回答，按兵不動，繼續釘梢。

不知不覺，一個多月過去了。

嫌疑犯繼續待在樓上，和警方僵持著。喬治曬得皮膚黝黑，看上去活脫脫是一個水果販子了。就在喬治焦急的時候，警署突然通知他，嫌疑犯投案自首，主動交代了。

在審查室，喬治頗為感慨地對嫌疑犯說：「你知道嗎，我辛辛苦苦在樓下監視你一個月！」

疑犯點了點頭說：「其實，你一來我就知道了。剛開始我挺緊張的，還想著怎麼逃跑。但後來……」

喬治詫異地問：「後來怎麼樣？」

疑犯竟然笑了：「後來，我看你生意越做越好。我替你算了賬，上個月，你至少賺了5000美元。我犯的那點罪，最多蹲三五年大牢；可是，我每天心驚膽顫，還沒你賺得多。我已經想好了，等出獄後，就在你釘梢的地方擺攤賣水果……」

疑犯雖然是出於利益的考慮才選擇了放棄犯罪，改做正當生意，但他仍不失為一個棄暗投明、識時務的俊傑。

然而，棄暗投明並非嘴上說說馬上就能做到。「棄投」之前，一定要審好時度好勢，否則可能會明珠暗投、得不償失，甚至「賠了夫人又折兵」。

總之，我們生存在這個利益當先的時代，一定要做到「先謀慮計定，而後行之以忤合之術」。

名家名言

許仲琳《封神演義》：

「今將軍既知順逆，棄暗投明，俱是一殿之臣，何得又分彼此。」

第三章　自度材能知睿，量長短

【原文】

　　非至聖人達奧①，不能御世②；不勞心苦思，不能原事③；不悉心見情，不能成名；材質不惠，不能用兵④；忠實無真，不能知人⑤。故忤合之道，己必自度材能知睿，量長短、遠近孰不如，乃可以進、乃可以退；乃可以從、乃可以橫。

【注釋】

　　①奧：高深，這裡指事物深層的規律。
　　②御世：駕馭天下。
　　③原事：揭示事物的本來面目。
　　④兵：這裡指軍隊。
　　⑤知人：了解他人。

名家名言

屈原：

「尺有所短；寸有所長。物有所不足；智有所不明。」

【譯文】

　　對於一個縱橫家來說，如果沒有高尚的品德，超人的智慧，就不可能通曉深層的規律，就不可能駕馭天下；如果不肯用心苦苦思考，就不可能揭示事物的本來面目；如果不能全神貫注地考察事物的實際情況，就不可能功成名就；如果才能、膽量都不足，就不能統兵作戰；如果只是愚忠老實而無真知灼見，就不可能有察人之明。所以，「忤合」的規律是：要首先自我估量聰明才智，然後度量他人的優劣長短，分析在遠近範圍之內還比不上誰。只有在這樣知己知彼以後，才能隨心所欲，可以前進，可以後退；可以合縱，可以連橫。

【延伸閱讀】

「己必自度材能知睿，量長短、遠近孰不如，乃可以進、乃可以退；乃可以從、乃可以橫。」是說一個人無論做任何事，首先要自我估量，然後度量他人的優劣、長短，分析、對比自己與他人的差距所在。只有在這樣知己知彼以後，才能進退自如、淡然若定。

一個人只有先了解自己，才能明確地為自己的人生定位，才能清清楚楚地知道自己該做什麼、能做什麼、適合做什麼乃至做什麼能成功；一個人只有對所要交往的眾人有清晰而全面的了解，才能知道自己何去何從，才能正確決斷自己的去向，才能找到自己的用武之地，如果不了解對方就草率從事，往往會落得懷才不遇、明珠暗投的下場。所以，在做出決斷之前，一定要清楚自己、了解對方。

孔子：

「不患人之不己知，患不知人也。」

西周姜子牙就是一位自知而知人的大賢之人，他輔佐西周、討伐商紂便是得益於此道。

姜子牙，呂氏，名尚，字子牙，尊稱太公望，西周開國的功臣。是一位卓越的政治家兼軍事家。他的先人是地方部落的大首領，「四岳」中的一位，因輔佐大禹治水有功，受封於呂地（今河南新蔡縣），子孫從其封姓。因此，姜子牙又叫呂尚。到姜子牙時，家道早已衰落，他曾在朝歌當過屠夫，在孟津開過飯店，但他不精此道，生意賠本，窮困潦倒。後來又到朝廷裡做了個小官，因不滿殷紂王的胡作非為和殘暴無道，便憤然而去，到各國遊說，已70歲高齡仍懷才不遇。

後來，他聽說西伯文王賢能，便去投奔，在渭水河磻溪一帶釣魚，過隱居生活。一天，周文王打獵偶然遇上了他，與他談論天下大事。他頗有見地的看法和富有哲理的分析，使文王十分驚奇和佩服，立即請他坐上自己的車，同車而歸，封為太師，掌管軍政大權。他博才多聞，用兵有奇計，政績顯著，深得民心。同時，他還尊重人才，禮賢下士。使天下三分，其二歸周。武王即位後，被尊為師尚父，他說明武王討伐紂王，決戰於牧野，大獲全勝，奠定了武王統一中國的基礎，為西周的

建立做出特殊的貢獻。後來被武王封於齊（今山東臨淄），建立了齊國。姜尚在治理自己的封國時，順應民俗，革除陋習，大力發展工商漁鹽事業，人民都歸順到齊國，使齊國很快強盛起來，他著有兵書《六韜》。

名家名言

《呂氏春秋》：

「察己則可以知人，察今則可以知古。」

姜子牙深知自己不是經商的材料，所以沒有在不屬於自己的天地裡做盲目的堅持；他深知商紂昏庸無道，所以憤然離去；他得知周文王乃賢德之主，並且禮賢下士，便去投奔，所以終成大業。

這個道理最適合於當今最熱門的話題──求職。兵書上說，「知己知彼」，方能「百戰不殆」，求職應聘，一定要知己知彼，才能成功地找到自己稱心如意的工作，讓自己的才能有真正的用武之地。

所謂「知彼」，就是求職者要了解招聘公司。要做到「知彼」，可以從以下三個方面入手：

首先，是對招聘公司整體情況進行了解。招聘公司的名稱、行業屬性、產品或服務的大致類型是求職者必須要了解的。在此基礎上，求職者還要有意識地去了解招聘公司的規模、行業地位、發展態勢、企業文化，等等。

其次，是對應聘職位的了解。求職者要了解應聘職位的工作職責、工作方式、在企業組織架構中的位置、在企業中的發展空間、薪資福利、待遇，等等。

再次，是對面試官的了解。面試官代表招聘公司對應聘者進行考查。面試官往往影響著應聘的成功率。所以應聘者應避免那些過於個性化的裝扮，如怪異的髮型、奇裝異服，等等。此外，應聘者還可以有意識地去了解面試官在招聘公司的職務，特別是面試官的職務與自己所應聘的職務之間的關係。還有就是面試官的性格、愛好等也是應聘者應該有所了解的。

總之，「知己知彼」的根本目的在於準確找到自己的職業定位和人生定位，所以求職時一定要謹慎對待，切勿操之過急，以免入錯行，耽誤自己的職業規劃和人生規劃。

「己必自度材能知睿，量長短」還有另外一層現實意義，就是要承認自己的不足，同時了解他人的長處，學會取長補短。

第七篇

揣情術

第一章　往而極其欲，往而極其惡

【原文】

揣①情者，必以其甚喜之時，往而極其欲也，其有欲也，不能隱其情；必以其甚懼之時，往而極其惡也，其有惡也，不能隱其情。情欲②必知其變。

【注釋】

①揣：揣度。這裡是指揣度情理。
②情欲：心理、欲望。

【譯文】

所謂揣情，就是必須在對方最高興的時候，去加大他們的欲望，他們既然有欲望，就無法按捺住實情；又必須在對方最恐懼的時候，去加重他們的恐懼，他們既然有害怕的心理，就不能隱瞞住實情。心理、欲望必然要隨著事態的發展變化而流露出來。

【延伸閱讀】

「揣情者，必以其甚喜之時，往而極其欲也，其有欲也，不能隱其情；必以其甚懼之時，往而極其惡也，其有惡也，不能隱其情。」是告訴我們要把握好揣情的時機，大喜、大懼的時候是最好的時機，我們要善於在對方最高興的時候去加大他們的欲望，在對方最恐懼的時候去加重他們的恐懼，從而讓對方將實情曝露出來。

有時候，把握住了對方的恐懼心理，不妨再「危言聳聽」一番，即以恐嚇的手段刺激對方，人一旦受到這種刺激，往往

會因為恐懼而心慌意亂，失掉原來的立場，進而答應你所提出的要求。

靖郭君，即田嬰，是齊威王之子，封於薛地。他喜歡養士，門下有眾多門客。

田嬰準備在封地薛修築城防工事，因為會引起齊王猜疑，不少門客去諫阻他。田嬰於是吩咐傳達人員不要為勸諫的門客通報。有個門客請求謁見田嬰，他保證說：「我只說三個字就走，要是多一個字，願意領受烹殺之刑。」田嬰於是接見他。門客快步走到他跟前，說：「海大魚。」然後轉身就走。田嬰趕忙問：「先生還有要說的話吧？」客人說：「我可不敢拿性命當兒戲！」田嬰說：「不礙事，先生請講！」客人這才回答道：「您沒聽說過海裡的大魚嗎？漁網釣鉤對牠無能為力，但一旦因為得意忘形離開了水域，那麼螻蟻也能隨意擺布牠。以此相比，齊國也就如同殿下的『水』，如果你永遠擁有齊國，要了薛地有什麼用呢？而你如果失去了齊國，即使將薛邑的城牆築得跟天一樣高，又有什麼作用呢？」田嬰稱讚說：「對。」於是停止了築城的事。

田嬰在薛地修築工事極易引起齊王的猜忌，如此一來，田嬰就會失去在齊國的權勢，試想如果田嬰沒有了齊國作自己堅強的後盾，就算薛地的防禦再好也抵擋不住敵人的攻擊。有權勢的人害怕失去自己的權勢，生活幸福美滿的人害怕失去如此美好的生命。故事中的門客就是抓住了田嬰這個人的弱點，成功地說服了田嬰。

這個故事中的門客是應用了「以其甚懼之時，往而極其惡」的策略，這在今天的推銷領域也非常適用。

顧客是銷售人員要攻克的堡壘，銷售人員需要做的是抓住他們內心最柔軟的部分，然後精準地出擊。目前，越來越多的企業都在利用顧客的不安全感、恐懼感來展開行銷：銀行會對你說競爭對手的銀行極有可能在經濟危機中有關門的風險；保險公司會對你描述你失業或得絕症之後的後果有多麼多麼的可

名家名言

《說文》：
「揣，量也。」

《方言》：
「度量曰揣。」

《孟子‧告子下》：
「不揣其本而齊其末。」

怕，而你加入保險項目之後又會有多好、多大的收益；醫院或醫藥企業會利用病人的恐懼心理「危言聳聽」，大發橫財，等等。這種事不勝枚舉。

不僅僅是「往而極其惡」可以作為銷售的手段，「以其甚喜之時，往而極其欲」同樣可以。

有位推銷員小王，與一位姓方的顧客談了15分鐘後，顧客向他訂購了熱水器一台、新式瓦斯爐一個、電子微波爐一台，共計港幣數千元，並約定第二天早上8點到顧客家安裝。

可是第二天早上顧客方先生卻掛電話給小王說不要了。

小王沒有立即惱怒，也沒有埋怨，只是好奇地詢問：「為什麼呢？您昨天不是還高高興興地……」

「我太太說不用了，因為只要燒熱水就可以了，而且舊有的瓦斯爐還可以用……」

「那麼電子微波爐呢？」

「我太太說，家裡有電爐，也有火鍋，何必再花那麼多錢！」並接著說，「我太太說要拿這些錢給我買輛摩托車。」

小王突然打斷方先生，問道：「對了，方先生，您不是剛買了一幢新樓房嗎？」

「是啊！」方先生說。

小王繼續問到：「以先生的財力買一輛摩托車易如反掌。從前怎麼沒買呢？」

「那時我太太一直怕我騎車有危險……」

「現在難道就不怕了嗎？」

說到這裡兩個人在電話裡不禁哈哈大笑。小王接著又說：「方先生，以您的財力和身分，我看買汽車才相配啊！德國的『賓士』，美國的『福特』，日本的『豐田』，都可以買到。有了汽車，不但您的身價倍增，而且事業會得到很大的成功……您希望要商務車還是小型車……」

方先生支支吾吾地說：「買是想買，就是不知道買哪種好，您好像很內行，是否能幫我出出主意……」

《戰國策‧秦策》：

「簡練以為揣摩。」

《老子‧九章》：

「揣而銳之，不可長保。」

「我也只是略知一二，不過我樂於效勞，但新房子、新汽車與舊爐子總是不相配的啊！」

方先生聽到這裡，不禁說：「原來訂的東西我們還要，請馬上派人來安裝好嗎？」

「噢，方先生不要勉強啊，您太太的意思……」

「沒關係，沒關係，拜託，拜託……」

小王利用方先生剛剛購買了新房為突破點，然後利用人固有的虛榮心對方先生大肆恭維一番，使方先生不禁飄飄然起來，而這時候就恰恰是對方最高興的時候，小王抓住這個時機再次利用對方的虛榮心加大其欲望，取得了銷售的成功。

所以說，鬼谷子老先生「往而極其欲，往而極其惡」的方法是非常具有現實意義的。

第二章　以其見者，知其隱者

【原文】

感動而不知其變者，乃且錯其人勿與語，而更①問所親，知其所安②。夫情變於內者，形見③於外。故常必以其見者，而知其隱者。此所謂測深揣情。

儒貝爾：

「如果朋友是盲人，我就從側面看他。」

【注釋】

①更：改變。

②安：安靜。

③見（ㄒㄧㄢˋ）：同「現」，出現、顯現。

【譯文】

對那些已經受到感動之後，仍不見有異常變化的人，就要改變遊說對象，不要再對他說什麼了，而應改向他所親近的人去遊說，這樣就可以知道他安然不為所動的原因。那些感情從內部發生變化的人，必然要透過形態顯現於外表。所以我們常常要透過顯露出來的表面現象來了解那些隱藏在內部的真情。這就是所說的「測深揣情」。

【延伸閱讀】

「故常必以其見者，而知其隱者。此所謂測深揣情。」是說揣情要善於察言觀色，從對方的外在表現探測其內心深藏的思想感情。

春秋時代，齊相管仲和齊桓公的夫人衛姬便深明此道，因而能摸準齊桓公的心態。

齊桓公召集諸侯，衛國的國君最後一個到，桓公退朝後

與管仲計劃征伐衛國。桓公從朝堂走進內宮，衛姬望見桓公從堂上下來，馬上下跪拜了兩拜，為衛國的國君請罪。桓公說：「我與衛國沒有什麼事情糾紛啊，你何必為衛君請罪呢？」衛姬說：「我看到您進來時，腳步提得很高，呼吸強烈，有征伐衛國的氣概。看到我時露著不安之狀，這明明是要征伐衛國啊。」第二天，桓公進朝堂時朝著管仲一拱手就進去了。管仲對桓公說：「主公您已捨棄伐衛的計劃了嗎？」桓公說：「仲父怎麼辨出我已放棄伐衛的計劃呢？」管仲說：「您上朝拱手時比平時恭謹，說話遲緩，看到我時面孔發紅，從這幾方面的觀察，我因此得出了您放棄伐衛的結論。」

　　管仲透過察言觀色方面，分析出了齊桓公放棄伐衛的結論，衛姬透過觀察行為舉措，洞悉了齊桓公的心理；齊桓公雖然沒有把心裡的話說出來，但這些心裡的「潛台詞」早已透過他的一舉一動曝露出來了。管仲和衛姬都算得上是察言觀色的高手了。

　　為人處世，最重要的本領之一就是察言觀色。不清楚對方心裡想什麼，就無法把話說到對方的心裡去，做事情當然就無法取得滿意的結果。要想把事情做好，就一定要在洞察人心、揣摩人意上多下工夫，正所謂「進門看臉色，出門觀天色」。一個人的情緒和心理往往會透過面部表情表現出來。懂得察言觀色的人，往往可以透過對方的一句話、一個眼神就讀懂對方的心意，從而隨機應變、見機行事，辦起事情來自然也就得心應手、游刃有餘了。

　　不過，倘若對方是個喜怒不形於色、城府很深的人，或者從正面不方便下手，那麼直接從正面察言觀色往往就會收效甚微。此時不妨考慮一下旁敲側擊，透過側面的敲打來觀察對方的反應，以洞悉對方的心理。

　　趙高「指鹿為馬」的典故就是一個從側面揣測人心的典型。

　　秦始皇在巡視沙丘途中病逝，當時他身邊只有小兒子胡

名家名言

吳趼人《二十年目睹之怪現狀》：

「只不過不應該這樣旁敲側擊，應該要明亮亮地叫破了他。」

亥，太子扶蘇正在北方督察蒙恬的部隊防禦匈奴，未能及時趕到接受遺詔。於是丞相李斯夥同宦官趙高，合謀扣留了秦始皇給長子扶蘇的遺詔，並且偽造兩封詔書：一封是說帝位傳給次子胡亥，另一封是說將扶蘇和蒙恬賜死。

扶蘇接到遺詔後就自殺了，蒙恬被關進獄中最終被害死。

胡亥是一個懦弱而沒有經驗的少年，雖做了皇帝，但完全受趙高的控制，自己不能做主。趙高權勢越來越大，但仍懼怕丞相李斯，於是他在秦二世二年就在皇帝面前誣陷李斯私通盜匪，秦二世信以為真，竟然將李斯腰斬並誅滅三族。事後，秦二世非但不省悟，反而感激地對趙高說：「如果沒有你，我幾乎被李斯所害了。」趙高見二世如此愚蠢無能，更依仗權勢胡作非為。

秦二世三年，趙高升為丞相，更是權傾天下，一方面將反對他的大臣們處死，一方面將所有國家大事歸由他一人掌握。秦二世整日荒淫無度，不問朝事。即使這樣，趙高仍不滿足，還想進一步篡奪皇位，但因自己出身微賤，恐怕朝中大臣們不聽指揮，反而誤了大事，於是想出一計先試探大家的反應。有一天，他特地帶了一隻鹿到朝廷獻給二世說：「臣獻給皇上一匹馬。」二世雖然昏庸，但還不至於連鹿和馬都分辨不出，於是笑著對趙高說：「丞相，你弄錯了吧，這明明是鹿，你怎麼說是馬呢？」趙高沒有回答，二世就轉向左右的大臣：「你們大家說，這究竟是鹿還是馬？」朝中眾臣大多畏懼趙高的權勢，有的人不作聲，有的人為了討好趙高，便說：「這當然是一匹馬。」

趙高想知道朝中大臣究竟哪些擁護自己，哪些反對自己，當然不能透過正面查問得知，所以他選擇了從側面入手調查的方法，透過朝臣們「是鹿是馬」的反應，判斷出了究竟哪些是「敵」，哪些是「友」，從而為自己採取不同的對策提供了依據。

在今天，從側面入手、旁敲側擊的方法可以作為一種最新

《論語·顏淵》：

「夫達也者，質直而好義，察言而觀色，慮以下人。」

的談判策略，廣泛應用於商業談判中。

在商務談判中，對對方情況的掌握程度直接決定著談判者在談判中的地位及整個談判的發展趨勢。每一個成功的談判者都非常重視在雙方的磋商交流中探測對方的底細。但這絕非易事，因為談判者為了在談判中處於有利地位，有更多的迴旋餘地，往往會把自己談判的「底牌」掩飾起來，力求不讓對方抓住任何與本方「底牌」有關的蛛絲馬跡。在這種情況下，正面出擊或強攻是不會奏效的，只有採取迂迴戰術，不顯露底線、巧妙地旁敲側擊才能有所收穫。

一位供應商在與某廠採購經理的談判中，想提高產品的價格，但他並沒有直接探詢對方的反應，而是聊了一些似乎不著邊際的話。

「我們想提高產品的品質，因此想知道你們廠對我們的產品有什麼意見，最好能幫助我們提供一些資料，我們好及時改進。」

「嗯，你們的產品品質還是不錯，至於資料，我可以在談判後替你蒐集一些。不過據實驗人員反應，你們產品的各項檢測指標均優於我們曾用過的產品。」

「噢，非常感謝。據說你們廠這兩年的效益非常好，規模越來越大，產品幾乎沒有任何積壓。」

「可不是，幾十條生產線晝夜不停，產品、原料都是供不應求，可忙壞我了。」

供應商聽到這裡，露出一絲不易察覺的微笑。

這位供應商為何微笑？自然是成竹在胸、勝券在握了。在這段看似不著邊際的談話中，供應商已經探測到了對自己非常有利的資訊：第一，己方提供的產品在對方心目中信譽非常好；第二，對方的庫存原料已經供不應求，存料馬上就要用光。對方的工廠正面臨著極大的壓力，希望盡早結束談判，以使生產不致因原料短缺而受到影響。這樣，在不知不覺中，供應商已探得了對方的「底牌」。

名家名言

孫犁《秀露集·文學和生活的路》：

「安徒生很多作品用旁敲側擊的寫法，有很多弦外之音，這是很高的藝術。」

　　供應商要想提高產品價格，就必須具備兩個前提條件：一是自己的產品品質過硬，二是對方必須急需。而急需恰恰是對方的弱點所在。

　　那麼，供應商是如何獲得這些資訊的呢？直接向對方提出詢問當然是很不明智的，因為這樣一來，不但不會得到任何有價值的資訊，反而會使對方有所察覺，無疑是自露馬腳。所以，本例中供應商以讚美的口吻提起對方的經營情況時，對方正中下懷，將「產品、原料供不應求」的情況脫口而出，也就是最有價值的「底牌」在供應商的旁敲側擊下亮了出來。

　　這是以旁敲側擊探測對方實情的成功例子，這種技巧在談判中具有決定性的作用，是一個商務談判者必須掌握的技巧和策略。

　　總之，若要「知其隱者」，必先「以其見者」觀之，並且更要掌握旁敲側擊的方法。

第三章　避所短，從所長

【原文】

故計①國事者，則當審量權；說人主，則當審揣情，避所短，從所長。謀慮情欲必出於此。乃可貴，乃可賤；乃可重，乃可輕；乃可利，乃可害；乃可成，乃可敗，其數②一也。故雖有先王之道、聖智之謀，非揣情、隱匿，無所索③之。此謀之本也，而說之法也。常有事於人，人莫能先。先事而至，此最難為。故曰「揣情最難守司」。

司馬光：

「人不可以求備，必舍其短，取其所長。」

【注釋】

①計：謀劃。
②數：法術，這裡指辦法。
③索：追求。

【譯文】

所以謀劃國家大事的人，就應當詳細衡量本國的各方面力量；遊說他國君主的人，則應當全面揣測別國君主的想法，避其所短，從其所長。所有的謀劃、想法、情緒及欲望都必須以這裡為出發點。只有這樣做了，才能得心應手地處理各種問題和對付各色人物。可以尊敬，也可以輕視；可以施利，也可以行害；可以成全，也可以敗壞，其使用的辦法都是一致的。所以，雖然有古代先王的德行，有聖人高超的智謀，不揣度透徹所有隱蔽的和深藏的實情，將什麼也追求不到。這是智謀的基礎和遊說的通用法則。人們對某些事情常常感到來得突然，是因為不能事先預見。能在事情發生之前就預見到，這是最難的。因此說「揣情，最難把握」。

【延伸閱讀】

「說人主，則當審揣情，避所短，從所長。」是說遊說他國君主，應當全面揣測別國君主的想法，避其所短，從其所長。

其實不僅遊說別人如此，做人做事都是如此：用人要用其長、避其短才能充分發揮其價值，為我所用；為人所用要避主短處（人性弱點）、從主長處（人性優點）才能既有用武之地，又不會有「自作聰明、自以為是」、「功高蓋主」的嫌疑；學習別人要取其長處、補己短處，才能使自己不斷進步和完善；讀書要「取其精華、棄其糟粕」才能獲得有益身心的知識和道理，等等。

去過寺廟的人都知道，一進廟門，首先是彌勒佛，笑臉迎客，而在他的背面，則是黑口黑臉的韋陀。但相傳在很久以前，他們並不在同一個廟裡，而是分別掌管不同的廟。

彌勒佛熱情快樂，所以來的人非常多，但他什麼都不在乎，丟三落四，沒有好好地管理賬務，所以依然入不敷出。而韋陀雖然善於管賬，但成天陰著個臉，太過嚴肅，使得香客越來越少，最後香火斷絕。

佛祖在查香火的時候發現了這個問題，就將他們倆放在同一個廟裡，由彌勒佛負責「公關」，笑迎八方客，於是香火大旺。而韋陀鐵面無私，錙銖必較，則讓他負責「財務」，嚴格把關。在兩人的分工合作中，廟裡一派欣欣向榮的景象。

彌勒佛和韋陀各有其長、短，但佛祖在用人上真堪稱一位高手：讓彌勒佛負責「公關」，韋陀負責「理財」。果然在兩人的分工合作中，廟裡呈現出一派欣欣向榮的景象。在用人上，佛祖可謂真正做到了用之所長、避之所短、長短互補、陰陽相濟。

佛祖將韋陀和彌勒佛兩人的長處合二為一，獲得了「1+1＝無窮」的結果，也就是人們常說的「最佳化組合」，可

司馬光：

「用人如器，各取所長。」

謂達到了用人和經營管理的至高境界。這對我們的現實生活，尤其是企業用人之道，具有非常的借鑑意義和指導作用。

俗話說：「金無足赤，人無完人。」這個世界上，並不存在十全十美的人。每個人都會有自己的優點和缺陷，企業用人絕不能求全責備，作為一個企業的管理者，首先要對企業所用之人有一個準確而客觀的判斷，了解每一個人的長處和缺點，因人而異，把合適的人放到合適的位置上，才能收到「優化組合」的神奇效果。

大家都知道「木桶原理」，即一個木桶的盛水量，並不取決於桶壁上最高的那塊木板，而是取決於桶壁上最短的那塊木板。

在一個企業中，構成企業的各個部分往往是參差不齊的，而劣質的部分往往足以決定整個企業的發展高度和水準。「最短的木板」和「最弱的環節」都是企業中有用的一部分，只不過比其他部分稍差一些，企業管理者絕不能把它們當作爛蘋果扔掉，而是要想辦法去修補最短的那塊木板，加固鍊條中最薄弱的那一環節。

所謂「尺有所短，寸有所長」。唐太宗曾說：「明主之任人，如巧匠之製木。直者以為轅，曲者以為輪，長者以為棟樑，短者以為拱角，無曲直長短，各有所施。明主之任人亦由是也。智者取其謀，愚者取其力，勇者取其威，怯者取其慎，無智、愚、勇、怯兼而用之，故良將無棄才，明主無棄士。」所以，一個高明的管理者不但要明白修補最短木板、加固薄弱環節的道理，更應明白「有短之存，必有用短之術」的道理，將「短」用到恰恰需要「短」的地方去，此即所謂「短中見長之術」。

美國柯達公司在生產照相感光材料時，工人需要在沒有光線的暗室裡操作，為此，培養一個熟練的工人需要相當長的時間，並且沒有幾個工人願意從事這一工作。但柯達公司很快就發現盲人在暗室裡能夠行動自如，只要稍加培訓和引導就可

名家名言

魏源：

「不知人之短，不知人之長，不知人長中之短，不知人短中之長，則不可以用人，不可以教人。」

以駕輕就熟，而且他們通常要比常人熟練得多。於是，柯達公司大量招聘盲人來從事感光材料的製作工作，把原來的那一部分工人調到其他部門。這樣，柯達公司充分利用了盲人的特點，既為他們提供了就業機會，也大大提高了工作效率。這不能不歸功於決策者高明的用人策略。

對高明的管理者來說，「用人之短」可說是一劑難得的良藥。這需要管理者跳出傳統的思考模式，從客觀實際出發，有針對性地用人之短，才能收到意想不到的效果。

有一句名言說得好：「垃圾是放錯了位置的財富。」實際上，用人之「短」正是對「垃圾是放錯了位置的財富」這句話最好的理解。換句話說，某些人的「短」處正是某個職位所需要的甚至是本職工作所必須具備的起碼條件，舉個例子來說吧：讓一個能言善道、口無遮攔的人去從事保密工作，或讓一個「悶葫蘆」去做公關工作，豈非荒唐的用人之道？相反，如果將上述兩種人的職位調換一下，豈不就變「短」為「長」了嗎？善於使用別人的短處，這是一種態度，更是一種能力，一種方法，需要積極地思考和提高自身素質才能做到。

因此，我們可以說，人之所長要用，要善用；人之所「短」也要用，要會用。如果能夠運用得當，後者並不見得比前者的效果差。作為企業管理者，應學會針對不同人的個性、能力等實際情況安排工作，使其能迅速「對號入座」，從而可以「人盡其才」，實現企業高效率、高效益和長足的發展。

把這個道理推及我們身上，就是我們應該清楚自己的長、短處和優缺點，知道自己該做什麼，能做什麼，適合做什麼，怎樣去做以及如何才能做得更好，只有這樣，我們才能在適合自己的領域和職位上發揮自己的才能，實現自己的職業理想，一展自己的人生抱負。

「避所短，從所長」在人生道路上還有另一層借鑑意義，即要取長補短，善於向他人學習。《呂氏春秋》有云：「善學者，假人之長以補其短。」意思是說，善於學習的人，借用吸取別人的長處來彌補自己的短處。人生在世，只有不斷學習和吸收別人的長處為我所用，才能不斷取得進步、完善自我。

第四章　言必時其謀慮

【原文】

　　言必時①其謀慮，故觀蜎飛蠕動②，無不有利害③，可以生事變。生事者，幾之勢也。此揣情飾言成文章，而後論之。

【注釋】

　　①時：這裡指時機。

　　②蜎（ㄩㄢ）飛蠕動：泛指昆蟲的行動。蜎是沒有骨頭的昆蟲，爬行時都必須屈伸身體，就叫蠕動。

　　③無不有利害：世間沒有不具備利害之心的東西。

【譯文】

　　遊說活動必須深謀遠慮，選擇時機。過去我們看到昆蟲蠕動，都與自己的利益相關，因此才發生變化。而任何事情在剛剛產生之時，都呈現一種微小的態勢。這種揣情，需要借助漂亮的言辭或文章而後才能進行遊說應用。

【延伸閱讀】

　　「言必時其謀慮」，是說進諫是需要看時機的，是否合時宜是進諫成功與否的關鍵所在，選擇什麼時間進言，進言要用多長時間，這些都是進諫者要事先思量的問題。進諫合乎時宜，往往能收到預期甚至事半功倍的效果。

　　〈江乙說於安陵君〉的故事足以說明這一點。

　　一天，大臣江乙對安陵君說：「先生可知自己為什麼能身居高位、執掌大權嗎？」安陵君答道：「不過是大王過分地抬舉我罷了，不然哪能這樣呢？」江乙說：「用錢財結交的，

錢財用盡而交情就斷絕了；靠美色結合的，色衰而愛情就改變了。因此獻媚的女子不等到床席磨破，就遭遺棄；得寵的臣子不等車子坐壞已被驅逐。如今你掌握楚國大權，卻沒有辦法和大王深交，我暗自替你覺得危險。」安陵君急著問：「既然如此，那該怎麼辦呢？」江乙出了個主意：「您去請求在大王歸天時，隨大王一塊死，以自身為大王殉葬，如果這樣說了，必能在楚國長久地保住權位。」安陵君拜謝說：「願意聽從您的指教。」

不覺過了三年，安陵君還沒有講出這句話。江乙便對他說：「既然您不用我的計謀，我就不敢再和您見面了。」安陵君解釋說：「哪裡敢忘先生的話，只是沒有得到合適的機會。」

不久，楚王帶著千乘馬車去雲夢遊獵。楚王一箭射死一頭野牛，十分高興，仰天大笑道：「快樂啊，今天遊獵，寡人我萬歲千秋之後，和誰能有今天這樣快樂呢？」這時安陵君淚流滿面地走上前說：「我進入宮中與大王同席共坐，到了外面就陪伴大王乘車。如果大王萬歲千秋之後，我希望能隨您奔赴黃泉，變作蓐草為大王阻擋螻蟻，沒有比這更令人安慰的事了。」楚王聽了十分喜悅，馬上築高壇正式封他為安陵君，從此對他更加信賴。

對於此，有人曾曰：「江乙可謂善謀，安陵君可謂知時矣。」就是說安陵君說話很注意時機，一直等到適宜的機會才將江乙的計謀付諸實踐，所以贏得了楚王的大悅和更大的信賴。

先秦法家認為：「權勢者，入主之所獨守也」，「下侵上之權，臣用君之術，為亂政之本」。君王處於權力的金字塔尖，操縱著萬民百官的生殺予奪大權，誰人不想得到君王的庇護與照顧，以期獲取顯爵厚祿？因此，明智的大臣進諫時一定要懂得把握時機。

進諫一定要因人而異，相機而言，倘若諫言不看時機，不

分場合，不看對象，即使諫言是對的，也不會收到預期效果，甚至有可能招致禍端。

漢高祖劉邦去世，呂后執掌朝廷，她首先做的就是擴張呂氏的勢力，削弱劉氏的勢力。呂后打算把族人分封為各地的王，於是召集重臣商議此事。

右丞相王陵對劉氏王朝忠心耿耿，直言進諫道：「高祖曾經殺白馬和群臣盟誓『非劉氏而王者，天下共討之。』所以不可分封呂氏的人為王。」

呂后大為不悅，接著她又問左丞相陳平和太尉周勃。兩個人異口同聲回答：「以前高祖君臨天下後，分封劉氏子弟為王，現在太后既然稱制，分封呂氏子弟為王，有何不可呢？」呂后聽了轉怒為喜。

退朝後，王陵怒氣沖沖地責備陳平和周勃：「當時和高祖歃血為盟，你們不都在場嗎，現在高祖駕崩不久，呂太后便封呂氏家族為王，你們卻一口贊成，這是什麼居心？你們還有什麼臉面見地下的高祖！」

陳平、周勃笑答說：「現在直言進諫，我們不如你，可是以後安定漢室，延續劉氏的血脈，我們就比先生你強多了。」

呂后容忍不了跟她唱反調的王陵，於是把他調為幼帝太傅，而將陳平升為右丞相。不久有人在呂后背後進讒言：陳平貴為宰相，不好好處理政事，整天只知飲酒作樂。陳平聽到後，將計就計，天天耽於酒色。呂后心中暗喜：陳平不值得擔心，呂氏的天下可以穩如泰山了。此後呂后更加肆無忌憚，為所欲為，大封呂氏族人為王，陳平唯唯諾諾。可是呂后一死，陳平和太尉周勃一舉把呂氏一族統統殺掉，恢復了劉氏天下。

王陵因不滿呂后專橫，在朝廷屢次強諫，呂后大權在握，當然不能容忍有人當面跟自己唱反調，所以王陵被呂后調為幼帝太傅。相比之下，陳平和周勃可謂精明得多。他們沒有附和王陵的作法，因為他們知道此時時機尚未成熟，倘若為存忠義，直言力諫無異於以卵擊石、自取滅亡。與其如此，倒不如

名家名言

歌德：

「善於捕捉機會者為俊傑。」

張九齡：

「機不可失，時不再來。」

順勢而下，使個「障眼法」，故意拖延、迷惑對手，保全自己，以待時機。果然後來，陳平和周勃在呂后死後，將呂氏一族一舉殲滅，重新還政於劉氏。這正是所謂「留得青山在，不怕沒柴燒」，「小不忍則亂大謀」。

這個道理非常適合當今的職場。在職場中打拚的工薪階層，在向上司諫言時一定要相機行事，因為每個上司都想擁有自己的威嚴，並且大多數上司都想千方百計地在下屬面前立威以服眾，所以，作為下屬萬萬不可不分場合、不看時機地直言力諫。

《詩・大雅》有云：「白玷，尚可磨也；斯言之玷，不可為也。」意思是說：白玉如果有了缺陷，可以設法磨平；但是如果說話出現了失誤，就無法挽回了。所以，說話、做事務必伺機而動、見機行事、隨機應變，方能致勝。

第八篇

摩意術

第一章　摩者，揣之術

【原文】

　　摩①者，揣之術也。內符②者，揣之主③也。用之有道，其道必隱④。微摩之以其所欲，測而探之⑤，內符必應。其應也，必有為之⑥。故微而去之，是謂塞窌⑦、匿端⑧、隱貌、逃情，而人不知。故能成其事而無患。摩之在此，符之⑨在彼。從而應之，事無不可。

【注釋】

　　①摩：揉擦，切磋。這裡指透過刺激、試探，以求引起對方反應，從而了解內情。

　　②內符：情欲活動在內，符驗就表現在外。

　　③揣之主：揣的主要對象，指內符。

　　④隱：隱密。

　　⑤測而探之：觀測、研究，以探求其真實的欲求。

　　⑥有為之：有作用。

　　⑦窌（ㄐㄧㄠˋ）：地窖。

　　⑧匿端：匿，隱藏；端，端緒、開始、前兆。隱匿其端緒。

　　⑨符之：與之呼應。

【譯文】

　　所謂「摩意」是一種與「揣情」相類似的方法。「內符」是「揣」的主要對象。在「揣情」的過程中需要掌握「揣」的規律，而這些規律都是隱而不現的。這就需要適當地去「摩」，根據自己的喜好進行測探，其內情便會透過外符表現出來。要將內心的感情表現於外，就必然要做出一些行動。這就是「摩意」的作用。實現這個目的之後，要在恰當的時機遠離對方，隱藏動機，消除可見的痕跡，偽裝其外表，迴避相

應的實情，讓人無從知曉此事的行為者。因此，達到目的的同時又不會留下禍患。在此處揣摩對方，而在另一處觀察對方的表現，讓我方的揣摩能在對方順利地實現，那就沒有辦不成的事情。

【 延伸閱讀 】

「摩」意為研究、揣摩，推測事情，因此「摩」意就是「揣」情之術。「故微而去之，是謂塞窌、匿端、隱貌、逃情，而人不知。故能成其事而無患。摩之在此，符之在彼。從而應之，事無不可。」就是要告訴我們，要祕密地符合對方，就需要巧妙地隱藏自己的想法，不能輕易曝露自己的真實意圖，在符合別人觀點的前提下，揣摩對方的心境，只有這樣，事情辦成之後才不會留下後患，這也是「揣摩」的高明之處。

「揣情」、「摩意」，常常因機而發，順情而得。當人們明確自己的行為目的之後，即可擇法而行之。而「摩」的行為方式也是有一定規律的。高明的「摩」者，善於獨立思考，能辨明對方的內心欲求。能夠正確把握對方的內心，利用智慧來將對方說服，完全按照自己的計劃行事，這的確不是易事。然而物以類聚，人以群分，如果遵循相應的規律，從不同的思考角度去認識它，反覆思量，不斷探索，則往往能夠駕馭他人，駕馭天下。

歷史上許多民軍都藉天意來征服天下人心。先秦陳勝、吳廣如此，劉邦如此，黃巾軍亦如此。洪秀全也以此「摩」盡天下人內心，而自編神話謀起義。

洪秀全，廣東花縣人，自幼苦讀詩書，可惜多次投考皆落榜。後來，在西方基督教宣傳品《勸世良言》的影響下，洪秀全創立了拜上帝教，編寫了《原道救世歌》，宣傳只有上帝才是唯一的真神。

為了能夠讓廣大人民追隨他推翻清王朝的統治，洪秀全精心編造了一個神話故事。神話中宣傳說，洪秀全在考試失敗

名家名言

《論衡·答佞》：

「儀、秦，排難之人也，處擾攘之世，行揣摩之術。」

後所得到的《勸世良言》，是皇上帝賜予他的「天書」，回到家中他曾大病40餘天。在生病的這段期間，他說忽有神仙下凡將他接至天上，在聖河之中，天母為他洗去污垢，聖賢之士則為他剖胸開腹，將新的五臟六腑為他換上，讓他脫胎換骨。在大殿上，洪秀全見到了一位有著金色鬍鬚且長至地上、相貌威嚴、身形高大、高踞寶座之上的老人。這位老人便是超越時空、無所不能的真神皇上帝。皇上帝見到洪秀全非常高興，說洪秀全是他的次子，於是帶領他從天上綜覽全世界，只見人間妖霧瀰漫，鬼怪橫行，迷害人民，生靈塗炭。爾後，皇上帝特賜給他一口寶劍和一顆印璽。寶劍可以斬妖除魔，印璽則是鎮服邪神的寶物。最後，皇上帝命洪秀全下凡做太平天王，救世誅妖。

在太平天國起義前夕，洪秀全等又利用鬼神附體的迷信方式，宣傳有一個拜上帝會的會員在臨死之時鼓樂之聲從天而降，隨即被天使迎入天堂，不久，這個拜上帝會員的神靈附於一名幼童身上。此名幼童忽然間神情恍惚，口中念念有詞：「三八二一，禾乃玉食，人坐一土，作爾民極。」「三八二一」隱「洪」字；「禾乃玉食」隱「秀」字；「人坐一土」隱「全」字；四句聯合，意思就是：「洪秀全當做你們的君王」。

名家名言

《王勃集序》：

「揣摩三古，開闔八風。」

當時的廣大群眾熱切希望能夠改變受苦受難的生活境遇，經常幻想真命天子出世，從而剷除人間的不平。而洪秀全編造的承上帝之命、下凡誅妖的這一故事，雖然是極為荒誕的神話，但卻極為貼切地抓住了勞苦大眾的心理。正是因為洪秀全善於揣摩人們的心理，巧妙地隱藏自己的真實意圖，才使得自己成功掀起了太平天國農民運動。

在今天的商業活動中，「摩意」之術就顯得更為重要，只有摸清市場的需求，掌握顧客的消費心理，才能穩操勝券。同時，「摩意」之術還需要出奇致勝。

費涅克是一名美國商人，他的成功只因他的一次偶然機

遇，那就是在一次休假旅遊時，身旁小瀑布的流水聲激發了他的靈感。他想：城市居民們都飽受雜訊干擾之苦，我若能幫助他們擺脫雜訊的困擾，那豈不能讓我大賺一筆？

於是，他便帶上身歷聲錄音機，專門選擇那些人煙稀少的地方，將小溪、小瀑布、小河的流水聲和自然界小鳥的鳴叫聲等，透過錄音機將其錄下來，然後複製成CD，以高價出售。CD的銷量出乎意料的好，尤其是錄有流水聲的CD，銷量節節上升。「水聲」CD之所以暢銷，就是因為費涅克了解到了城市居民們飽受各種城市雜訊的干擾之苦，卻又無法擺脫，他們希望關閉門窗聽到大自然的聲音，這是他們迫切的要求，而費涅克利用自己聰慧的大腦讓人們擺脫了雜訊的困擾，把人們帶入到大自然的美妙之中，使人們嚮往大自然的心理得到了滿足。失眠者們在聽到「水聲」CD時不知不覺地睡著了。

「水聲」CD能解決雜訊的干擾，幫助失眠者進入夢鄉，於是費涅克看準這個目標加大投入，出奇致勝，賺了大錢。

費涅克的成功在於他善於揣摩大眾的心理需求，然後先下手為強，出奇致勝。由此可見，善於揣摩他人心理的人，必定是最先跨入成功之門的人。

在現代社會的諸多領域，摩意之術同樣重要。談判、銷售、公關，等等，無不需要對對方的心理進行揣摩。只有揣摩到了對方的真實心理，你才能順利達到你的預期目的。

第二章　謀之於陰，成之於陽

【原文】

　　古之善摩者，如操釣而臨深淵，餌而投之，必得魚焉。故曰：「主事①日成而人不知，主兵②日勝而人不畏也。」聖人謀之於陰③，故曰「神」；成之於陽④，故曰「明」。所謂「主事日成」者，積德也，而民安之，不知其所以利⑤；積善也，而民道⑥之，不知其所以然；而天下比之神明也。「主兵日勝」者，常戰於不爭、不費⑦，而民不知所以服，不知所以畏，而天下比之神明⑧。

【注釋】

　　①主事：所主持的事情。
　　②主兵：指揮軍隊。
　　③謀之於陰：悄悄地謀劃、策劃，不讓人知道。
　　④成之於陽：公開實現目的。
　　⑤所以利：之所以有利。
　　⑥道：當做應走的路來順從。
　　⑦不爭、不費：不使用武力，不消耗戰費。
　　⑧比之神明：當作神奇和聖明。

【譯文】

　　古代善於「摩意」之人，就好比拿著釣竿去水潭邊釣魚一樣，只需把帶有餌食的魚鉤放入水中，靜靜等待，無需聲張，便可以釣到魚。所以說：所主辦的事情成功之後卻沒有被發覺，指揮軍隊將敵軍壓倒卻無人感到畏懼，唯有這樣做才是高明的行為。那些具有高修養和高智慧的人總是在悄悄地謀劃某一行動，因此被稱之為「神」；而某些行動顯現於光天化日之下，因此被稱之為「明」。所謂「主事日成」的人在暗

中積德行善，百姓也安居樂業，卻不知道為何會享受到這些利益，他們依然廣泛行善，使老百姓生活於善政中卻不知為什麼會有這樣的收穫；普天下的人們都把這樣的「謀之於陰、成之於陽」的政治策略稱為「神明」。那些統帥軍隊日益壓倒敵人的人，持之以恆地與敵軍對抗作戰，卻不去爭奪城池、不消耗人力物力，因此老百姓不知道為什麼會邦國臣服，更加不知道什麼叫恐懼。為此，普天之下都稱「謀之於陰、成之於陽」的軍事策略為：「神明」。

【延伸閱讀】

　　在本章，鬼谷子主要闡釋了「摩」之術的具體方法，即「謀之於陰，成之於陽」。

　　「摩」之術的運用必須講究技巧，為了順利實現「摩」之目標，就不能曝露任何蛛絲馬跡。要做到這一點，往往就需要採取「明修棧道，暗渡陳倉」、「聲東擊西」的方法。

　　這種策略非常適用於軍事。在行軍打仗的過程中，我們明明是為了這個軍事目標，卻偏偏在遠離這一目標的另一目標上打造聲勢、大作文章，以轉移敵人的注意力，讓敵人產生錯覺，從而神不知鬼不覺地實現原來的軍事目標。這種策略的高明之處在於神不知鬼不覺，事情辦成了，還不會留下任何後患。

　　在軍事上，「明修棧道，暗渡陳倉」是「謀之於陰，成之於陽」的成功典範。

　　秦朝被推翻的時候，項羽、劉邦以及其他參加反秦戰爭的各路將領，齊集商議勝利以後怎樣割據國土。當時勢力最強的項羽企圖獨霸天下，他表面上主張分地封王、分配領地，心裡卻已開始盤算，將來怎樣一個個地消滅他們。

　　項羽對一般將領都沒有什麼顧忌，惟獨對劉邦很不放心，他知道劉邦是最難對付的對手。早些時候，劉邦和項羽曾經約定：誰先攻下秦都咸陽，誰就在關中為王。結果，首先進入咸陽的偏偏就是劉邦。項羽不願意讓劉邦當「關中王」，也不願意他回到家鄉（今江蘇沛縣）一帶去，便故意把巴、蜀（今都在四川）和漢中（在今陝西西南山區）三個

郡分給劉邦，並封其為漢王，以漢中的南鄭為都城。想這樣把劉邦關進偏僻的山裡去。而把關中劃成三部分，分給秦朝的降將章邯、司馬欣和董翳，以便阻塞劉邦向東發展的出路。項羽自封為西楚霸王，封地九郡，佔領長江中下游和淮河流域一帶廣大肥沃之地，以彭城（今江蘇徐州）為都城。

劉邦的確也有獨霸天下的野心，因此對於項羽的分封當然很不服氣，其他將領對於自己所分得的更小的地盤也都不滿。可是，懾於項羽的威勢，大家都不敢違抗，只得聽從支配，各就各位去了。劉邦也不得不暫時領兵西上，開往南鄭，並且接受張良的計策，把一路走過的幾百里棧道全部燒毀。棧道，是在險峻的懸崖上用木材架設的通道。燒毀棧道的目的是為了便於防禦，而更重要的是為了迷惑項羽，使他以為劉邦真的不打算出來了，從而鬆懈對劉邦的戒備。

劉邦到了南鄭苦心「經營」，又得到逃離項羽而歸附於自己的一位才能出眾的軍事家，那就是韓信。劉邦拜韓信為大將，請他策劃向東發展、奪取天下的軍事部署。

韓信的第一步計劃是，先奪取關中，打開東進的大門，建立興漢滅楚的根據地。於是派出幾百名官兵去修復棧道。這時，守著關中西部的章邯聽到了這個消息，不禁笑道：「誰叫你們把棧道燒毀的！你們自己斷絕了出路，現在又來修復，這麼大的工程，只派幾百個士兵，看你們哪年哪月才得完成。」因此，章邯對於劉邦和韓信的這一行動，根本沒有加以重視。

可是，不久章邯便接到緊急報告，說劉邦的大軍已攻入關中，陳倉（在今陝西寶雞市東）被佔，守將被殺。章邯起初還不相信，以為是謠言，等到證實的時候，慌忙領兵抵抗，已經來不及了。章邯被逼自殺，駐守關中東部的司馬欣和北部的董翳也相繼投降。號稱三秦的關中地區於是一下子被劉邦全部佔領了。

原來韓信表面上派兵修復棧道，裝作要從棧道出擊的姿態，實際上卻和劉邦統率主力部隊，暗中抄小路襲擊陳倉，趁

《禮記·樂記》：

「陰陽相摩，天地相盪。」

章邯不備取得了勝利。這就是歷史上有名的「明修棧道，暗渡陳倉」。

　　古時候善於運用「摩」之術的人，有如深淵釣魚，投以誘餌，魚必上鉤。他們事情辦成之後，別人卻沒有任何察覺；他們行軍打仗，已經取得了勝利，但士兵還不知道因何而勝。

　　諸葛亮屢次進攻中原，路途遙遠，為了取得充足糧草，除用牛馬外，還設計了人拉手推的車子，稱作「木牛流馬」。

　　這一天，諸葛亮命令部將引1000名士兵駕著木牛流馬，從劍閣直抵祁山大寨，往來搬運糧草，供應蜀兵。

　　司馬懿得到哨兵的報告：「蜀兵用木牛流馬運糧草，人不大費力，而且那牛馬也不用吃草。」司馬懿大驚，忙命令兩個部將各引500名軍士，夜間伏在蜀兵運糧的必經之路，奪下數匹木牛流馬。然後令巧匠100多人，當面拆開，依照它的尺寸、長短、厚薄仿造木牛流馬。不滿半月，便造成2000餘隻。接著命令幾個部將帶領1000軍士駕木牛流馬，去隴西搬運糧草，來來往往，沒有斷絕。再說蜀兵回去報告諸葛亮說木牛流馬被搶去幾匹，諸葛亮卻笑道：「我只費了幾匹木牛流馬，以後就得到魏軍的許多糧草呢！」部下大惑不解。

　　幾天後，部下向諸葛亮報告：司馬懿派兵驅駕木牛流馬往隴西搬運糧草。諸葛亮大喜，道：「果然不出我的預料啊！」便命令部將王平說：「你帶領1000軍士，裝扮成魏兵，星夜偷越過北原，只說是巡糧軍，直接到運糧的地方將護糧的軍士殺散，馬上驅趕裝滿糧草的木牛流馬回來。這時，魏兵必定追趕，這時你便將木牛流馬口內舌頭扭轉，木牛流馬就不能行動了。你們拋下它們就是。魏兵趕也趕不動，牽也牽不動，抬也抬不走。我再派兵前往，你們就再回身將木牛流馬之舌扭轉過來，長驅直進，那時魏兵必定疑神疑鬼了。」

　　王平領兵走後，諸葛亮又吩咐部將張嶷道：「你帶領500軍士，裝成鬼頭獸身，用五彩塗面，一手執繡旗，一手舉寶劍，身上掛著葫蘆，裡面藏些能引著煙火的東西，埋伏在山

名家名言

《易·繫辭上》：

「是故剛柔相摩，八卦相盪。」

腳。待木牛流馬到時，放起煙火，一齊擁出，驅趕木牛流馬。魏兵見了，必定懷疑你們是鬼神、不敢來追趕。」

張嶷奉命走後，諸葛亮調兵遣將，準備去接應王平、張嶷，並佈置一些部隊去斷絕司馬懿的歸路。於是按照諸葛亮的計謀，果然，蜀軍奪來了魏軍的大批糧草。

鬼谷子說：「主事日成，而人不知；主兵日勝，而人不畏也。」像諸葛亮這樣帶兵打仗，士兵們就像是在演戲，不動一刀一槍，卻使敵人一敗塗地，真是高明之至。

看過上面的兩則故事，我們不僅要學習古人「謀之於陰，成之於陽」的策略，更要針對這個策略，學會透過層層表象，把握事物本質，尤其不能被種種假象所迷惑。如果只從事情的表象來進行判斷，就可能誤入歧途、上當受騙。

第三章　聖人獨用

【原文】

其摩者，有以平，有以正，有以喜，有以怒，有以名，有以行，有以廉，有以信，有以利，有以卑。平者，靜也；正者，直也；喜者，悅也；怒者，動也；名者，發①也；行者，成②也；廉者，潔也；信者，明也；利者，求也；卑者，諂也③。故聖人所獨用④者，眾人皆有之，然無成功者，其用之非也。故謀莫難於周密，說莫難於悉聽，事莫難於必成，此三者，唯聖人然後能任。

【注釋】

①發：擴大名聲，這裡指有聲譽。

②成：使其成功。

③卑者，諂也：所以要謙卑，是為了諂媚（以使對方上當）。

④獨用：單獨使用。

【譯文】

在實施「摩意」時，有採取和平進攻的，有採取正義責難的，有採取娛樂討好的，有採取憤怒激勵的，有採取名望威嚇的，有採取行為逼迫的，有採取廉潔感化的，有採取信譽說服的，有採取利益誘惑的，有採取謙卑奪取的。和平就是安靜，正義就是剛直，娛樂就是高興，憤怒就是激動，名望就是聲譽，行為就是實施，廉潔就是清明，利益就是需求，謙卑就是委屈。因此，聖人所單獨使用的「摩意」之術，一般人也可以具有。然而沒有將其運用成功的，是因為他們的方法用錯了。因此，謀劃策略，最困難之處就是要謹慎周到；進行遊說，最困難之處在於讓對方全部聽從自己的說辭；主辦某事，最困難之處就是一定要成功。這三個方面，唯有成為聖人之後才能勝任。

【延伸閱讀】

在這裡，鬼谷子闡述了實施「摩意之術」的手段。即要恰當地運用「摩意之術」，就需要掌握好「平正」、「喜怒」、「名行」、「廉信」、「利卑」等手段。

「平」，就是要讓自己表現出心平氣和且沒有任何的追求和奢望，要讓別人覺得一切都是那麼的順其自然、順理成章，沒有絲毫的歪理存在。

「正」，就是要讓自己本身的正氣展現出來，不存在任何的私心與雜念，毫不利己，專門利人，只有這樣才不會引起他人的牴觸與反感。

「喜」，就是做的事情要完全是對別人有益處的好事，這樣才能討得對方的歡心，而不至於被拒絕。

「怒」，就是當感情交流到某一程度時，將他人不高興的事情披露出來，讓其怒不可遏，在對方不能自控的時候，便可以捕捉到變化的徵兆了。

「名」，就是當捕捉到變化的徵兆之後，就要馬上制訂出相應的應變策略，然後告訴他其功過是非、成敗利害，再觀察變化徵兆，最後再制訂應變策略。

「行」，就是說當事情已經發展到可以實施謀略的某種程度時，就要不失時機地大膽實施。

「廉」，就是在實施謀略的過程中，要表現出完全是為了他人著想，而不是為了一己私利，要讓別人自始至終都覺得自己永遠是廉潔無私的。

「信」，就是要自始至終都誠實守信，言必行、行必果。

「利」，就是始終圍繞「讓別人獲得好處」這個宗旨出發，讓別人無法抗拒利益的誘惑。

「卑」，就是在別人面前要謙虛低調，不要鋒芒畢露，爭強好勝。

以上闡述的手段，似乎眾人皆知，但實施起來往往是件不

《禮記・學記》：

「相觀而善之謂摩。」

易之事，如果運用不得當，則會適得其反，導致失敗。

春秋時期，吳王想出兵攻打楚國。不少大臣勸阻說：「目前楚國正處於強盛時期，不宜和對方交戰，懇請大王三思而後行。」

此時的吳王心裡只想著稱霸，哪裡聽得進大臣們的勸諫之言，一怒之下，拔出寒光閃閃的寶劍厲聲說：「我既然已經決定要攻打楚國，就不會再改變主意，誰再敢勸阻，我就把他碎屍萬段！」大臣們惶恐之下便不敢再開口了。

王宮裡有一位個年輕的衛士，他認為此次出兵不是正義之戰，貿然出兵，必然會導致失敗，但面對嚴厲的大王，又不敢當面對他講。經過幾天的反覆思索，他終於想出了一個可行的辦法。

這天，這位年輕的衛士一清早就走進王宮的後花園。只見他手裡拿著一把彈弓，轉到東又轉到西，就連衣服被露水打濕他也毫不在乎。就這樣，他在那裡轉了三天。

衛士的行為被吳王看見了，覺得很奇怪，於是就把衛士叫到跟前，問：「你為什麼老在花園裡走來走去，把衣服都弄濕了呢？」

衛士恭恭敬敬地回答說：「報告國王，我是在觀察一件很有趣的事情。花園裡有一棵樹，樹上有隻蟬，牠在樹的高處喝著露水並且得意地鳴叫，卻對藏在牠身後的螳螂渾然不知，而當螳螂彎著身子，舉著前爪，正準備撲上去捉蟬時，牠卻完全沒有料到，在牠的身後有一隻黃雀，正悄悄地伸長脖子想去啄；而那黃雀也根本不知道我拿著彈弓，正對著牠瞄準呢！」

吳王笑道：「確實很有趣。」

衛士繼續說：「尊敬的國王，蟬、螳螂、黃雀只想到牠們眼前的利益，卻沒考慮到隱藏在身後的危險啊！」

吳王沉默了一會兒，恍然大悟：原來衛士在用寓言來巧諫，想讓他停止進攻楚國。他笑笑說：「你講得很有道理。」於是攻打楚國的計劃被取消了。

名家名言

《莊子·徐無鬼》：

「反己而不窮，循古而不摩。」

　　故事中的年輕衛士使用的「摩意」之術恰到好處，謀劃策略，最重要的就是要謹慎周到，當然要完全讓對方聽從自己的說辭也是不易之事，因此，掌握鬼谷子老先生所說的「摩」之手段是很必要的。

　　在工作或生活中，我們只有善於綜合運用「平正」、「喜怒」、「名行」、「廉信」、「利卑」等手段，才能真正達到「摩」的至高境界。

第四章　物歸類，摩之以其類

【原文】

　　故謀必欲周密，必擇其所與通者說也。故曰：或結而無隙[1]也。夫事成必合於數，故曰：道數[2]與時相偶者[3]也。說者聽，必合於情，故曰：情合者聽。故物歸類[4]，抱薪趨火[5]，燥者先燃；平地注水，濕者先濡。此物類相應[6]，於勢譬猶是也。此言內符之應外摩也如是，故曰：摩之以其類，焉有不相應者？乃摩之以其欲，焉有不聽者？故曰獨行[7]之道。夫幾者[8]不晚[9]，成而不抱[10]，久而化成[11]。

【注釋】

　　①無隙：緊密無間。
　　②道數：道與術，指規律與方法。
　　③道數與時相偶：規律、方法與天時三者和諧。
　　④物歸類：事物各有自己歸屬的類別。
　　⑤抱薪趨火：抱著柴薪，走近火堆。
　　⑥物類相應：物以類聚，相同的事物，便會有相應的反應。
　　⑦獨行：節操高尚、獨立而行。
　　⑧幾者：通曉機微。
　　⑨不晚：不失時機。
　　⑩成而不抱：把事情做成也不保守不前。
　　⑪久而化成：天長日久，就能化育萬物。

【譯文】

　　所以說謀劃一定要周全縝密，遊說要選擇與自己可以相通的對象。所以說：「辦事情要固若金湯，無懈可擊。」要想使所主持之事取得預期的效果，就必須有適當的方法。所以說：「客觀規律、行動方法以及

天時都是互相依附的。」進行遊說的人要讓對方聽信，必須使自己的說辭合於情理，所以說：「合乎情理才有人聽。」因此世界上萬事萬物都有其各自的屬性。好比抱著柴草向烈火走去，乾燥的柴草就首先著火燃燒；往平地倒水，低的地方就要先進水。這些現象都是與各類事物的性質相適應的。以此類推，其他事物也是這樣的。這也反映「內符」與「外摩」的道理。所以說：按著事物的不同特性來實施「摩意」之術，哪有不反應的呢？根據被遊說者的喜好而施行「摩意」之術，哪有不聽從你遊說的呢？所以說這是獨行天下的法則，通曉「揣摩」玄機的人一定要耐心把握好時機，有成績也不停止，天長日久必能取得最後的成功。

【延伸閱讀】

　　鬼谷子在此文中闡述了「物以類聚，人以群分」在「揣摩」之術中的重要作用。

　　謀事一定要謹慎周密，且選擇可以和自己相通的對象。所謂「相通」就是可以取得和別人一致的意見，因為順利的結交來自於沒有意見分歧的交流，沒有一見面就志同道合的。可見，要運用「揣摩」之術，就必須摸清對象的底細，有何特徵，並順著他的特點來符合他，探出他的真實意圖，在滿足對方欲望的同時達到自己的目的。懂得這些道理，尋求志同道合之人將不再困難。

　　世界上的萬物是有類別之分的，「抱薪趨火，燥者先燃；平地注水，濕者先濡」。這就叫作「物以類聚」。內心正在謀劃一定要將某事達到目的，就一定要同外表和語言的「類聚」「群分」相聯繫。因此，只要能夠展現出志同道合就必能和順他意，這時就沒有不一呼百應的。也就是說，事情只要順著他人的欲望發展，就沒有不聽你說的。這也是智者能夠獨行天下的關鍵所在。

　　叔孫通，薛縣（今山東省滕州市）人，因有才能而被秦朝朝廷徵召。陳勝起義後，秦二世徵集所有儒生，商討對策。除了叔孫通外，其他每人均據實回報。秦二世把其他儒生處罰，而正式委任叔孫通為博士。叔孫通在回答秦二世的詢問時刻意逢迎，引起了同僚的不滿。叔孫

通表示這樣做只是為了保全自己的性命。

　　他隨後逃亡回家鄉薛縣，那時薛縣已被起義軍佔領。叔孫通先後跟隨起義軍領袖項梁、熊心及項羽。西元前205年，劉邦率軍攻入彭城，叔孫通向漢軍投降。後來項羽回來打敗劉邦，叔孫通跟隨劉邦回到關中。漢高祖亦委任叔孫通為博士，並賜封號「稷嗣君」。

　　西元前202年，劉邦打敗項羽，被擁立為皇帝，是為漢高祖。他把秦朝的禮儀廢除，力求簡易。當時大臣們在朝堂上經常做出失禮的行為，如飲酒爭論、醉後喧譁，甚至拔劍擊打宮殿的支柱。漢高祖對這種情況漸漸感到不滿，叔孫通向漢高祖建議制訂宮廷禮儀，得到漢高祖的同意。叔孫通到魯國故地徵召約三十名儒生到長安，協助制訂及演習宮廷禮儀。一個多月後，叔孫通邀請漢高祖觀禮。漢高祖認為有關禮儀可行，於是命令大臣進行彩排。

　　西元前200年，長樂宮落成，漢高祖首次使用叔孫通制訂的宮廷禮儀進行新年朝會。漢高祖對這次朝會非常滿意，認為自己終於知道做皇帝的尊貴之處。他委任叔孫通為太常，並賞賜黃金五百斤。漢高祖將隨叔孫通入京的儒生封為郎，另外，叔孫通把賞賜所得全數分贈隨行的儒生。

　　鬼谷子說：「說者聽，必合於情；故曰：情合者聽。故物歸類；抱薪趨火，燥者先燃；平地注水，濕者先濡；此物類相應，於勢譬猶是也。此言內符之應外摩也如是，故曰：摩之以其類，焉有不相應者？乃摩之以其欲，焉有不聽者。」叔孫通可以說把此道運用得出神入化。他降漢後，還在劉邦打天下的時候，向劉邦引薦盜賊、力士等可以在戰場上不畏犧牲、勇猛殺敵之士，獲得了劉邦的賞識；天下太平之後，叔孫通向漢高祖建議制禮作樂，並且推薦了知書達理的儒生。叔孫通認為：在打江山的時候，最需要勇猛善戰者，到了守江山的時候，文人、儒生則最為可靠。

　　由此可見，要想成就某事，則一舉一動必須合乎常理，所

名家名言

《太子太傅田公墓誌銘》：

「公所設施，事趣可，功期成，因能任善，不必己出，不為獨行異言，以峙聲名。」

《史通‧六家》：

「微婉其說，隱晦其文；為不刊之言，著將來之法，故能彌歷千載，而其書獨行。」

作所為必須順理成章，這也是我們在現實生活中必須遵循的道理，只有合乎情理、順應規律，才能取得成功，尤其是當今的商業活動，只有把握住市場規律，才能贏在「商場」。

由此可見，按客觀規律辦事是我們取得事業成功的基礎和前提。英國歷史上有一位皇帝，曾經將大臣們帶到海邊看潮起潮落，他把皇冠放在潮水上，說：「你們不要以為我的權力至高無上，皇冠在潮水上能產生什麼作用呢？沒有人能改變自然規律。」這位皇帝的智慧和開明並不多見，其實他本人也很有作為，只是這種作為是建立在順應規律的基礎上的。

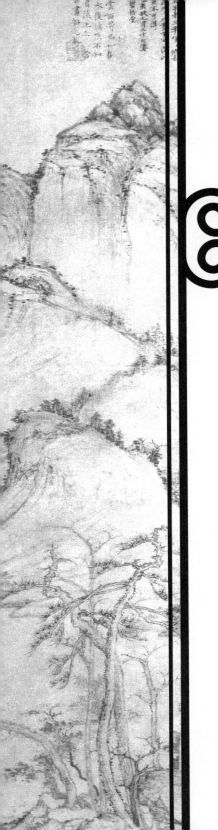

第九篇

權術

第一章　飾言，利辭

【原文】

　　說者②，說之也；說之者，資③之也。飾言④者，假⑤之也；假之者，益損⑥也。應對⑦者，利辭⑧也；利辭者，輕論⑨也。成義者⑩，明之也；明之者，符驗也。難言⑪者，卻論也；卻論⑫者，釣幾⑬也。佞言者，諂而於忠；諛言⑭者，博而於智。平言⑮者，決而於勇；戚言⑯者，權而於言。靜言⑰者，反而於勝。先意承欲者，諂也；繁稱文辭者，博也；策選進謀者，權也。縱舍⑱不疑者，決也；先分不足⑲而窒非⑳者，反也。

【注釋】

　　①權：衡量。《禮記·王制》：「原父子之親，立君臣之義，以權之。」在這裡指度量權衡。

　　②說者：遊說的人。

　　③資：供給，資助。

　　④飾言：有修飾的語言，也就是很好聽的話。

　　⑤假：借，引申為憑藉、借助。

　　⑥益損：增減。

　　⑦應對：應酬、答對。

　　⑧利辭：伶俐的言辭。

　　⑨輕論：輕浮、不莊重的言論。

　　⑩成義者：建立信義的言辭。

　　⑪難言：指責對方的言辭。

　　⑫卻論：反面的議論。

　　⑬釣幾：誘導對方心中所隱藏的機微之事。

　　⑭諛言：諂媚，用虛心假意之詞奉承人。

⑮平言：平庸之言。

⑯戚言：面帶憂色的言辭。

⑰靜言：心平氣和時的言辭。

⑱縱舍：捨棄、放棄。

⑲先分不足：自己先天有所不足之處。

⑳窒非：責備他人的過錯。

【譯文】

《史記‧蘇秦列傳》：

「蘇秦兄弟三人，皆遊說諸侯以顯名，其術長於權變。」

　　「遊說」的人，就是為了說服別人；要能說服別人，就要給人以幫助。凡是經過修飾的言辭，都是為了蒙蔽對方；想要蒙蔽對方，就要讓他知道成敗利害關係。凡要進行應酬以及答對，必須掌握伶俐的外交辭令；凡是伶俐的外交辭令，都是不實在的言論。要樹立起信譽，就要光明正大；光明正大就是為了讓人檢驗覆核。凡是難以啟齒的話，都是反面的議論；凡是反面的議論，都是誘導對方祕密的說辭。說奸佞話的人，由於會諂媚，反而變成「忠厚」；說阿諛話的人，由於會吹噓，反而變成「智慧」。說平庸話的人，由於果決，反而變成了「勇敢」；說憂傷話的人，由於善權衡，反而變成「守信」。說平靜話的人，由於習慣逆向思考，反而變成「勝利」。為實現自己的意圖而應和他人欲望的，就是諂媚；用華麗的辭藻去奉承他人，就是吹噓；按照他的人喜好而進獻計謀的人，就是玩權術；即使有所犧牲也不動搖的，就是有決心；能揭示缺陷，敢於責難過失的就是敢反抗。

【延伸閱讀】

　　此文重在闡述遊說的各種語言技巧及判斷各種說辭的方法。「說者，說之也」就是透過表示自己的意圖來說服對方，而要說服對方沒有吸引力是不行的，那麼，怎麼才能讓自己的說辭具有吸引力呢？這就需要言辭中能讓別人覺得有「好處」可尋，有見識可長，或者有別人想要得到的利益，等等，只有

這樣，別人才會洗耳恭聽。

既然要遊說，就要掌握一定的技巧。要語言流暢，引人入勝，迎合對方的心理，就需要對表述的語言進行一定的修飾，讓語言變得有邏輯、有調理，這不僅能吸引別人的注意力，還能巧妙地隱蔽自己的意圖。

有人得罪齊景公，景公非常生氣，命人把他綁在大殿，準備處以分屍的極刑，並且說如果有人膽敢勸阻，一律格殺勿論。晏子（即晏嬰）左手抓著人犯的頭，右手拿著刀，抬頭問景公：「古時聖王明君肢解人犯時，不知先從人犯的哪個部位下刀？」景公立刻站起身說：「放了他吧，這是寡人的錯。」

晏嬰沒有直接勸諫齊景公，而是以一句「古時聖王明君肢解人犯時，不知先從人犯的哪個部位下刀」來進行旁敲側擊，隱喻齊景公要做一個有道明君。這種經過修飾的語言，不僅產生了勸諫的效果，而且又不傷君主的威嚴，晏嬰可算得上是一位高明的「語言專家」了。

其實，當今的推銷行業是和勸說之道分不開的，推銷無非是勸諫客戶接受自己的商品或服務。孔子說過：「言不順，則事不成」。在銷售行業中，如何與客戶有效地交談是一項很重要的商業技能，這就需要借鑑古代智者的勸諫之道。

名家名言

漢荀悅《漢紀》卷十：

「世有三遊，德之賊也：一曰遊俠，二曰遊說，三曰遊行……飾辯詞，設詐謀，以要時勢者，謂之遊說……凡此三遊之作，生於季世，周、秦之末尤甚焉。」

第二章　參調而應，利道而動

【原文】

故口者，機關也①，所以關閉情意也。耳目者，心之佐助②也，所以窺間奸邪③。故曰：「參④調而應，利道⑤而動。」故繁言而不亂，翱翔⑥而不迷，變易而不危者，觀要得理。

【注釋】

①口者，機關也：嘴好像是機器開關。

②耳目者，心之佐助也：耳目是幫助心分辨資訊的助手。

③奸邪：奸，惡；邪，不正。

④參：同「三」。指心、眼、耳三種器官。

⑤利道：有利的途徑。

⑥翱翔：翱是鳥在高空上下飛舞的姿勢，翔是鶤鷹等在高空中展翅劃圓飛舞的姿態。

【譯文】

人的嘴是關鍵，是可用來打開與關閉感情以及心意的。耳朵與眼睛是心靈的輔佐以及助手，是可用來偵察奸邪的器官。所以說：「只要心、眼、耳三者協調呼應，就能沿著有利的軌道運動。」所以使用一些繁瑣的語言也不可能發生混亂，自由馳騁地議論也不會迷失方向，改變議論主題也不會發生失利的危險。這就是因為看清了事物的要領，把握了事物的規律。

【延伸閱讀】

「故口者，機關也，所以關閉情意也。」「嘴」是關閉情意的機關，若自己不講，別人就無從知曉。在講的過程中既不

能曝露自己的內心世界，又要取得他人的信任，這就需要選擇恰當的時機，在揣測出他人內心世界的前提下，才能取得好的效果。

「耳目者，心之佐助也，所以窺間奸邪。」「耳」、「目」是心靈的輔助，是可用來偵察邪惡的器官。二者將所見所聞傳至大腦，再由大腦加以歸類分析，進一步發現事物變化的徵兆，並引導其變化朝著有利於自己的方向發展。同時存在於大腦中的資訊還能將事情發生前後的現象進行類比，對這些資訊的真實性進行驗證，得出哪些是真，哪些是假，此時，真真假假就顯得極為明朗。

在紛繁複雜的環境中，耳、目、口需要相互協調、各任其職，要有計劃、有步驟地完成各自的使命，時刻保持清醒的頭腦，擦亮自己的眼睛，才不至於擾亂方寸、迷失方向。

張儀是魏國人，曾經師從於鬼谷子，學習縱橫遊學。張儀學期滿後，回到魏國，因為家境貧寒，求事於魏惠王不得，遠去楚國，投奔在楚相國昭陽門下。

昭陽率兵大敗魏國，楚威王大喜，把國寶「和氏之璧」獎賞給了昭陽。一日，昭陽與其百餘名門客出遊，飲酒作樂之餘，昭陽得意地拿出「和氏之璧」給大家欣賞，傳來傳去，最後「和氏璧」竟不翼而飛。大家認為，張儀貧困，是他拿走了「和氏璧」。張儀原本沒拿，就是不承認，昭陽嚴刑逼供，張儀被打得遍體鱗傷，始終不承認，昭陽怕出人命，只得放了他。

楚相國昭陽有口、有耳，也有目，但他卻沒有讓三者做到相互協調、各任其職，在不進行絲毫調查的情況下，錯誤地將「和氏璧」的失蹤歸罪於貧困的張儀，而讓張儀飽受皮肉之苦。這是典型的不善於「參調而應」的表現。

有人做過一個實驗，就是把一隻青蛙放在裝有沸水的杯子裡，把另一隻青蛙放在一個溫水的杯中，並將這個杯子中的水慢慢加熱至沸騰。直接放在沸水中的青蛙馬上跳了出來，處於

溫水中的青蛙剛開始只是在水中享受溫水給自己帶來的舒適感而在杯中游來游去，等到它發現太熱時，已失去基本的彈跳力量而跳不出來了。

當我們讀到這個故事時，往往一笑了之，最多也不過是感慨那是一隻倒楣的青蛙。殊不知，在現實生活當中，類似的情況其實隨處可見。

兩年前大學畢業的程一飛過五關斬六將考入政府機關，有了一份穩定的工作。很快，為人處世機靈的他被一主管安排在辦公室工作。初入職場，程一飛兢兢業業，主管交代的事他總是提前完成，還常常會提出一些好的建議，主管也給予他積極的肯定。辦公室行政事務是很繁瑣的，其中一項任務便是陪主管做接待，吃飯喝酒是免不了的，大多數時候，程一飛需要替主管擋酒。

剛開始，程一飛跟主管走得很近，他還是比較高興的，可是漸漸地，他有些不喜歡這樣的工作了。「專業全部荒廢了，有一次，有個朋友問起一些業務問題，我竟然不知道怎樣作答。每天做的都是一些打雜的事，只要不出錯就行，哪來的積極性。」可是，說起跳槽，他又捨不得，畢竟工作穩定、福利好。程一飛左右為難，不知道未來的路該通往何方？

程一飛就像一隻溫水裡的青蛙，只看到了眼前的福利、待遇等，沒有想到以後可能出現的後果：倘若有一天失業了，應該何去何從？專業知識都已荒廢，只能重新再來。

在職場，不能只用眼看，要眼、耳、鼻、腦同時協調運行，這樣才能及時洞悉各種不利因素，做到未雨綢繆。相信沒有人願意做一隻被煮熟的青蛙，都希望自己能像第一隻青蛙一樣，當危機來臨的時候，能夠從容應對、處變不驚，讓自己在職場中始終立於不敗之地。

所以對於職場人士來說，必須具有強烈的危機感，形成一種危機應對策略，這種危機感是一種居安思危的前瞻，是一種步步為營的穩健處世風格，只有這樣才能更好地保障自身在企

名家名言

《素問・痿論》：

「陽明主潤宗筋，宗筋主束骨而利機關者也。」

《醒世恆言・喬太守亂點鴛鴦譜》：

「哪知孫寡婦已先參透機關，將個假貨送來。」

業的長久發展。

　　但是，僅有危機意識是不夠的，我們更應該在意識的基礎上做好預防——預防的目的在於讓我們更有前瞻性地發覺危機的蛛絲馬跡，要想準確把握危機的蛛絲馬跡，就必須做到「參調而應」，盡可能全面了解各種相關資訊。作為職場人士，除了做好本職工作之外，還必須對公司的各種經營、管理情況有一定的了解：如近期業務情況、媒體對公司的報導情況、高管變動、行業發展趨勢，等等，透過對這些情況的了解，能夠幫助職場人員從某些重大或細微的變化中，覺察出公司或自身職位可能遭遇的危機，從而提前做好準備。

　　人在職場，自然都希望自己能夠變得更加強大，這是人類本性的渴望與追求。這就需要我們「耳」、「目」、「口」三者相互協調，對身處的職場環境進行全面、系統的把握，唯有如此，方能讓自己在職場中立於不敗之地。

第三章　言有諱忌

【原文】

故無目者不可示以五色。無耳者，不可告以五音①。故不可以往者，無所開之也；不可以來者，無所受之也。物有不通者，故不事②也。古人有言曰：「口可以食，不可以言。」言有諱忌也；「眾口爍金③」，言有曲故也。

【注釋】

①五音：又叫「五聲」。古樂五聲音階的五個階名：宮、商、角、徵、羽。

②不事：不侍奉、不做。

③眾口鑠金：爍，同「鑠」，熔化。比喻流言蜚語作用之大。

名家名言

《戰國策·魏策一》：

「臣聞積羽沉舟，群輕折軸，眾口鑠金，故願大王之熟計之也。」

【譯文】

沒有視力的人，沒有辦法向他展示五彩顏色；沒有聽力的人，沒有辦法跟他講音樂上的感受。不該去的地方，是那裡沒有能開導的對象；不該來的地方，是因為這裡沒有可以接受你遊說的人。有些事情是行不通的，所以不要做這種事。古人有這樣的說法：「口可以用來吃飯，但不能用它講話。」因為說話容易犯忌。「眾人的口可以熔化金屬」，這是說凡是言論都有複雜的背景以及深厚的原因。

【延伸閱讀】

「口可以食，不可以言。」言有諱忌也，古人認為：口可以用來吃飯，但不能用它講話，這是因為語言中存在許多別

人忌諱的東西，言多必失。對看不明白者不能強迫其看；聽不明白者，不能強行讓其聽。不同意你的觀點的人，不要貿然說服，沒有開竅的地方更加不可前去遊說。把握適當的時機，選取合適的地方，才不至於讓自己陷入被動的境地。

　　在古代，君主自稱是天子，是九五之尊，所以和君主說話，必須格外小心，尤其不能提及君主有所忌諱的事情，否則就可能招致殺身之禍。

　　朱元璋是明朝的開國皇帝，他出身貧寒，早年當過和尚，後來登位做了皇帝，他便忌諱人家再提這件事。結果很多人竟因無意中觸到明太祖當和尚的「隱私」，而遭受橫禍。

　　文人李仕魯，因諫太祖惑於僧言，朱元璋便命武士把他摔死於階下。朝臣陶凱，因為取了一個別號「耐久道人」，所以犯忌被殺。杭州教授徐一夔，上賀表拍朱元璋的馬屁，文中有「光天之下，天生聖人，為世作則」等語，朱元璋看了大怒說：「生者僧也，譏我嘗為僧也，光者薙髮也，則字音近賊也，」徐一夔遂被殺。僧人來復謝恩詩中說：「殊域及自慚，無德頌陶唐。」朱元璋看了後說道：「汝用殊字是謂我為歹朱也，又言無德頌陶唐，是謂我無德雖欲以陶唐頌我而不能也。」遂被斬。外戚郭德成是太祖寧妃的哥哥，是朱元璋的妻舅。有一天他與朱元璋同飲，酒醉後揭去帽子給太祖叩頭。因為郭德成的頭頂已沒頭髮，朱元璋便取笑他說：「醉漢頭髮禿到這樣，莫不是酒喝多了？」郭德成正在酒興上，便也開玩笑地回答：「就這樣還嫌多呢！剃光了才痛快。」朱元璋聽了，臉上不悅，不再說話。第二天郭德成酒醒，知道不妙，可是無法挽回，只好索性真的剃光了頭，假裝發瘋，這才僥倖免禍。

　　說話是一門大學問。談別人的忌諱是說話的最大忌諱，不僅和君王說話如此，和任何人說話都是如此。尤其是身處職場的職場人士，更要注意說話的禁忌。

《勸交代張和父酒》：

「三人成虎事多有，眾口鑠金君自寬。」

《國語·周語下》：

「眾心成城，眾口鑠金。」

魯迅《三閒集·述香港恭祝聖誕》：

群言淆亂，異說爭鳴；眾口鑠金，積非成是。

第四章　從其所長，避其所短

【原文】

　　人之情，出言則欲聽，舉事①則欲成。是故智者不用其所短，而用愚人之所長；不用其所拙，而用愚人之所巧，故不困也。言其有利者，從其所長也；言其有害者，避其所短也。故介蟲②之捍也，必以堅厚。螫蟲之動也，必以毒螫。故禽獸知用其所長，而談者知用其用也。

屈原《卜居》：
「夫尺有所短，寸有所長，物有所不足。智有所不明，數有所不逮，神有所不通。」

【注釋】

　　①舉事：做事情。
　　②介蟲：介，甲或盔甲。介蟲是帶有甲殼的昆蟲。

【譯文】

　　一般人的常情是，說話就希望別人聽從，做事情就希望成功。所以聰明的人不用自己的短處，而願意用愚人的長處；不用自己笨拙，而願意用愚人的技巧，因此才不至陷於困境。說到別人有利的地方，就要順從他的所長；說到別人的短處，就要避他的所短。甲蟲自衛時，一定是依靠堅硬以及厚實的甲殼。螫蟲的攻擊，一定會用它的毒針去螫對手。所以說，連禽獸都知道用其所長，遊說者也應該知道運用其所該運用的一切手段。

【延伸閱讀】

　　「出言則欲聽，舉事則欲成。」常人都希望別人能夠聽從自己所說的話，更希望所辦的事情能夠一舉成功。然而一個人各方面的才能及優勢不可能面面俱到，因此往往說之容易行之

難。

「尺有所短，寸有所長」、「人外有人，天外有天」。聖人之所以成功的原因並不在於其自身的能力有多高，只因他們善於聚集擁有不同才能之人，集合並發揮各方人才的優勢，做到取長補短；而真正具有大智大慧的人也懂得如何去利用他人的長處來彌補自身短處的不足。

楚國有一位名叫子發的將領，他對擁有一技之長的人非常留意，並善於利用這些人的長處來為自己服務。

楚國一位擅長偷竊的人聽說了此事，便前去投靠子發。小偷對子發說：「聽說您願意重用擁有才能之人，我雖只是個小偷，以前不務正業，如果您能收留我，我願為您當差，以我的技藝為您效勞。」

子發聽了小偷的話，又見他滿臉誠意，很是高興，連忙從座位上起身，對小偷以禮相待，竟連腰帶也顧不上繫緊，帽子也來不及戴端正。小偷見子發如此真心，十分受寵若驚。

子發手下的官員、侍從們見狀，紛紛勸諫說：「小偷是天下的盜賊，為人們所不齒，您怎麼對他如此尊重？」

子發擺擺手道說：「你們一時難以理解情有可原，我之所以這樣做必有其原因，日後你們就會明白的。」

適逢齊國興兵攻打楚國，楚王派子發率軍隊前去迎戰齊兵。結果，連續交鋒三次，楚軍都以敗陣收尾。

軍帳內，子發召集大小將領共同商議擊退齊兵的策略，將領們反覆思量，想了好多計策，個個顯得忠誠無比，可是對擊退齊兵之事仍然一籌莫展，而齊兵卻顯得愈戰愈勇。

那個小偷見目前的形勢急劇緊張，便來到帳前求見，主動請纓。小偷說：「我有辦法擊退齊兵，請容我一試。」子發同意了。

夜間，小偷悄悄溜進齊軍營內，神不知鬼不覺地將齊將首領的帷帳偷了出來，回到楚營交給子發。之後子發派了一名使者將帷帳送還齊營，並對齊軍說：「我們有一個士兵出去砍

《孟子·滕文公上》：

「今滕絕長補短，將五十里也，猶可以為善國。」

戴復古〈寄興〉：

「黃金無足色，白璧有微瑕。求人不求備，妾願老君家。」

柴，得到了將軍的帷帳，現特前來送還。」齊兵面面相覷，目瞪口呆。

第二天，小偷又潛進齊營，偷出齊軍首領的枕頭。子發又派人將之送還。

第三天，小偷再次進了齊營，偷出齊軍首領的頭髮簪子。子發第三次派人將簪子送還，這一回，齊軍首領驚恐萬分，不知所措。齊軍營中更是議論紛紛，各級將領大為驚駭。於是，齊軍首領只得召集軍中將士們商議對策。首領對眾將士說：「如果今天再不退兵，楚軍下次來取的恐怕就是我的頭了！」將士們無言以對，首領立即下令撤軍。

齊軍終於退兵而走。楚軍營內對那個立功的小偷大大嘉獎，眾將士更是對子發的用人之道佩服得五體投地。

小偷原本為眾人所不齒，應該繩之以法，倘若能夠改邪歸正，將自身的長處用到可行之處，必能成就一番事業。正是楚將子發的寬宏大量，小偷對此感動不已，並發揮自己的一技之長擊退了齊軍，立下了大功。子發的善於用人，取長補短，贏得了眾將士的稱讚，這正是「從其所長，避其所短」的展現。

同樣，在現實生活中我們也需懂得取長補短的道理。面對困難，在智者面前不要謙卑，更不要妒忌，要透過對他人長處的學習來彌補自己的短處，揚他人之長，避自己之短，這樣才能讓自己不斷成長、不斷進步。對於自己的才能也不要過分驕傲，要清楚「人外有人，天外有天」、「一山更比一山高」的道理，人生有限，學海無涯，只有不斷學習進取，適時揚長避短，才能在激烈的競爭中站穩腳跟，使自己立於不敗之地。

名家名言

《呂氏春秋·用眾》：

「物固莫不有長；莫不有短；人亦然。故善學者假人之長以補其短。」

第五章　辭貴奇

【原文】

　　故曰：「辭言五，曰病、曰恐、曰憂、曰怒、曰喜。」病者，感衰氣而不神也；恐者，腸絕而無主也；憂者，閉塞而不泄也；怒者，妄動而不治也；喜者，宣散而無要也。此五者，精則用之，利則行之。故與智者言，依於博①；與博者言，依於辨；與辨②者言，依於要③；與貴者言，依於勢；與富者言，依於豪④；與貧者言，依於利；與賤者言，依於謙；與勇者言，依於敢⑤；與愚者言，依於銳。此其術也，而人常反之。是故與智者言，將此以明之；與不智者言，將此以教之；而甚難為也。故言多類，事多變，故終日言，不失其類，故事不亂。終日不變，而不失其主，故智貴不妄。聽貴聰，智貴明，辭貴奇⑥。

【注釋】

　　①博：博學多聞。

　　②辨：辨，同「辯」。辯論，雄辯。

　　③要：扼要。

　　④豪：立足點高。

　　⑤敢：勇猛的氣概。

　　⑥聽貴聰……辭貴奇：聰，聽覺靈敏；明，明白，清楚；辭，言辭；奇，出人意料，變幻莫測。

【譯文】

　　因此，遊說辭令有五種，即病、恐、憂、怒、喜。病，是指底氣不足，沒有精神；恐，是指極度傷心，沒有主意；憂，是指閉塞壓抑，無法宣洩；怒，是指狂躁妄動，不能自制；

喜，是指任意發揮，沒有重點。以上五種遊說辭令，精通之後就可以運用，對自己有利時就可以實行。因此和聰明的人談話，就要依靠廣博的知識；和知識廣博的人談話，就要依靠善於雄辯；和善辯的人談話要依靠簡明扼要；和地位顯赫的人談話，就要依靠宏大的氣勢；和富有的人談話，就要依靠高屋建瓴；和貧窮的人談話，就要以利益相誘惑；和卑賤的人談話，要依靠謙敬；和勇猛的人談話，要依靠果敢；和愚昧的人談話，要依靠敏銳。所有這些都是遊說的方法；而人們的作為經常和此相反。和聰明的人談話就要讓他明白這些方法；和不聰明的人談話，就要把這些方法教給他；而這樣做是很困難的。所以遊說辭令有許多類，所說之事又隨時變化，如果整天遊說，能不脫離原則，事情就不出亂子。如果一天從早到晚不變更方向，就不會違背宗旨，所以最重要的是不妄加評論。對於聽覺來說，最寶貴的是清楚；對於思維來說，最寶貴的是是非分明；對於言辭來說，最寶貴的是出奇致勝。

名家名言

《史記·屈原賈生列傳》：

「明於治亂，嫻於辭令。」

【 延伸閱讀 】

　　文中闡述了辭令的五種情態以及各自不同場合的用法。

　　與智者交談時，要展現出自己的博學，不能讓對方瞧不起，要讓對方明白自己同樣也是智者；與博學者交談時，要展現出自己能言善辯，不能讓對方覺得自己是個淺薄之人，要讓其感覺自己的水準不在對方之下；與善辯者交談，要表現出相應的邏輯與條理，不要讓對方感覺自己不擇要領、毫無邏輯，要讓對方感覺自己是同樣的才思敏捷；與地位顯赫的人交談時，要表現得器宇軒昂、風度高雅，不要讓對方覺得自己低人一等，要讓對方感覺自己同樣有與之媲美的氣質；與貧困或者卑賤的人交談時，不要讓對方感覺自己氣勢壓人、高人一等，要讓對方感覺自己和藹可親、平易近人；在勇敢者面前要展現出自己的出機智果敢，讓對方感覺自己同樣是一個很有魄力的人。

晏子（晏嬰）出使楚國。楚國君臣在獲悉晏子身材矮小之後，便在大門的旁邊開了一道小門請晏子進去。晏子站在門外不進去，說：「只有那些出使到狗國的人才從狗洞進去，如今我出使到楚國來，就不應該從這個狗洞進去。」無奈，迎接賓客的人只好帶晏子改從大門進去。

晏子拜見楚王。楚王說：「齊國怎麼派你來呢，難道齊國無人可派了嗎？」晏子回答說：「齊國的都城臨淄有七千五百戶人家，只要一起張開袖子，天就能陰暗下來；一起揮灑汗水，就會匯成大雨；街上行人肩膀靠著肩膀，腳尖碰腳後跟，怎麼能說沒有人呢？」楚王說：「既然這樣，為何要派遣你來呢？」晏子回答說：「齊國派遣使臣，是根據不同的對象、不同的情況來派遣的，賢能的人被派至賢能的國家去，無賢能的人被派至無賢能的國家去。我晏嬰是最沒有才能的人，所以只能出使到楚國來了。」

在晏子來到楚國之前、楚王剛聽到晏子將要出使楚國的消息時，就曾對手下的人說：「晏嬰是齊國非常善於辭令的人，如今要來我國，我想羞辱他一番，大家說應該怎樣做才好呢？」手下的人回答說：「當他來到時，請允許我們捆綁一個人，從大王面前走過。這時大王就問：「他是什麼人？」我們就回答說：「是齊國人。」大王接著問：「他犯了什麼罪，為什麼要綁著他呢？」我們就回答說：「他犯了偷竊的罪。」」楚王當時表示同意。

楚王兩次碰壁後，便請晏子喝酒。正喝得起興時，兩個小吏綁著一個人經過楚王面前。楚王問：「綁著的是什麼人？」小吏回答說：「是齊國人。」「他犯了什麼罪？為什麼要綁著他呢？」小吏回答說：「他犯了偷竊的罪。」楚王瞟著正在喝酒的晏子，說道：「難道齊國人生性就喜歡偷竊嗎？」晏子起身離開座位，鄭重地回答說：「我聽說過這樣一件事，橘子生長在淮南是橘子，生長在淮北就變為枳子了，只是葉子的形狀相似，它們果實的味道完全不同。這樣的原因是什麼呢？是水

土不同。現在百姓生活在齊國不偷竊，來到楚國就偷竊，莫非是楚國的水土使百姓喜歡偷竊嗎？」楚王笑著說：「聖人不是能同他開玩笑的，我反而自討沒趣了。」

晏子使楚的故事充分展現了他的機智敏捷、能言善辯的才能，同時也表現了他熱愛國家、維護國家尊嚴的可貴品行。透過這個故事，我們應該懂得：人不可貌相，海水不可斗量。不能小看他人，更不能自高自大。在日常的人際交往中，辭令的五種情態隨處可見，如果我們能夠恰當地利用它們各自不同的性質，採取不同的策略加以應對，對症下藥，事情的成功就變得容易多了。

一天，孔子一行人來到一個村莊，在樹蔭下休息，正準備拿出食物填飽肚子時，不料，孔子的馬掙脫了韁繩，跑到莊稼地裡吃人家的麥苗去了。農夫見狀，幾步上前就抓住馬嚼子，強行將馬扣了下來了。

子貢是孔子的得意門生，一貫能言善辯。他憑著自己不凡的口才，自告奮勇地上前去，企圖說服扣馬的農夫，爭取和解。可是，子貢說話文謅謅，滿口之乎者也，大道理更是講了一串又一串，儘管費盡口舌，可是農夫根本就聽不進去。

有一位剛剛跟隨孔子不久的新學生，論學識、才能遠不及子貢。當他看到子貢與農夫僵持不下的情景時，便對孔子說：「老師，請讓我去試試看。」

於是他走到農夫面前，笑著對農夫說：「你並不是在遙遠的東海種田，我們也不是在遙遠的西海耕地，我們彼此靠得很近，相隔不遠，我的馬怎麼可能不吃你的莊稼呢？再說了，說不定哪天你的牛也會跑到我的莊稼地裡吃掉我的莊稼哩，你說是不是？我們該彼此諒解才是。」

農夫聽了這番話，覺得很有道理，於是就將馬還給了孔子。旁邊幾個農夫也互相議論說：「像這樣說話才算有口才，哪像剛才那個人，說話真是不中聽。」

「是故與智者言，將此以明之；與不智者言，將此以教

名家名言

《左傳‧襄公三十一年》：

「公孫揮能知四國之為，而辨於其大夫之族姓、班位、貴賤、能否，而又善為辭令。」

之」，這則故事就是要告訴我們，說話交談必須看對象、認場合，否則，即使你再能言善辯，別人也不會買你的賬。

　　能言善辯並不等於油嘴滑舌，在這個飛速發展的社會裡，人不可能孤立群體而存於某地，這時人際交往成了一種必然性，語言就成了不可或缺的交際工具。要引起雙方的共鳴，拉近彼此之間的距離，能言善辯的素質就顯得尤為重要。在現實生活中，一個能言善辯、隨機應變、善於辭令的人，不僅可以獲得他人的尊重，更有助於不斷提高自身的價值。

第六章　量權

【原文】

　　古之善用①天下者，必量天下②之權，而揣諸侯之情。量權③不審，不知強弱輕重之稱④；揣情不審，不知隱匿變化之動靜。何謂量權？曰：「度於大小，謀於眾寡。稱貨財有無之數，料人民多少、饒乏，有餘不足幾何？辨地形之險易孰利孰害？謀慮孰長孰短？君臣之親疏，孰賢孰不肖？與賓客之知睿孰少孰多？觀天時⑤之禍福孰吉孰凶？諸侯之親孰用孰不用？百姓之心去就變化，孰安孰危？孰好孰憎？反側孰便孰知？」如此者，是謂量權。

【注釋】

　　①善用：善於使用，這裡指善於統治。

　　②天下：古人以為地在天的下方，故稱地為天下。

　　③量權：度量、權衡。

　　④稱：又作「秤」，天平。

　　⑤天時：天賜的時機。

【譯文】

　　古代善於統治天下的人，必然首先衡量天下各種力量的輕重，揣摩諸侯的實情。如果不認真分析天下的真實權能，就不可能了解諸侯力量的強弱虛實；如果揣測諸侯的實情不夠全面，就不可能掌握事物隱密變化的徵兆。什麼是「量權」？答案是：「測量尺寸大小，謀劃數量多少。稱驗財貨有無，估量人口多少、貧富，什麼有餘什麼不足以及達到了什麼樣的程度？分辨地形險易，哪裡有利，哪裡有害？判斷各方的謀慮誰長誰短？分析君臣親疏關係，誰賢誰奸？考核謀士的智慧，誰多誰少？觀察天時的吉凶，什麼時候吉、什麼時候凶？比較與諸侯之間的聯繫，誰可以利用、誰不可以利用？檢測民心離叛或親附的變化，哪裡安

定哪裡危險，愛好什麼憎惡什麼？預測反叛事，在哪裡最容易發生，哪些人能知道內情？」能夠做到前面敘述的這些，就是所謂的「量權」。

《論語・堯曰》：

「謹權量，審法度。」

【延伸閱讀】

善於掌控天下的人，都會事先衡量各自的力量懸殊，掌握諸侯各國的真實情況，同時還會在獲悉諸侯國真實情況時進一步審視其變化的情況，以便掌握一些隱密的事態變化，從而判斷出表面現象中的內在本質。

「量權不審，不知強弱輕重之稱；揣情不審，不知隱匿變化之動靜。」如果不對各諸侯國的權能進行分析，就無從獲悉各自力量的懸殊情況；分析了但卻不全面，就不能知曉事物隱密變化的徵兆。此時，「量權」有著不可估算的作用。

《三國演義》中說，曹軍中有個名叫蔣幹的人，與東吳都督周瑜是舊交，於是向曹操請求去東吳刺探軍情。蔣幹來到吳營，周瑜察知其來意，便偽造了一封曹操水軍統帥蔡瑁、張允的投降信，信中聲言：「不久我等將獻上曹操的腦袋。」蔣幹當即偷了這封假信，不辭而去。曹操見信，極為憤怒，竟然在毫無查證的情況下將蔡瑁、張允處死。

曹軍大多為北方人，不慣乘船，渡江中戰船搖晃不定，不少將士也因此得了病，而熟知水戰的蔡瑁、張允一死，則更難訓練水師了，後來曹操才察覺到這正是中了周瑜的反間計，後悔莫及，悲痛不已。

周瑜又派龐統假意暗投曹操。龐統向曹操「獻計」道：「把戰船每30艘至50艘用鐵環連鎖成排，如此一來，不慣乘船的北方士兵就不怕水上顛簸了。」而曹操覺得，假如敵人採取火攻，那就無法躲避了。龐統說：「用火攻須憑藉風力，現在正是嚴冬臘月，就算颳起風來，十之八九也是西北風，而我們在北岸，東吳在南岸，他們用火攻，豈不是自己燒自己嗎？」曹操中了龐統的連環計，將戰船用鐵鎖聯結起來。但由於沒有

內應，孫權、劉備聯軍便無法接近曹操的船隻放火。

　　一天，周瑜召集將士們，讓其準備三個月的糧草，一定要將曹軍打回去。老將黃蓋勸告周瑜還是歸順朝廷，周瑜不理，於是兩人爭吵了起來。周瑜氣得喝令將黃蓋推出去斬了！將士們苦苦央求，請求從輕處罰，周瑜便吩咐將士將黃蓋重打五十軍棍，打得他皮開肉綻，鮮血迸流，當場昏死過去。

　　第二天，黃蓋派心腹送信給曹操，說他受不了周瑜的氣，準備投降曹操。曹操存有疑慮，於是派人前去打探，聽說黃蓋的確被周瑜打得死去活來，便等著他來投降。過了五六天，黃蓋又去一信，說：「周瑜防備嚴密，一時脫不了身。這幾天將有運糧船到，江面由我巡查，到時候船上插著青龍旗的就是糧船，也就是投歸朝廷的船。」曹操聞之大喜，但他哪裡知道，自己已中了黃蓋的「苦肉計」。

　　黃蓋騙取曹操的信任後，準備了幾十艘大船，船上裝滿了乾草、蘆葦，灌飽了膏油，上面蓋著油布，船頭插著青龍旗。一切佈置停當，請周瑜檢查。那天正颳著大風，水花直打到岸上來。周瑜看著看著，突然頭暈眼花，差點倒下。回到營裡，就病倒了。

　　在東吳遊說孫、劉聯盟的諸葛亮這時前來探視周瑜，說：「我有藥方，可以給您順一順氣。」說完寫了十六個字：「欲破曹公，宜用火攻：萬事俱備，只欠東風。」

　　周瑜說：「既然你知道我的病源，那麼該怎麼治，還請賜教！」

　　諸葛亮說他有借風的法術，便叫人搭起法壇，故弄玄虛，祭天借風。其實諸葛亮精通天文，哪裡懂得什麼法術，舊說「冬至一陽生」，此時陽氣初動，會颳東南風。果然，到了冬至那天，就颳起東南風來了。黃蓋於是又去了一封信給曹操，約定當晚帶幾十艘糧船到北營投降。晚上黃蓋率一隊快船直撲曹營。曹操正端坐帥船靜候佳音，忽聽一聲鑼響，水面上霎時出現十幾條火龍，「連環船」不能躲避，燒成一片火海。孫、

劉大軍乘機全線出擊，打垮了曹操的幾十萬大軍。曹操帶了一些殘兵敗將落荒而逃。

周瑜和諸葛亮用一把火燒掉曹操一統天下的野心，其致勝的關鍵就在於其準確「量權」，這正是符合了鬼谷子說的「古之善用天下者，必量天下之權，而揣諸侯之情」。不僅在古代的用兵之道中講究量權，在現實生活中也應該重視量權的重要作用。當你需要為某事進行抉擇時，一定要避免情緒化，不驕不躁，對事情進行深入地思考和衡量，以免造成不必要的損失。

作為一名領導者，在外交活動中不僅要對自己嚴格要求，更重要的是能夠對周圍的人進行考察，檢驗他的智慧謀略，考核他的辦事效率，並對他的品行、才能及優、缺點進行比較，最後將其分類，誰賢誰奸、誰智誰愚、誰勇誰懦等便清晰明瞭，成功也就指日可待了。

第十篇

謀術

第一章　奇不知其所擁，始於古之所從

【原文】

　　為人凡謀①有道，必得其所因，以求其情②。審得其情，乃立三儀③。三儀者曰上、曰中、曰下，參以立焉，以生奇④。奇不知其所擁，始於古之所從⑤。故鄭人之取玉也，必載司南之車⑥，為其不惑也。夫度材、量能、揣情者，亦事之司南也。故同情而俱相親者，其俱成者也。同欲而相疏者，其偏成者也；同惡而相親者，其俱害者也；同惡而相疏者，其偏害者也⑦。故相益則親，相損則疏，其數行也⑧。此所以察同異之分，其類⑨一也。故牆壞於其隙，木毀於其節，斯蓋其分也。故變生事，事生謀、謀生計、計生議、議生說、說生進、進生退、退生制，因以制於事。故百事一道，而百度一數⑩也。

【注釋】

　　①謀：策劃。這裡主要指謀劃說服人的策略。

　　②得其所因，以求其情：因，依靠，憑藉；情，實情，情形。要調查對方的心理狀態，就要掌握這個人的本性。

　　③三儀：指天、地、人，天在上，地在下，人居中。借用天、地、人三儀，指上智、中才，下愚。

　　④參以立焉，以生奇：三儀互相滲透，就可謀劃出卓越的策略。

　　⑤始於古之所從：自古以來就人人遵行。

　　⑥司南之車：中國古代發明的一種裝有磁石的車。常指南方，以此為基準作行軍時的嚮導。

　　⑦同惡而相疏者，其偏害者也：假如二人有同樣惡習，而關係疏遠，只能是單方受害。

⑧故相益則親，……其數行也：相益，互相有利；相損，互相損害；數，法則，道理。

⑨察同異之分，其類一也：根據這個來判斷異同，道理是一樣的。

⑩一數：一定的數。

【譯文】

凡是籌劃計謀的人都要遵循一定的法則，一定要弄清緣由，以便推測出事情的真實情況。透過研究事情的原委，來確定「三儀」。「三儀」就是上、中、下。三者互相滲透，就可以從中悟出出奇制勝的辦法，而奇計是所向無敵的，從古到今都是如此。所以鄭國人入山採玉時，都要帶著指南針，是為了不迷失方向。忖度才能、估量能力、揣度情理，也可以借鑑指南針。所以凡是欲望相同而又互相親密的人，可以相互學習，共同成功；凡是欲望相同而關係疏遠的，必然有一部分人受到傷害；凡是惡習相同而關係又密切的，因為目標相同必然一起受害；凡是惡習相同而關係疏遠的，一定是部分人會受到損害。所以，如果能互相帶來利益，就可以和睦相處；如果相互牽連地造成損害，就會疏遠關係。這都是有定數的事情，也是所以要考察異同的原因，凡是這類事情都是一樣的道理。所以，牆壁通常因為有裂縫才倒塌，樹木通常因為有節疤而折毀，這都是理所當然的。因此，事情變化的產生都由於事物自身的漸變引起的，而事物又生於謀略，謀略生於計劃，計劃生於議論，議論生於遊說，遊說生於進取，進取生於退卻，退卻生於控制，事物由此得以控制。可見各種事物的道理是一致的，不論反覆多少次也都是有定數的。

名家名言

《禮記·緇衣》：

「無以小謀敗大作。」

【延伸閱讀】

「凡謀有道，必得其所因，以求其情。審得其情，乃立三儀。」意思是說凡是籌劃計謀都要遵循一定的法則。一定找對

事情的突破口，以便推測出事情的真實情況。在制訂謀略時，要洞悉事情發生及發展的原委，制訂出三種謀略方案，然後根據「一切從實際出發」、「具體情況具體分析」的原則來確定最切實可行的應變對策，想出出奇致勝的絕招。

萬事萬物有因必有果，制訂謀略就需以事物變化的起因為依據來制訂。任何謀略都由計策組合而成。計策中可分為「三儀」：「上策」、「中策」和「下策」。如果事情對彼此都有利，就可以和睦相處；對彼此不利，就會疏遠。這是一個普遍存在的規律，也是觀察異同的辦法，如果我們能夠充分利用他們之間的微妙關係，那麼制訂出奇制勝的策略將不再是難事。

齊湣王是個驕傲且貪圖享樂的人，他統領的百姓的生活苦不堪言。於是作為齊國鄰居的燕國便派大將聯合另外幾個國家一同進攻齊國。齊國百姓對齊湣王痛恨極了，因此在敵軍面前，齊國的士兵根本無心抗敵，士氣也非常低落，結果齊國大敗。但是齊國百姓看到燕兵姦淫擄掠，想到國仇家恨，心裡非常難過，於是逃往莒城和即墨，誓死抵抗。

燕軍攻打多年，一直未將莒城攻下，只好轉攻即墨城。即墨城中的守軍得知大將田單是位足智多謀的勇士，也很善於謀略，於是齊國的百姓、士兵就將其推舉為守城的大將軍。聰明的田單想出了一個叫「火牛陣」的新計謀，他先叫城內的商人拿著金銀珠寶偷偷送到燕軍將領手中，並且讓商人假裝投降，說：「即墨城的守軍兵力不足，即將投降，這些珠寶獻給你們，請求大人您入城之後莫殺我們！」燕軍一聽，以為即墨城裡已經準備投降，高興之餘便放鬆了警戒。

這時田單從城裡集齊一千多頭牛，並且將牛都披上五彩龍紋衣，雙角綁尖刀，尾巴上綁草。正當黑夜來臨時，只見他一聲令下，士兵們立即點燃牛尾巴上的草，牛被火燙到之後，就拚命往前跑，衝入燕軍駐地。燕軍從睡夢中驚醒，看到這一大群五彩怪獸，嚇得驚惶失措，四處亂逃，不是死於牛腳之下，就是葬於亂箭之中。之後田單又乘勝追擊，最後收復了被燕軍

佔領的七十多個城邑。

　　大將田單採取「火牛陣」這樣的奇計來打敗敵人，真可謂出奇制勝。在社交場合中，說錯話做錯事的情況無處不在，如果要避免當眾被糾正使自己陷入極為難堪的局面。此時則不妨考慮一下，能否來個將錯就錯，出奇制勝，擺脫窘境。

　　有一次，張作霖出席名流雅席。席間，有幾個日本浪人突然聲稱：「久聞張大帥文武雙全，請即席賞幅字畫。」張作霖明知這是故意刁難，但在大庭廣眾之下，盛情難卻，就滿口應允，吩咐筆墨侍候。只見他瀟灑地踱到桌前，在鋪好的宣紙上大筆一揮寫了個「虎」字，然後得意地落款：「張作霖手黑」，蓋上朱印，躊躇滿志地擲筆而起。那幾個日本浪人，丈二和尚摸不著頭腦，面面相覷。機敏的隨侍祕書一眼發現了紕漏，「手墨」意為親手書寫的文字，怎麼成了「手黑」？他連忙貼近張作霖耳邊低語：「您寫的『墨』下面少了個『土』，『手墨』變成了『手黑』。」張作霖一瞧，不由得一愣，怎麼把「墨」寫成「黑」啦，如果當場更正，豈不大煞風景。他眉梢一動，計上心來，故意訓斥祕書道：「我還不曉得這『墨』字下邊有個『土』，因為這是日本人最想要的東西，我這叫寸土不讓。」

　　張作霖並沒有因為自己的失誤而心慌，而是面對現實，冷靜思考，根據具體情況靈活應變，不僅讓自己擺脫了尷尬，還給了日本浪人一個重重地反擊。

　　在日益激烈的競爭環境中，一個人能否出奇制勝，在很大程度上能決定其成敗。如果你想在風雲變幻的商業大潮中創出自己的一片天地，就必須學會出奇制勝、逆向思考。

《韓非子·存韓》：
「辯說屬辭，飾非詐謀。」

《論語·衛靈公》：
「君子謀道不謀食。」

第二章　三才

【原文】

　　夫仁人輕貨①，不可誘以利，可使出費；勇士輕難，不可懼以患，可使據危；智者達於數、明於理，不可欺以誠，可示以道理，可使立功。是三才②也。故愚者易蔽也，不肖者易懼也，貪者易誘也，是因事而裁之③。故為強者，積於弱也；為直者，積於曲；有餘者，積於不足也。此其道術行也。

【注釋】

　　①夫仁人輕貨：有德行的人輕視財貨。
　　②三才：指仁人、勇士、智者三種人才。
　　③因事而裁之：根據具體情況做出判斷和進行巧妙的裁奪。

【譯文】

　　那些仁人志士必然輕視錢財，所以不能用金錢來誘惑他們，反而可以讓他們捐出資財；勇敢的壯士自然會輕視危難，所以不能以威脅來恐嚇他們，反而可以讓他們鎮守危地；一個有智慧的人，通達禮教，明於事理，不可假裝誠信去欺騙他們，反而可以給他們講清事理，讓他們建功立業。這就是所謂仁人、勇士、智者的「三才」。因此說，愚蠢的人容易被蒙蔽，不誠實的人容易被恐嚇，貪圖便宜的人容易被誘惑，所有這些都要根據不同的情況採取不同的措施。所以強大是由微弱累積而成；直壯是由彎曲糾正而成；有餘是由不足累積而成。這就是因為「道數」得到了實行。

【延伸閱讀】

　　世界上有三種人才，即：「仁者、勇士、智者」。仁者重視理想與信念，輕視財富與地位，即使是最具誘惑的利益擺在他們面前，他們也

不為所動；勇士有著百折不撓的信念和堅忍不拔的意志，不會輕易被外來的壓力和威脅所恐嚇，即使是最具危險的事情他們也能如期完成；智者有著極強的邏輯思考，他們甚至一眼就能看穿一切不誠信的欺騙手段，如果對其曉以大義，必能立下蓋世奇功。

　　卜式以耕田畜牧為業。他有一個年幼的弟弟，在弟弟長大成人時，卜式就從家裡搬了出來，只要了家中畜養的一百多頭羊，田宅房屋等全留給了弟弟。卜式進山牧羊，十多年過後，羊數達到一千多頭，於是他便給自己買了一套宅舍和相應的田地。而他的弟弟因出手大方又不務正業，最終將家中財產用得一乾二淨，宅心仁厚的卜式多次把自己的家產分給弟弟。

　　當時漢朝正在征伐匈奴，卜式上書，說願意捐獻一半家產資助邊防。漢武帝派使者問卜式：「你這麼做是想做官嗎？」卜式說：「我從小放羊，不熟悉做官的事，不想做官。」使者問道：「莫非是家中有冤屈，想要申訴冤情？」卜式說：「我生來與人無爭，同鄉的人中貧窮的，我救濟他；品行不好的，我勸導他；我所住的地方，人們都聽從我卜式，我怎麼會被人冤屈！皇上討伐匈奴，我認為賢能的人應該效死以保其節義，有錢財的人應該捐獻錢財，這樣，匈奴就可以消滅了。」

　　使者把他的話報告給了漢武帝。漢武帝又把卜式的話告訴丞相公孫弘。丞相說：「這不是人之常情。這種不守法度的人，不可以作為教化的榜樣而擾亂正常的法規，希望陛下不要答應他的請求。」於是卜式的上書因此擱置，過了幾年，才將他打發回去。卜式回到家中，依舊耕田、放牧。

　　過了一年多，匈奴渾邪王等人前來投降，朝廷因此花費很大，倉廩府庫很快就空了，貧民大量遷徙，大都靠著朝廷給養，而朝廷已經沒有能力來全部供養了。這時卜式又出資二十萬給河南太守，用來接濟那些遷徙的百姓。河南太守上報富人助濟貧人的名冊，漢武帝看到卜式的姓名時，說道：「這原是以前想要捐獻一半家產資助邊防的那個人。」當時，富豪（為

《周易·繫辭下》：

「有天道焉，有人道焉，有地道焉，兼三才而兩之。」

了逃稅）爭相隱匿家產，唯有卜式想要資助邊防費用。漢武帝認為卜式是一位性情仁厚之人，於是要求召見卜式並將他封官為中郎，賜爵為左庶長，田十頃，並佈告天下，使他尊貴顯榮，用來教化百姓。

起初，卜式不願做郎官。漢武帝說：「我有羊在上林苑中，想讓你去牧養牠們。」卜式這才答應。一年多後，羊不僅長得肥壯，而且大量繁殖。漢武帝路過他的放羊之處時，對他大加稱讚。卜式說：「讓牠們按時起居，兇惡的羊就立即除掉，不讓一隻羊危害一群羊。其實不僅放羊如此，治理百姓也是同樣的道理。」他的話讓漢武帝為之一驚，產生了想讓他治理百姓的念頭。於是封他為緱氏縣令，任職期間，緱氏人都安於他的治理。隨後又將他調為成皋縣令，然而他辦理漕運的政績也是最好的。皇上認為卜式為人樸實忠厚，於是封他做齊王太傅，後來又封為丞相。

適逢南越丞相呂嘉反漢，卜式上書說：「我父子願意與齊國善於射箭駕船的人一起至南越決一死戰，以盡為臣的節義。」漢武帝認為卜式賢良，下詔說：「如今天下不幸發生了戰事，郡縣諸侯沒有依正直之道奮起的。齊國丞相卜式其行雅正，親事耕種，不為利益所惑。過去，北方發生了戰事，他曾上書要捐獻家產幫助官府保衛邊疆；現在又首先站出來，雖然沒有參加戰事，可以說他的義是從內心裡表現出來的。」於是，封卜式為御史大夫。

卜式輕視財富與地位，絲毫不為利益所動，是典型的仁人志士；在他的治理下，百姓安居樂業，政績顯赫，是一名不可多得的智者；呂嘉反漢之際，卜式又自告奮勇前去平亂，可稱得上一位勇者。

既然有仁者、勇士、智者三種人才，就會有與之相應的：愚蠢的人、不誠實的人、貪婪的人。愚蠢的人不懂得深思熟慮，往往人云亦云，因此是最容易被蒙蔽的；不誠實的人滿口謊言，經常違背自己的良心做事，又擔心事情會敗露，因此他

名家名言

《扁鵲神應針灸玉龍經·標幽賦》：

「天地人三才也，湧泉同璇璣、百會。」

們也會顯得異常膽怯；貪婪的人貪得無厭，往往會在利益面前經不起誘惑而亂了陣腳。

　　一位農夫和一個商人在一片狼藉中尋找財物，他們發現一大堆完好的羊毛，於是兩個人平分之後扛在肩上。後來，他們又發現了很多布匹，農夫將沉重的羊毛卸掉，挑了些較好的、便於自己扛動的布匹，而貪婪的商人則將農夫丟下的羊毛和剩餘的布匹都撿起壓在了肩頭，太過沉重的壓力使得他氣喘吁吁，行動緩慢。又走了一段路，他們又發現了很多貴重的銀質餐具，農夫將布匹都丟掉，撿了一些較好的銀器背上，輕快地回家了，而商人卻因為背負了太多的羊毛和布匹，再也無法彎下腰繼續撿銀器了。

　　天公不作美，途中竟然下起了大雨，商人背上的羊毛和布匹被淋濕後變得更加沉重了。他筋疲力盡，又冷又餓，最後摔倒在又濕又滑的路上。而早就回到家中的農夫，將銀器變賣以後，生活變得漸漸富足起來。

　　商人很貪婪，同時也很愚蠢，他的結局完全是貪心所致。在現實生活中，切記不可仿效這位貪婪的商人，正因為他的貪婪，見什麼要什麼，最終只能落得個空手而歸的下場。相反地，農夫的選擇是明智的，正因為自己的敢於捨棄，才能使自己過上富裕的生活。這足以說明捨棄並不意味著失去。

　　在現實生活中，只有管理好自己的欲望，控制自己的貪婪，不過分計較得失的多少，才能在人生旅途中獲得真正的幸福和快樂！

名家名言

《周易‧繫辭上》：
「仁者見之謂之仁，智者見之謂之智。」

第三章　計謀之用

【原文】

故外親而內疏者說內，內親而外疏者說外。故因其疑以變之①，因其見以然之②，因其說以要之③，因其勢以成之，因其惡以權之，因其患以斥之。摩而恐④之，高而動之，微⑤而證之，符⑥而應之，擁⑦而塞之，亂而惑之，是謂計謀。計謀之用，公不如私⑧，私不如結⑨，結而無隙者也。正不如奇⑩，奇流而不止者也。故說人主⑪者，必與之言奇；說人臣⑫者，必與之言私。

【注釋】

①因其疑以變之：根據對方的疑問來改變自己的遊說內容。

②因其見以然之：根據對方的表現來判斷其遊說活動是否得法。

③因其說以要之：根據對方的言辭來歸納其遊說要點。

④恐：受威脅的感受。

⑤微：削弱。

⑥符：驗證，應驗的意思。

⑦擁：「擁」通「壅」，堵塞，阻塞。

⑧公不如私：公，公開；私，私下，暗地裡。公開運用計謀，不如在暗地裡運用。

⑨私不如結：結，締聯，結文。暗地裡謀劃又不如二人結為死黨在一起商議。

⑩正不如奇：正攻法雖然是合理的，但是卻不如乘對方之不備使用奇攻法。

⑪人主：人君，帝王。

⑫人臣：臣下，大臣。

【譯文】

　　所以，對那些外表親善而內心疏遠的人，要從內心開始進行遊說；對那些內心親善而表面冷淡的人，要從表面開始進行遊說。因此，要根據事態發展的疑點來改變自己遊說的內容，要根據對方的表現來判斷遊說是否得法，要根據對方的言辭來歸納出遊說的要點，要根據事情發展的變化適時征服對方，要根據對方可能造成的危害來權衡利弊，要根據對方可能造成的禍患來採取對策。揣摩之後加以威脅，抬高之後加以策動，削弱之後加以扶正，符合之後加以回應，擁堵之後加以阻塞，攪亂之後加以迷惑。這就叫作「計謀」。至於計謀的運用，公開不如保密，保密不如結黨，結成的黨內是無懈可擊的。正規策略不如奇策，奇策實行起來可以無往不利。所以向人君進行遊說時，必須與他談論奇策；向人臣進行遊說時，必須圍繞對他切身利益相關的內容。

【延伸閱讀】

　　鬼谷子在此闡述了如何使計謀順利實施的方法。

　　要想使計謀順利實施，必須注意下面的順序：用公事公辦的方法，不如求之於私交；求之於私交，不如與人密謀，只有與人密謀的方法才可以做到無懈可擊；用常規正統之法，不如用出奇致勝的「奇謀」。

　　所以，要想取得勝利，「公不如私，私不如結，結而無隙者也」。

　　曹操被張繡第二次追擊失敗後，沿途不敢停留，星夜趕回許都。袁紹見狀只得回師北征公孫瓚去了。曹操十分痛恨袁紹，但還是聽從荀彧等人意見，聯合劉備，先掃清東南，去除心腹大患呂布。誰知事機洩漏，呂布搶先下手，打敗劉備，攻佔了沛城。又派陳宮聯絡泰山強盜孫觀進攻克州各郡。曹操聞

《故翰林侍讀學士錢公墓誌銘》：

「公於眾，不矯矯為異，亦不俞俞為同，以其故，人莫能親疏。」

訊便率大軍行至蕭關附近，進攻呂布。這時，呂布手下的部屬陳登早已成為曹操的內線，便乘機運用傳遞假情報的計謀，配合曹操打敗呂布——蕭關告急，呂布要帶陳登前去救助，讓陳登父親陳珪留守徐州。

臨行前夜，陳氏父子祕密商議，如果呂布敗回，由陳珪佔領徐州不放他入城，但恐呂布妻小心腹在城裡諸多不便，怎麼辦？陳登說：「不必憂愁，我有計策了。」

第二天入見呂布勸道：「徐州四面受敵，曹操一定要全力進攻，我們當先留有退路，將錢糧移藏於下邳，若徐州被圍，就有糧草接濟。」

呂布喜道：「你說得很有道理。」即命人將妻小和錢糧移屯下邳。部署完畢，便率軍前往蕭關。

行至半路，陳登說：「讓我先去蕭關探聽曹軍虛實，您方可行事。」呂布同意。陳登先上蕭關，告知守將陳宮：「呂將軍責怪你們不肯出兵迎戰。」

陳宮說：「曹軍勢大，不可輕敵。我們緊守關隘，你勸主公力保沛城，這是上策。」

陳登「嗯嗯」點頭。晚上，陳登見曹軍直逼關下，便悄悄寫了三封情報，掛在箭上，射下關去。翌日，他辭別陳宮，飛馬來見呂布道：「孫觀等人都想向曹操投降，獻出蕭關，我已命陳宮死守，將軍便可於今日黃昏殺去救應。」

呂布謝道：「要不是您先主，蕭關就失守了。」便令陳登先去關上約陳宮為內應，舉火為號。

陳登見了陳宮又說：「曹軍已抄小路進入關內，主公怕徐州有失，你們要回援。」

陳宮便率軍棄關上路。陳登在關上放起火來。呂布趁著夜色攻來，與陳宮軍自相殘殺。曹軍望見火光，已知陳登箭信所示訊號，便一齊殺到，輕易奪取了蕭關，孫觀等人各自逃命去了。

呂布與陳宮相互攻到天明，方知受騙上當，急忙聯合一起

趕回徐州，到城邊叫門時，城上亂箭射下。原來陳珪已公開投降曹操。呂布要找陳登，遍尋軍中不見，才知中計。其時，陳登早已去沛城，再次向守將高順、張遼假傳情報：「主公在徐州被圍，你們快去救援。」

高順、張遼即率軍趕往徐州，路上與呂布、陳宮相遇，呂布這才恍然大悟，狠狠地說：「我非殺死陳登這個內奸不可！」即會合軍隊向沛城進發，行至城邊，見城上淨是曹兵旗號——原來曹操已按陳登箭信所示，令曹仁乘虛而入，兵不血刃地佔領了沛城。

呂布在城下大罵陳登，陳登在城上指著呂布回罵道：「我是漢朝的臣子，豈能為你這個反叛之賊服務呢？」呂布大怒，要想攻城，無奈曹操率大軍衝殺前來，呂布難以抵禦，只得率部向東面逃去。

陳登父子密謀與曹操裡應外合，呂布本來就是一介武夫，有勇無謀，哪能識破其中奧妙。可以說陳登把鬼谷子「公不如私，私不如結」的謀略演繹得淋漓盡致。

鬼谷子說：「正不如奇，奇流而不止者也。」這句話最適合的領域，莫過於談判桌上了。

坐到談判桌邊來的人都想成為贏家，這是談判者共同的心理。談判者背後的實力是決定優劣的一個重要因素，但同樣不可忽視的是，談判技巧對談判本身的進展來說往往具有重要意義。怎樣在談判中掌握主動權，這是一個事關能否成為贏家的關鍵問題。在很多情況下，主動權的取得是靠出其不意的舉動，即趁其不備，出奇致勝。因為從談判所具有的嚴肅性、針對性和對立性來說，會場猶如戰場，能否取勝，除了「武器裝備」是否優良之外，還要看現場指揮者的計謀和策略。掌握了主動權，就可以使談判朝有利於自己的方向發展。

其實，不僅軍事、外交活動如此，商業活動更加需要出奇致勝。下面這則〈無心湯圓〉的故事便是如此。

明朝時，商人王心發在鬧市開了一家湯圓店。為招徠顧

名家名言

《宋史・兵志九》：

「（慶曆）二年，諸軍以射親疏為賞罰，中的者免是月諸役，仍籍其名。」

客，王心發特地請當地文人徐文長根據他的要求寫了一塊招牌掛在店門外，偌大一個招牌，只有一個中間缺少一點的「心」字。招牌掛出後，過往行人議論紛紛，有的說徐文長寫錯了字，遭人譏笑；有的說湯圓店的湯圓有皮無心。於是一傳十，十傳百，惹得遠近的人們紛紛前來觀看，更引得不少人來親口品嚐店裡的「無心」湯圓。不用說，店裡的生意也紅火起來，真是此時「無心」勝「有心」。

下面這則〈銀幕上的尋人啟事〉的故事更能顯示出商業活動需要出奇制勝。

新光人壽保險公司經理吳家錄創業之初，準備大做廣告擴大公司知名度，而要做廣告，卻缺乏資金，電視、報紙等正式媒體的廣告價格又很貴。為此，吳家錄突發奇想，每晚8點在比較賣座的電影院發布「尋人啟事」，內容為「找新光人壽保險公司某某人」。由於文字直接打到銀幕上，在場觀眾都能接收到這則資訊，每次費用才5角錢，價格便宜，但效果卻非常顯著，如此一來，新光人壽保險公司的名字也日漸為越來越多的人所認識了。

第四章　聖人之道，在隱與匿

【原文】

其身內、其言外者疏；其身外、其言深者危①。無以人之所不欲，而強之於人；無以人之所不知，而教之於人。人之有好也，學而順之；人之有惡也，避而諱之，故陰道而陽取之②也。故去之者從之，從之者乘之③。貌者不美，又不惡，故至情托焉④。可知者⑤，可用也；不可知者，謀者所不用也，故曰事貴制人，而不貴見制於人。制人者握權也，見制於人者制命也。故聖人之道陰，愚人之道陽⑥。智者事易，而不智者事難。以此觀之，亡不可以為存，而危不可以為安⑦，然而無為而貴智矣；智用於眾人之所不能知，用於眾人之所不能見。既用見可，擇事而為之，所以自為也；見不可，擇事而為之，所以為人也。故先王之道陰，言有之⑧曰：「天地之化，在高與深；聖人之道，在隱與匿。非獨忠、信、仁、義也，中正而已矣。」道理達於此⑨義者，則可與語。由能得此，則可與遠近之義。

《庸庵筆記·史料二·駱文忠公遺愛》：

「自有諸賢擁護而效其長，豈其大智如愚耶？」

【注釋】

①危：危險。

②陰道而陽取之：悄悄進行謀劃，公開進行奪取。

③去之者從之，從之者乘之：去，除掉、去掉；縱，放縱，恣肆；乘，利用，乘機會。

④貌者不美，……情托焉：不論對任何事物都不立刻把毀譽形於色的人，都是屬於冷靜而不偏激的人，這種人可以完全信賴。

⑤可知者：可以了解透徹的人。

⑥聖人之道陰，愚人之道陽：聖人謀劃的事情，隱而不

露；愚笨的人謀劃事情，張揚外露。

　　⑦亡不可以為存，而危不可以為安：這裡指救亡圖存和轉危為安都是很難的事。

　　⑧言有之：古語有這種說法。

　　⑨道理達於此：能認清此種道理。

【譯文】

　　雖然是自己人，如果說有利於外人的話，就會被疏遠。如果是外人，卻知道內情太多，就必然陷入危險。不要強迫別人做他不願意做的事情，不要拿別人不知道的事情去說教別人。如果對方有某種興趣愛好，就要仿效以迎合他的興趣；如果對方厭惡什麼，就要加以避諱，以免引起反感，所以，要進行隱密的謀劃和公開的奪取。想要除掉的人，就放縱他，任其胡作非為，待其留下把柄時就乘機一舉消滅他。那些遇到事情既不喜形於色也不怒目相待的人，是感情深沉的人，可以託之以機密大事。對於了解透徹的人，可以大膽重用；對了解不夠透徹的人，有智慧的人是不會重用他們的。所以說，掌握別人的思想最為重要，絕對不要被人家控制。控制人的人是掌握大權的統治者；被人家控制的人，是唯命是從的被統治者。所以聖人運用謀略的原則是隱而不露的，而愚人運用謀略的原則是大肆張揚的。有智慧的人成事容易，沒有智慧的人成事困難。由此可以看出，一旦國家滅亡了就很難復興；一旦國家騷亂了就很難安定，所以無為與智慧是最重要的。智慧是用在眾人所不知道的地方，用在眾人所看不見的地方。在施展智謀以及才能之後，如果證明是可行的，就要選擇相應的時機來實行，這是為自己；如果發現是不可行的，也要選擇相應的時機來實行，這是為別人。所以古代的先王所推行的大道是屬於「陰」的，古語說：「天地的造化在於高與深，聖人的治道在於隱與匿，並不是單純講求仁慈、義理、忠誠、信守，不過是在維護不偏不倚的正道而已。」如果能徹底認清這種道理的真義，就可以與

蘇軾《賀歐陽少師致仕啟》：

「大勇若怯，大智如愚。」

人交談，假如雙方談得很投機，就可以發展長遠的和目前的關係。

【延伸閱讀】

　　控制者，是擁有一定智慧的人，而被控制者，命運只能永遠掌握在他人手裡。愚人運用智慧是大肆張揚的，而聖人運用智慧卻是隱而不露的。隱而不露是一種謀略，是為了達到某種目標，故意將自己的內心掩蓋起來以麻痺對方，而一旦時機成熟，條件具備，就會露出利牙，刀槍出鞘，置對手於死地。

　　那些相貌沉穩、面無表情的人，實則是可以託付真情的人；那些通過考驗、了解透徹的人，是可以大膽重用的人；那些深藏不露、即使考驗也不能了解的人，是不能輕易重用的。「智用於眾人之所不能知，用於眾人之所不能見。」在運用智慧時，不僅要運用在對方所看不見的地方，還要時刻觀察事物的規律性，探索事物變化的徵兆，分析引起變化的原因，制訂隱密又合理的應變措施，並透過適當的時機，將措施得以實施。如果條件不夠成熟，切莫將計劃倉促實施。此時，可以做一些對方喜歡的或完全為他人服務的事，要讓對方感覺你是在全心全意為他服務，等到對方對你另眼相待、開始接受你時，再尋找機會將計劃實踐。

　　西元73年（東漢明帝永平十六年）的一天晚上。疏星淡月，萬籟俱寂。雲中（今內蒙托克托一帶）太守廉範在軍營帳篷內一會兒踱步苦苦思索，一會兒翻閱著已經熟爛的兵書。最近北方匈奴又大舉進攻，雲中太守廉範奉命抵抗。當時他手下的部隊只有匈奴的一半，形勢很是危急。

　　一位部將建議道：「廉大人，依小人之見，還是向四周友鄰求救才是上策。」

　　廉範搖搖頭，說：「請求增援當然可以一試，但匈奴這次是大舉進攻，萬一友鄰不肯增援，或者確實分不開兵力呢？我們應該立足於自己的力量去抗擊強敵才是啊！」

　　名家名言

《大智度論》卷四十三：

「般若者，一切諸智慧中最為第一，無上無比無等，更無勝者，窮盡到邊。」

那個部將說：「可是眼下我們的兵力實在是太少了。」

「兵不厭詐！」廉範突然說：「我們用假象欺騙敵人，對！就用無中生有之計。」

「無中生有？」部將疑惑地問，「如何無中生有？」

這時廉範兩眼熠熠生輝，對部將耳語一陣，部將點點頭，立刻照廉太守的計謀去辦了。

漢營外，幾個哨兵舉著火炬來回巡邏，火炬的一頭是火，另一頭握在手中。可是，一會兒，軍營中所有的兵士都出來了，每人手裡拿一個十字形火炬，用手握住一頭，其餘三頭都點著火，然後在軍營裡分散站開。這樣，一個人就變成了「三個人」。這就是廉範的「無中生有」計。

在和漢兵對峙的匈奴人的軍營中，主帥聞報說：「廉範的軍營裡到處是舉著火炬的士兵。」主帥以為漢朝的增援部隊已經趕到，不久就要發動攻擊，因此很是害怕。天色微明，群星消失，大地一片蒼茫，匈奴部隊急急收起帳篷，向北撤退。廉範命令士兵們緊擂戰鼓，喊殺聲驚天動地，一個衝鋒，殺敵數百。匈奴兵慌忙中自相踐踏，又拋下一千多具屍體，讓他們做「異鄉鬼」了。

「智用於眾人之所不能知，用於眾人之所不能見。」「聖人之道，在隱與匿。」廉範的這招無中生有之計就是如此，計謀隱密又合理，時機又恰到好處，可謂「奇謀」。

大凡智慧者，都應該「隱而不露」。不光古代的戰場如此，人生的很多領域都應遵循同樣的道理。

鷹立如睡，虎行似病。在現實生活中用「藏巧於拙，用晦而明、聰明不露，才華不逞」等韜略來隱蔽自己的行動，往往可以達到出奇制勝的目的。做事情過於張揚就會洩漏「事機」，就會讓對手警覺，就會過早地把目標曝露出來，成為對手攻擊和圍剿的「目標」，因此有些時候我們要學會低調，儘管這樣做會有損失，卻能避免更多不可預知的風險。

名家名言

《墨子·尚賢中》：
「若此之使治國家，則此使不智慧者治國家也，國家之亂，既可得而知已。」

名家名言

《敦煌變文集·維摩詰經講經文》：
「神通能動於十方，智慧廣弘於沙界。」

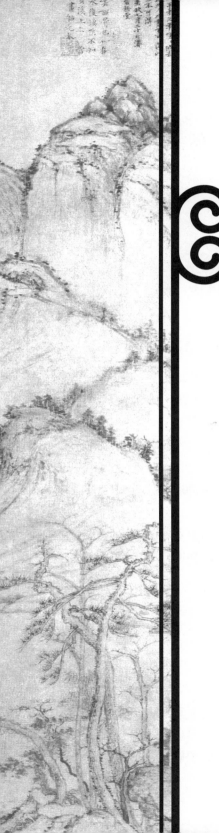

第十一篇

決術

第一章　若有利於善者，隱托於惡，則不受

【原文】

　　為②人凡③決物，必托於疑者，善其用福，惡其有患④，善至於誘也，終無惑⑤。偏有利焉，去其利則不受也⑥，奇⑦之所托⑧。若有利於善者，隱托於惡，則不受矣，致⑨疏遠。故其有使失利、有使離⑩害者，此事之失。

【注釋】

　　①決：決斷。《左傳‧桓公十一年》：「卜以決疑」。《史記‧淮陰侯列傳》：「成敗在於決斷」。這裡指決情定疑，果斷決策。

　　②為：給，替。

　　③凡：凡是，表示概括。

　　④善其用福，惡其有患：喜歡有利而厭惡災禍。

　　⑤惑：迷惑。

　　⑥去其利則不受也：去，除去；去其利，將其利除去，即沒有利；受，接受。句字的意思是沒有利則不接受。

　　⑦奇：奇計。

　　⑧托：憑藉。

　　⑨致：導致，招致。

　　⑩離：古通「罹」，遭受。

【譯文】

　　凡為他人決斷事情，都是受託於有疑難的人。一般說來，人們都希望遇到對自己有利的事情，不希望碰上與自己不利的事情，希望最終能排除疑惑。在為人做決斷時，如果只對一方

有利，那麼不利的一方就不會接受，這是因為依託的基礎不平衡。任何決斷本來都應有利於決斷者的，但是如果在其中包含著不利的因素，那麼決斷者就不會接受，彼此之間的關係也會因此疏遠。這樣對為人決斷的人就不利了，甚至還會遭到災難，這樣決斷是失誤的。

【延伸閱讀】

通常，人們都是透過事物變化產生的疑點來制訂相應的策略。如果對方是可以說服的人，可以為我所用，就要透過對對方有利的話語來打動他，一切從善的方面表述，靈活運用；如果對方是不可以說服的人，不能為我所用，就要透過對對方不利的話語來提醒對方危險無處不在，同時要讓對方明白自己的提醒是善意的。那些對自己有利可圖的事情，如果不想方法讓對方改變對事情原有的看法時，對方是難以接受的，甚至還有可能導致彼此關係疏遠。

投降安祿山的雍丘令令狐潮，被真源令張巡以草人騙了幾十萬枝箭後，惱羞成怒，幾天後再次將雍丘包圍。

張巡靈機一動：「哎，再施一計，讓令狐潮上當。」兩軍對陣，張巡策馬馳至陣前，假意對令狐潮說：「你想得到雍丘城嗎？好！你給我30匹馬，我就把城換給你。馬一送到，我立即騎馬跑出城門，高高興興請你入城，如何？」

令狐潮暗想：只要30匹馬就能換一座城，那太合算啦。如果他不守信用，違背諾言，再打他也不遲。他連連應聲：「張巡，素聞你是個君子，我馬上派人送來30匹好馬！」

30匹馬一到，張巡便將牠們分發給了30名驍勇善戰的軍官。張巡特意吩咐：「良機一到，看我手勢，你們便飛馬插進敵陣，每人抓回一個敵將！」

一晝夜將要流逝，令狐潮終不見張巡騎馬出城。他又急又氣，在城下破口大罵：「張巡，你這個不講信用、食言而肥的人，將被天下人恥笑！」

名家名言

老子：

「禍兮福所倚，福兮禍之所伏。」

張巡卻朗聲笑答：「我想騎馬離城，但手下兵將不願走，叫我如何是好呢？」

令狐潮一聽此言，氣得咬牙切齒：「張巡啊！張巡！你這是故意拖延時間。你換城是假，騙老子的馬是真！」令狐潮當即大怒，立即把全部人馬都擺在城外，要跟張巡決一雌雄。

可是，這麼一來，令狐潮恰恰又中了張巡的圈套。

令狐潮的將領都湧出來了，但尚未擺好陣勢，混亂之下，張巡的30名軍官各騎一匹馬，突然飛奔出城，殺入敵陣。這30員幹將，看準目標，活捉了敵將14人，殺死士兵100多人。令狐潮眼睜睜損兵折將，長嘆一聲，忙帶著人心惶惶的部下龜縮回陳留。

張巡的「以城換馬之計」的確很誘人，他透過講述對對方有利的話語來誘使對方接受自己的要求，使對方上當，最後使對方措手不及，一敗塗地。

在現實生活中，不管是求人辦事，還是幫人辦事，人們都要對辦與不辦進行抉擇，而抉擇的目的無非就是權衡利弊得失，你是如此，對方亦是如此。所以，如果你想說服對方同意自己的要求，就要學會站在對方的立場和角度考慮，並用這種口吻與對方商量，只有讓對方知道你是為了他好，他才能心甘情願地接受你的要求。

著名人際關係學大師卡內基曾經歷過這樣一件事：

他曾租用紐約某家飯店的大舞廳，當作每季度舉辦一系列的講課。

在某一季度剛要開始的時候，他突然接到一個通知，通知告訴他：他必須付高出以前3倍的租金才可以繼續使用這家飯店的大舞廳。而卡內基得到這個通知的時候，入場券已經印好，並且發出去了，而且所有的通告也已經公布。

當然，卡內基並不想支付這筆增加的租金，可是跟飯店的人理論是毫無用處的。因此，幾天之後，他會見了飯店的經理。

「收到你的信，我有點吃驚，」卡內基說，「但是我根本不怪你。假如我是你，我也可能發出一封類似的信件。你身為飯店的經理，有責任盡可能地增加收入。如果你不這樣做，你將可能丟掉現在的職位。現在，我們拿出一張紙來，把你因此可能得到的利弊列出來，如果你堅持要增加租金的話。」

卡內基取出一張紙，在中間畫了一條線，一邊寫著「利」，另一邊寫著「弊」。

他在「利」的下面寫下幾個字：「舞廳空下來」。接著他說：「你把舞廳租給別人開舞會或開大會是最划算的，因為租給某人做這類活動，比租給人家當講課場地更能增加不菲的收入。如果我把你的舞廳佔用20個晚上來講課，你的收入當然就會減少很多。現在，我們來考慮壞的方面。首先，如果你堅持增加租金，你不但不能從我這兒增加收入，反而會減少自己的收入。事實上，你將一點兒收入也沒有，因為我無法支付你所要求的租金，我只好被逼到另外的地方去開這些課。你還有一個損失，這些課程吸引了不少受過教育、修養高的聽眾到你的飯店來。這對飯店本身是一個很好的宣傳，不是嗎？事實上，如果你花費5000美元在報上登廣告的話，也無法像我的這些課程能吸引這麼多的人來你的飯店。這對一家飯店來講，其價值不是很大嗎？」

卡內基一邊說，一邊將這兩項壞處寫在「弊」的下面，然後把紙遞給飯店的經理，說：「我希望你好好考慮你可能得到的利弊，然後告訴我你的最後決定。」

第二天卡內基收到一封信，通知他租金只漲50％，而不是300％。

卡內基並沒有明確提出自己的要求，而是從始至終都在談論著對方的利與弊，正是他的聰明才智，使得自己成功得到了減租。

在現實生活中，此類事件可能會經常遇到，這就需要充分發揮自己的聰明才智，冷靜思考，認真分析，從對方的角度來

名家名言

《抱朴子・任命》：

「禍福交錯乎倚伏之間，興亡纏綿乎盈虛之會。」

孔融〈臨終詩〉：

「潛圖密已構，成此禍福端。」

考慮問題，並向對方傳達這種資訊，切莫與對方產生衝突。當我們努力去爭取某件事或努力達到某個目標的時候，要權衡利弊，以巧取勝，而要切忌「強奪」。

第二章 微而施之

【原文】

聖人所以能成其事者有五：有以陽德之①者，有以陰賊之②者，有以信誠之者，有以蔽匿之者，有以平素③之者。陽勵於一言，陰勵於二言，平素、樞機④以用；四者⑤微而施之。於是，度以往事，驗之來事⑥，參⑦之平素，可則決之；公王大人之事也，危⑧而美名者，可則決之；不用費力而易成者，可則決之；用力犯勤苦，然而不得已而為之者，可則決之；去患者，可則決之；從福者，可則決之。故夫決情定疑萬事之機⑨，以正治亂⑩、決成敗，難為者。故先王乃用蓍龜⑪者，以自決也。

【注釋】

①以陽德之：用陽道來感化。

②以陰賊之：用陰道來懲治。

③平素：即平時。

④樞機：樞紐、機要。

⑤四者：指一言、二言、平素、樞機。

⑥驗之來事：對將來的事情進行驗證。

⑦參：核對，對照、參照。

⑧危：崇高的意思。

⑨萬事之機：萬事的關鍵。

⑩治亂：肅清動亂。

⑪蓍龜：蓍，一種多年生草本植物；龜，是龜甲，都是占卜工具。

【譯文】

聖人能夠完成大業的原因，主要有五個途徑：有用陽道來感化的；有用陰道來懲治的；有用信義來教化的；有用愛心來庇護的；有用廉潔來淨化的。行陽道則努力守常如一，行陰道則努力掌握事物對立的兩面。要在平時和關鍵時刻巧妙地運用這四個方面並謹慎行事。推測過去的事，驗證將要發生的事，再參考日常生活中的事，如果可以，就做出決斷；王公大臣的事，崇高而享有美名的，如果可以就做出決斷；不費吹灰之力即可獲成功的事，如果可以就做出決斷；耗力氣又辛苦，但又不得不做的，如果可以就做出決斷；能消除憂患的，如果可以就做出決斷；能實現幸福的，如果可以就做出決斷。所以說，解決事情，確定疑難，是萬事的關鍵。澄清動亂，預知成敗，這是一件很難做到的事。所以古代先王就用蓍草和龜甲來決定一些大事。

【延伸閱讀】

「故夫決情定疑萬事之機」，然而萬事萬物的決策都離不開事物存在的背景及事物之間錯綜複雜的聯繫。決斷事物是有一定規律可循的，「度以往事，驗之來事，參之平素」，就是說要借鑑往事，研究現狀，預測未來。三者缺一不可。只有決策慎重，才能做出正確的決斷。

明代開國皇帝朱元璋在取得成功之後，提出基本國策為：「高築牆，廣積糧，緩稱王。」由此可以看出，正確的決策可以穩定政局、富國強兵、造福人類；而錯誤的決策不僅會喪權辱國，還將使自己身敗名裂。因此，不管做什麼樣的決策都應該進行慎重的考慮。

在職場中，最需要慎行的就是轉業問題。職場中人最容易犯的通病就是這山望著那山高。尋找新的發展機遇固然不錯，然而，在一些入業者立足未穩、涉世不深的情況下，被一時的「利好」假象所迷惑，盲目跳槽，結果往往會適得其反，自食苦果。

　　大學畢業的劉玉強去年春季被一家進出口公司錄用。由於公司實行的承包制，劉玉強的底薪只有一萬元，其他的收入主要靠業務抽成。實習期結束後，劉玉強剛剛上手，客戶網路尚未建立起來，比起同一公司的老業務員，其收入不能同日而語。

　　恰巧這時，一位同學主動介紹他到一家新成立的報關行，稱其入行的門檻低，只要考上了報關員證，每月的底薪就可以拿到兩萬多。劉玉強聞言後便動心了。在沒有和原公司打招呼的情況下，他自行停職重新自修報關專業。學習其間，學外貿專業如魚得水的劉玉強對熟記海關編碼等專業知識頗不適應，連考了兩次都沒有及格。第三次勉強過了，但那家報關行的人員已招滿，而原來那家外貿公司早已將他除名。無奈之下，劉玉強又踏上了新的求職之路。

　　隔行如隔山。職場中人應該以自己的專業定發展較為妥當。在人才市場供大於求的情況下，能找到與專業相同的公司本屬不易。所以要耐得住寂寞，沉靜心思，大事都是由小事而成就的。

　　有些行業有其獨特性，如飲料銷售員夏季就易提高業績，春節前後則是售屋的黃金期。跳槽要選擇合適的季節和時機。如果，不考慮這些因素，結果往往與跳槽的初衷背道而馳。

　　在現實生活中，做任何決策都應該遵循事物發展的規律，三思而後行，不要盲目急躁，更不要意氣用事，否則只會自食「惡果」。

　　「度以往事，驗之來事，參之平素」，很多事都要借鑑以往的或前人的經驗，並驗證現在將要實施的計劃，結合一切如常的氛圍，最後選擇機會實施謀略。總之，只有慎重地決策，才能做出正確的決定。

《名家名言》

《教坊記》：

「夫以廉潔之美，而道之者寡；驕淫之醜，而陷之者眾，何哉？」

柳宗元《處士段弘古墓誌》：

「唯廉者能約己而愛人，貪者必瘦人以肥己。」

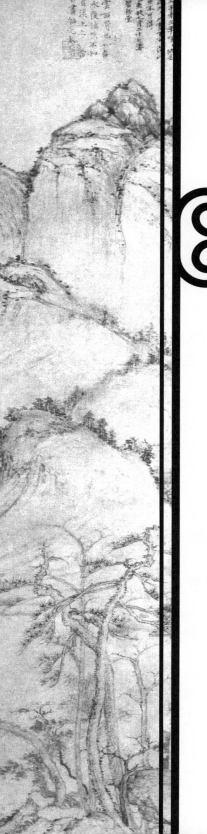

第十二篇

符言

第一章　主位

【原文】

　　安、徐②、正、靜，其柔節③先定。善予而不爭，虛心平意④，以待傾⑤。右主位⑥。

【注釋】

　　①符言：符是符契、符節。我國早在漢代就把有節的竹片加以中分，由兩人各持一片，日後各拿這一片竹的人，只要能把兩片竹完全合在一起，連竹節都能像原來那樣吻合，那就證明是他本人或其代理人。到後來，改竹片而用木片或紙片等，並在上面加蓋印記，而且是從印的中間切斷使用，這種印就叫「騎縫印」。這裡指言詞與事實像符契一樣吻合。還有人認為「符言」乃是「陰符之言」的簡稱。

《楚辭·九章》：
「孰知余之從容。」

　　②徐：緩慢、穩重。

　　③節：節度，法度。

　　④虛心平意：使內心很謙虛，使意念很開朗。

　　⑤以待傾：以備傾覆。

　　⑥右主位：右：古代從右向左豎寫。上面主要講善守其位。

【譯文】

　　如果身居君位的人能做到安詳、從容、正派、沉靜，既會順利又能節制，願意給予還與世無爭，這樣就可以心平氣和地面對天下紛爭。以上講善守其位。

【延伸閱讀】

那些有所作為身居高位的人，往往不會顯得高高在上、盛氣凌人，而是給人一種平易近人的感覺。他們有著安靜、穩重、有禮有節的言行舉止，有著高尚的道德情操，同時善於聽取他人的意見，善於肯定他人的成果，因此他們的做事效率往往比一般人要高得多。

胸襟廣闊、平易近人的人，深知「小不忍而亂大謀」的道理，尤其是那些心中存有遠大抱負之人，更是能夠分清孰輕孰重。當然，寬容大度並不是對他人的無原則遷就，並不是主張善惡相容，更不是要與不正當的行為和平共處，而是在道德規範的基礎之上，做到相互諒解和支持。只要真正做到寬以待人，才能建立起和諧的人際關係。

名家名言

《尚書·君陳》：
「寬而有制，從容以和。」

西元前606年，一鳴驚人的楚莊王一舉消滅了叛黨，回到郢都，開了一個慶功會。這個宴會名為「太平宴」。君臣興致很高，從白天一直喝到晚上，還沒盡興。

這時，天已經漸漸變黑，外面颳著大風，如同要下雨的一般，然而大廳中燭火通明，輕歌曼舞。忽然，從舞女中轉出一位絕色佳人，上著白藕絲對衿仙裳，下穿紫綃翠紋裙。滿頭珠翠，顫巍巍無數寶釵簪；遍地幽香，嬌滴滴有花金縷細。臉蛋如三月桃花，纖腰似春之楊柳，說不盡的體態風流，風姿綽約。

這位美女就是莊王最寵愛的許姬。此刻，她奉莊王之令為群臣斟酒。她體態輕盈如同燕子一般，一會兒往東，一會兒往西。群臣都被她迷住了，瘋狂的喧鬧聲頓時全無。

突然，一陣冷風撲至大廳上，將屋裡所有的蠟燭都吹滅了。而此時許姬正為一人斟酒，那人卻趁著黑暗之際，拉住許姬的袖子，去捏她的手。許姬倒也厲害，順手就把那人繫帽子的纓帶揪了下來，快步來到莊王前輕輕地告狀，要莊王快命人點燭，看看是誰那麼大膽，竟敢乘機調戲她。

調戲君王的寵姬無疑是對君王的羞辱，這是大逆不道的行為啊。但莊王想了想，高聲喊道：「切莫點燃蠟燭！寡人今日

要與諸卿開懷暢飲，不用打扮得衣冠整齊的了，大家統統把帽子全摘下來吧！」當莫名其妙的文武官員都把帽子摘下後，莊王這才叫人點燃蠟燭。如此一來，莊王和許姬始終都不知道拉袖子的是何人。

散席之後，許姬對莊王頗有責怪之意。莊王卻笑著說道：「今天是寡人請文武百官前來喝慶功酒的，大家也很高興，喝得都差不多了，酒醉出現狂態乃是很正常的事情，這又有什麼奇怪呢？如果寡人按妳所說的把那個人查出來，這樣的確顯示了妳的貞節，但卻讓群臣不歡而散，那樣就都會說我胸懷狹窄、度量太小，那以後誰還會為我拚死效勞呢？」

許姬聽後，十分佩服。

後來，楚國與鄭國交戰時，前部主帥的副將唐狡自告奮勇率數百餘人充當先鋒，為大軍開路。他攻無不克，戰無不勝，使楚軍連連勝利。莊王要厚賞唐狡。唐狡卻紅著臉說：「大王切莫厚賞，只要不治我的罪，末將已感激不盡了！」

莊王問：「為什麼呢？」

唐狡磕頭答道：「上次『絕纓會』上，去拉美人手的便是我呀！昔日蒙大王不殺之恩，今日末將才捨命相報啊！」

莊王大喜，不但沒有責怪唐狡，反而重賞了他。

楚莊王心胸廣闊，善於聽取他人的意見，對調戲自己愛妃的人不但不加以責罰，還加以重用，這樣的主君有誰願意捨棄呢？他能夠成為春秋五霸之一的原因也就在於此。

能夠做到心平氣和、與世無爭的人，不僅能夠減輕自己本身的負擔，還能獲得他人的尊重，甚至還有可能使自己聲名遠播，何樂而不為呢？

清朝時期的張廷玉宰相就是一個典型的例子。

清朝時期，有一位名叫張廷玉的宰相，他與一位姓葉的侍郎都是安徽桐城人。兩家毗臨而居，都要起房造屋，為了爭奪地皮，兩家發生了爭執。張老夫人爭不過，便修書給張廷玉宰相，要張宰相親自出面干預，希望能夠爭奪地皮。

《戰國策‧楚策四》：

「自以為無患，與人無爭也。」

蘇軾〈菜羹賦〉：

「先生心平而氣和，故雖老而體胖。」

身為宰相的張廷玉到底見識不凡，他看完來信，立即作詩勸導老夫人：「千里家書只為牆，再讓三尺又何妨？萬里長城今猶在，不見當年秦始皇。」張老夫人見信後懂得了其中的道理，於是立即把牆主動退後三尺。葉家見此情景，深感慚愧，也馬上把牆讓後三尺。就這樣，張、葉兩家的院牆之間，就形成了六尺寬的巷道，成了有名的「六尺巷」。

儘管張廷玉失去了祖先傳下的幾分宅基地，但他卻換來了鄰里之間的和睦相處以及流芳百世的美名，這當然是得大於失的好事。

心平氣和、與世無爭並不等於做一個無名無用之人，更不等於逃避；相反，與世無爭是一種心態，更是一種境界，心靜自然遠離虛浮，心平氣和自然與世無爭。追求與世無爭的境界更多的是在挖掘自身內心的快樂，要超越他人，首先就需超越自己，如果連自己都征服不了，又怎麼能夠去征服別人呢？

人的一生當中，如果能夠以廣闊的胸襟來對待他人，做到安詳、從容、正派、沉靜，不僅能夠博得他人的好感，贏得周圍人的尊重，更重要的是能夠使自己的工作、生活變得更加輕鬆自在，這才是真正美麗、幸福的人生。

第二章　主明

【原文】

目貴明①，耳貴聰②，心貴智③。以天下之目視者，則無不見；以天下之耳聽者，則無不聞；以天下之心慮者，則無不知。輻輳④並進，則明不可塞。右主明⑤。

【注釋】

①明：明亮。
②聰：靈敏。
③智：智慧。
④輻輳（ㄈㄨˋ）：車輻條集輳於轂上。
⑤主明：主要講察人之明。

《荀子‧天論》：
「在天者莫明於日月。」

《尚書‧洪範》：
「言曰從，視曰明，聽曰聰。」

【譯文】

對眼睛來說，最重要的就是明亮；對耳朵來說，最重要的就是靈敏；對心靈來說，最重要的就是智慧。人君要是能用全天下的眼睛去觀看，就不會有什麼看不見的；要是用全天下的耳朵去聽，就不會有什麼聽不到的；要是用全天下的心去思考，就不會有什麼不知道的。要是全天下的人都能像車輻條集輳於轂上一樣，齊心協力，就可明察一切，無可阻塞。以上講察人之明。

【延伸閱讀】

「目貴明，耳貴聰，心貴智。」擁有一雙明亮的眼睛，除了要看清東西之外，最重要的是要「透過現象看本質」；擁有一雙靈敏的耳朵，除了要聽見聲音外，最重要的是要聽出「弦

外之音」；既然要用心來想問題，那就要認真分析事物變化發展的規律以及事物之間的內在聯繫。假如我們能夠集思廣益、廣開言路，把眾人清楚明白的事情加以整理吸收，變成自己的想法，那麼，世界上就沒有看不透的事物。

　　然而，在實際生活中，真正能夠做到明察秋毫、不被假象所迷惑的人又有多少呢？企業的管理者難免會有輕信他人的時候，就連要好的朋友之間也會因為他人的嫉妒詆毀而相互遠離，這種事情可以說數不勝數。因此，要避免這種事情的出現，只有擦亮自己的眼睛，透過表面的現象去看事物的真實本質，認真分析事物變化發展的規律以及事物之間的內在聯繫，唯有如此，才不致造成不必要的損失。

　　三國時期，劉備死後，劉禪繼位，蜀國的大小政事便由丞相諸葛亮處理決定，諸葛亮成了蜀國政權的實際主持者。

　　諸葛亮在人們的心目中有很高的威望，但他並不因此居功自傲，而是經常注意聽取部下的意見。楊顒是當時丞相府裡負責文書事務的主簿官。他對諸葛亮親自過問每一件事的作法提出了建議。他說：「處理國家軍政大事，上下之間分工應該不同。」他還舉出歷史上一些著名的例子，勸諸葛亮不必親自處理一切文書，少過問一些瑣碎的小事，對下屬應該有所分工，自己應主掌軍政大事。諸葛亮對於楊顒的勸告和關心很是感激，但他怕有負劉備所託，仍然親自處理大小事務。

　　後來楊顒病死，諸葛亮非常難過，哀悼不已。為了鼓勵下屬踴躍參與政事，諸葛亮特地寫了一篇文告，號召文武百官，朝廷內外人士積極主動地發表政見，反覆爭議。這篇文告就是《教與軍師長史參軍掾屬》。他在文中寫道：「丞相府裡讓大家都來參與議論國家大事，是為了集中眾人的智慧和意見，廣泛地聽取各方面有益的建議，從而取得更好的效果。」

　　廣開言路方能集思廣益，集思廣益方能讓自己心知肚明。眼睛是明亮的，那就要看得清視野以外的東西；耳朵是靈敏的，那就不要聽信他人的讒言，否則只會造成不必要的損失；

名家名言

賈誼《過秦論》：

「明智而忠信。」

《史記·屈原賈生列傳》：

「明道德之廣崇。」

《孟子·梁惠王上》：

「明足以察秋毫之末，而不見輿薪，則王許之乎？」

要讓自己擁有一顆包容的心，當自己頗有成績時，不要居功自傲，更不要盛氣凌人，遇見比自己高明的人要虛心向其學習，千萬不要讓嫉妒心毀了自己。

　　企業管理者大都有著這樣一種管理信條：「如果想把企業管理好，不論什麼事情都不要相信自己的耳朵，而只相信自己的眼睛，任何人都不要輕易相信。」也正因為這樣，才能夠使這些管理者不被假象所蒙蔽，做到明察秋毫。一個聽信道聽塗說、不問青紅皂白的管理者和領導者是不合格、不稱職的。有這樣一則小寓言故事：

　　牛耕田回來，躺在欄裡，疲憊不堪地喘著氣，狗跑過來看牠。

　　牛訴苦：「唉，老朋友，我實在太累了。明天我真想休息一天。」

　　狗告別牛後，在牆角遇到了貓。「夥計，我剛才去看了牛，這位大哥實在太累了，牠說想休息一天。也難怪，主人給牠的工作太多、太重了。」

　　貓轉身對羊說：「牛抱怨主人給牠的工作太多、太重。牠想休息一天，明天不工作了。」

　　羊對雞說：「牛不想再給主人工作了，牠抱怨牠的工作太多、太重。唉，也不知道別的主人對他的牛是不是好一點？」

　　雞對豬說：「聽羊說牛不準備再給主人工作了，牠想去別的主人家看看。也真是，主人對牛一點也不心疼，讓牠做那麼多又重又髒的活，還用鞭子粗暴地抽打牠。」

　　晚飯前，主婦給豬餵食，豬向前一步，說：「主婦，我向妳報告一件事情，牛的想法最近很有問題，妳得好好教育教育牠。牠不願再給主人工作了，牠嫌主人給牠的工作太髒、太累、太重、太多。牠還說要離開主人到別的主人那裡去。」

　　「我得到豬的報告。」晚飯桌上，主婦對主人說：「牛想背叛你，牠想換一個主人。背叛是不可饒恕的！你準備怎樣處置牠？」

居家名言

《浮生六記·閒情記趣》：

「余憶童稚時，能張目對日，明察秋毫，見藐小之物，必細察其紋理，故時有物外之趣。」

《韓非子·孤憤》：

「智術之士，必遠見而明察，不明察不能燭私。」

「對背叛者，殺無赦。」主人咬牙切齒地說道。

可憐，一頭勤勞而老實的牛就這樣被傳言「殺」死了！

一個出色的、優秀的管理者，絕不能像故事中的主人那樣，不弄清事情真相，僅憑一面之詞就武斷地妄下結論，結束一頭辛勤工作的牛的性命！一個企業如果有這樣的管理者，那將是企業最大的不幸。

其實這個寓言小故事還能折射出很多道理，比如說交朋友要慎重、耳聽為虛，眼見為實、有調查才有發言權、說話要實事求是，不要誇大其詞，等等。

第三章 主聽

【原文】

聽之術曰：勿望而許之，勿望而拒之①。許之則防守②，拒之則閉塞③。高山仰之可極，深淵度之可測。神明之位術，正靜其莫之極歟④！右主聽⑤。

【注釋】

①勿望而拒之：不要遠遠看見了就拒絕。

②許之則防守：聽信他人之言，眾人就會歸服而保衛君主，也就是能轉危為安。

③拒之則閉塞：拒絕採納進言，就使自己受到封閉。

④高山仰之可極……正靜其莫之極歟：山的高度和淵的深度固然能測量，但是神明的位術卻是正靜的，絕對無法像測山河一般來測量。

⑤主聽：主要講虛心納諫。

【譯文】

聽取情況的方法是：「不要遠遠看見了就答應，也不要遠遠看見了就拒絕。」如果能夠善於聽取他人的意見，就使自己多了一層保護，如果拒絕別人進言就使自己受到了封閉。高山仰望可看到頂，深淵測量可以測到底，而神明的心境既正派又深沉，是無法測到底的。以上主要講的是虛心納諫。

【延伸閱讀】

高山可以見頂端，深淵可以測深度，而那些心境正派、城府極深的人，不僅無法用肉眼看穿，更加無法測量其深度。

　　要讓自己表現出良好的道德修養，就不要固執己見，更不要拒人於千里之外。要耐心聽取他人的意見，對他人的滔滔不絕，不要輕易去打斷，更不要表現得不耐煩。那些不能夠虛心聽取他人意見的人，不但不能夠博得他人的好感，甚至還將自己的言路給封閉了，這樣一來，他就只能生活在自己已知的世界裡。

　　玄武門之變後，有人向秦王李世民告發，說東宮有個官員叫魏徵，曾經參加過李密和竇建德的起義軍，李密和竇建德失敗之後，魏徵在太子建成手下做過事，還曾經勸說建成殺害秦王。秦王聽後，立刻派人將魏徵找來。

　　魏徵見了秦王，秦王板起面孔問他：「你為何要在我們兄弟中挑撥離間？」左右的大臣聽秦王這樣發問，以為是要算魏徵的老賬，都替魏徵捏了一把汗。但是魏徵卻神態自若，不慌不忙地回答說：「可惜那時候太子沒聽我的話。要不然，也不會發生這種事情了。」秦王聽了，覺得魏徵說話直爽，很有膽識，不但沒責怪魏徵，反而和顏悅色地說：「這已經是過去的事，就不用再提了。」

　　唐太宗即位以後，把魏徵提拔為諫議大夫，還選用了一批建成、元吉手下的人做官。秦王府的官員都不服氣，背後嘀咕說：「我們跟隨皇上數年。現在皇上封官拜爵，反而讓東宮、齊王府的人先受重用，這算什麼規矩？」

　　宰相房玄齡將這番話告訴唐太宗，唐太宗笑著說：「朝廷設置官員，為的是治理國家，應該選拔賢才，怎麼能拿舊關係來作選人的標準呢？如果新來的人有才能，老的沒有才能，就不能排斥新的，任用老的。」

　　唐太宗不記舊恨，選用人才，而且鼓勵大臣們把意見當面說出來。在他的鼓勵之下，大臣們都敢於進言，尤其是魏徵，對朝廷大事，都想得很周到，有什麼意見就在唐太宗面前直說。唐太宗也特別信任他，常常將他召進內宮，聽取他的意見。

名家名言

《大學》：

「心不在焉，視而不見，聽而不聞。」

一次，唐太宗問魏徵說：「歷史上的人君，為什麼有的明智，有的昏庸呢？」魏徵說：「善於聽取各方面的意見，就是明智；只聽單方面的言語，就是昏庸。」他還舉了歷史上堯、舜和秦二世、梁武帝、隋煬帝的例子，說：「治理天下的人君如果能夠廣納下屬的意見，那麼下情就能上達，即使親信想要蒙蔽，也蒙蔽不了。」唐太宗連連點頭說：「你說得太好了！」

以後，魏徵提的意見越來越多。他看到太宗有不對的地方，就當面力爭。有時候，唐太宗聽得不順耳，沉下了臉，魏徵還是照樣說下去，讓唐太宗下不了台階，但為了廣開言路，唐太宗最終還會對魏徵容忍有加。

由於唐太宗重用人才，積極採納大臣的意見，政治比較開明，而且注意減輕百姓的勞役，採取了一些發展生產的措施，使得唐朝初期經濟出現了繁榮景象，社會秩序比較安定，歷史上把這段時期稱作「貞觀之治」。

如果獨斷專行，對於他人的意見充耳不聞或敷衍了事，不僅不會取得良好的效果，還會導致他人的積極性受挫。

《尚書·大禹謨》：

「無稽之言勿聽。」

戰國時，魏惠王的宰相公叔痤病了，魏惠王去探望他，說：「您的病很重，國家該怎麼辦呢？」公叔痤回答說：「我的家臣御庶子公孫鞅很有才能，希望大王您能把國政交給他治理，如果不能任用他，也不要讓他離開魏國。」惠王沒回答，出來時對左右侍從說：「難道不可悲嗎？憑公叔痤這樣的賢明，今天竟叫我一定要把國政交給公孫鞅治理，太荒謬了！」惠王沒有採納公叔痤的意見。

公叔痤死後，公孫鞅離開魏國向西遊說秦國，秦孝公聽從了他的意見，結果秦國一天天強盛，而魏國一天天地削弱下去了。

公孫痤有知人之明，而魏惠王固執己見、閉目塞聽，魏國也因此由盛轉衰。

所以，無論是在生活還是在工作中，我們都要善於聽取

他人不同的意見，並虛心採納，只有這樣才能避免失誤的出現。尤其是企業的領導者，必須善於聽取各方不同的意見，尤其是與自己相悖的意見，只有這樣，才能增強每個員工的參與意識和工作責任感，增加企業的凝聚力和向心力。

第四章 主賞

【原文】

用賞貴信，用刑貴必。刑賞信必，驗①於耳目之所見聞。其所不見聞者，莫不暗化矣。誠暢於天下神明，而況奸者干君？右主賞②。

【注釋】

①驗：和證據互相對照，以便明瞭真相。

②主賞：主要講罰賞必信。

【譯文】

運用獎賞時，最重要的是守信用。運用刑罰時，貴在堅決。處罰和賞賜的堅決以及信譽，應驗證於臣民所見所聞的事情，這樣，對於那些沒有親眼看到以及親耳聽到的人也有潛移默化的作用。人主的誠信要是能暢達天下，那麼連神明也會來保護，又何懼那些奸邪之徒犯主君呢？以上講賞罰必信。

【延伸閱讀】

假如要行賞，那就要說到做到，不能出爾反爾，否則會被認為是不守信用之人；假如要懲罰，那就一定要以理服人，做到公平、公正，讓人心服口服。對他人行賞時，除了要一言九鼎外，還應加大宣傳的力道，讓眾人知曉並以此作為榜樣。即使沒有親眼看到他人行賞，也能因榜樣的事蹟產生潛移默化的作用，久而久之，正義的力量也就得到了很好的傳播。當正義的力量在社會上居主導地位時，那些奸險小人就無處藏身了。

軍隊中如果不能做到賞罰分明，就會出現紀律不嚴，士

氣低落的現象。因此，古代治軍嚴謹的將領都十分注重賞罰分明，正所謂「軍令如山」「軍中無戲言」。賞罰也是領導的重要手段，「賞罰不明，百事不成，賞罰若明，四方可行」。

僖負羈是曹國人，曾經救過晉文公的命，所以晉文公在攻下曹國時，為了報答僖負羈的恩情，就向軍隊下令，不准侵擾僖負羈的住處，如有違反者，一律處以死刑。

大將魏平、顛頡卻不服從命令，帶領軍隊將僖負羈的家團團圍住，並放火焚屋。魏平爬上屋頂，想把僖負羈拖出殺死。不料，樑木承受不了重量而塌陷，正好把魏平壓個正著，動彈不得，幸好顛頡及時趕到，才將他救了出來。

這件事被晉文公知道後，十分氣憤，決定依照命令處罰二人。大臣趙衰（趙國君王的先人）替二人求情，說：「他們兩人都替國君立下過汗馬功勞，殺了不免可惜，還是讓他們戴罪立功吧！」晉文公說：「功是一回事，過又是一回事，賞罰必須分明，才能使軍士服從命令。」於是便下令，革去了魏平的官職，又將顛頡處死。

從此以後，晉軍上下，都知道晉文公賞罰分明，再也沒有違反命令的了。

賞罰不明乃兵家大忌，同時也被視為工作中的大忌。在一些企業裡，規章制度雖然很好，可是一旦有人真正違反時，卻沒有任何實質性處罰，總說下不為例，事實上違反制度的事情屢禁不止，以致管理日漸混亂，造成這種後果的根本的原因就是沒有做到「信」。賞罰不信，做事不公正，有誰會願意去遵守呢？因此，該賞則賞，該罰則罰。

商鞅在得到親王的信任之後，開始變法。新的法律已經準備就緒，但沒有公布。因為商鞅擔心百姓不相信自己，於是決定做一件事，讓百姓相信自己變法的決心。

商鞅在國都集市的南門外豎起一根三丈高的木頭，派遣士兵把守，並宣布法令：「有誰能把這根木頭搬到集市北門，就獎勵誰十兩黃金。」

名家名言

《運命論》：

「賞罰懸於天道，吉凶灼乎鬼神。」

《荀子‧王霸》：

「賞賢使能以次之。」

前來看熱鬧的百姓雲集，面面相覷，都覺得很奇怪，都持懷疑的態度觀望，卻沒有一個人敢來搬木頭。

商鞅說：「大家都沒反應，是不是嫌獎金太少了？」於是修改法令把獎金增加到五十兩黃金。

圍觀的百姓更加莫名其妙了。有一個膽子頗大的人上前一步，說道：「在秦國的法令中，從來就沒有如此高的重賞，今天忽然出現這般重賞，一定有其重要意義，即便得不到五十兩黃金，至少也會給一點吧？」於是他壯著膽子扛起木頭，逕直朝著北門走去，看熱鬧的百姓人山人海，都浩浩蕩蕩跟著去了北門。

官吏把事情稟告了商鞅，商鞅要求召見此人，並當著眾人的面說：「你能夠執行我的法令，是個好百姓！」立刻命令部下取出五十兩黃金當眾獎賞給他，以表明他說到做到，然後對著眾人說：「你們放心，我是絕不會對百姓不守信用的！」

百姓爭相傳說此事，大家都相信商鞅變法的決心，因此，新法很快在全國推行。

由於商鞅「徙木為信」，因此在百姓心目中樹立了令出必信，法出必行的好印象。

今天的社會是一個商業的社會，更講究「三分做事，七分做人」。人際關係可以說是當今社會的生存基礎，如果沒有和諧的人際關係，即便是靠技術生存的人，任何本領也只不過是空中樓閣，而建立良好人際關係的基礎不在於什麼高明的手段和技巧，而在於一個「信」字。「人無信不立」，如果喪失了基本的誠信，或者誠信受到置疑，即使你是聰明絕頂的人，也難以在社會上立足。

名家名言

《漢書‧張敞傳》：

「敞為人敏疾，賞罰分明，見惡輒取，時時越法縱舍，有足大者。」

諸葛亮〈出師表〉：

「宜付有司論其刑賞。」

第五章　主問

【原文】

　　一曰天之，二曰地之，三曰人之。四方、上下、左右、前後，熒惑①之處安在？右主問②。

【注釋】

　　①熒惑：火星古代名。此指不清楚。
　　②主問：主要講多方諮詢。

名家名言

《孟子·公孫丑下》：

「天時不如地利，地利不如人和。」

【譯文】

　　一叫作天時，二叫作地利，三叫作人和。四方、上下、左右、前後不明白的地方在哪裡？以上講多方諮詢。

【延伸閱讀】

　　治理好一個國家最基本的要素為：天時、地利、人和。可是這三個要素的實際情況從何而來？四面八方究竟有沒有問題？如果有問題，那麼問題又出在哪裡？要怎麼樣才能解決這些問題，等等，都是需要靠自己親自去實踐、親自去探索的，否則就無從知曉問題的根源。這就需要我們深入第一線，深入群眾中去尋求答案，對自己不明白的問題要敢於下問，不恥下問，直至找出問題的解決辦法為止。

　　衛國大夫孔圉聰明好學，更難得的是，他是個十分謙虛的人。在孔圉死後，衛國國君為了讓後代的人都能學習和發揚他好學的精神，因此特別賜給他一個「文公」的諡號。於是後人就尊稱他為孔文公。

　　孔子的學生子貢也是衛國人，但是他卻不認為孔圉配得上

那樣高的評價。

有一次，他問孔子說：「孔圉的學問及才華雖然很高，但是比他更傑出的人還很多，憑什麼賜給孔圉『文公』的稱號？」

孔子聽了微笑著說：「孔圉非常勤奮好學，腦筋聰明又靈活，而且如果有任何不懂的事情，就算對方地位或學問不如他，他都會大方而謙虛的請教，一點都不因此感到羞恥，這就是他難得的地方，因此賜給他『文公』的稱號並無不妥之處。」

聽了孔子這樣的解釋，子貢最終服氣了。

當遇到自己不懂的問題時，要虛心向周圍的前輩請教，即便年齡小於自己，學歷或地位低於自己，也應該虛心請教，而且要顯示出自己的誠心，不要以此為恥。這種不恥下問、虛心好學的態度，是十分可貴也是值得大力提倡的。

氣象、地理學家竺可楨，在離逝世兩個星期前的一天裡，當得知外孫女婿來到他家時，便迫不及待地叫外孫女婿講授高能物理基本粒子的基本知識。

竺可楨的老伴勸他說：「如今你連坐都支持不住，還問這些有什麼用？」

竺老聽了老伴的話，一邊咳嗽一邊說：「不成，我知道得太少。」

好一個「我知道得太少」！這種謙虛好學，不恥下問，甘拜人師的精神，正是我國人民的傳統美德。竺可楨在氣象學上辛勤耕耘，數十年如一日地進行長期觀察研究，一生碩果豐實。誰能想到，一個名聞中外的大科學家，竟在自己生命處於垂危之際，還認真向晚輩求教。

這正是「謙遜好學，不恥下問，甘拜人師的精神」在一個大科學家身上的展現。這也是竺老能夠走向人生光輝頂點的基本原因，如此怎能不令人為之敬佩呢？

那些狂妄之人，總是過分地高估自己，以為自己讀過幾本

《孫臏兵法·月戰》：

「天時、地利、人和，三者不得，雖勝有殃。」

《論語·公冶長》：

「敏而好學，不恥下問。」

書就才高八斗，無人可比；以為學過幾套拳腳就武功高強，身懷絕技。這種人的結局往往是自毀前程。

作為一名領導者，更應該為自己創造學習、提高的機會，而最好的辦法莫過於親自參加種種工作，不畏艱險，敢拚敢衝，你的閱歷和勇氣將會使你在領導者的位置上更趨完善。

中國有句名言，叫作「活到老，學到老」。的確，知識不是與生俱來的，它需要我們不斷地去學習，不斷地去探索，只有將書本與實際相結合，才能不斷地完善自我、超越自我。

因此，在現實生活中也應該大力提倡「不恥下問、虛心好學」的學習精神，提倡互幫互學，取長補短，以能者為師的精神。只有這樣，我們才能不斷取得進步。然而有不少人在遇到問題時，不善於向別人請教，更不善於「下問」，主要原因在於拉不下「面子」，放不下「架子」，寧可不懂裝懂，也不去向別人請教弄個明白，這樣，不僅阻礙自己的進步，還會讓周圍的人覺得你是一個非常傲慢的人，這極不利於自己的人際關係的發展。

第六章　主因

【原文】

　　心為九竅①之治，君為五官②之長。為善者君與之賞，為非者君與之罰。君因其所以來，因而與之，則不勞。聖人用之，故能掌之。因之循理，固能久長。右主因③。

【注釋】

　　①九竅：竅是出入空氣的小穴。人體上共有九個小穴，就是口、兩耳、兩眼，兩鼻孔、二便孔等，但是通常都除掉二便孔而稱為「七竅」。

　　②五官：商代五種重要官職。即司徒、司馬、司空、司士、司寇。

　　③主因：主要講遵規循理。

【譯文】

　　心是九竅的統治者，君是各種官員的首長。做好事的臣民，君主就會賞賜他們；做壞事的臣民，君主就會懲罰他們。君主根據臣民的政績來任用，斟酌實際情況給予賞賜，這樣就不會勞民傷財。聖人深知其中的奧妙，因此能很好地掌握他們，並且要遵循客觀規律，所以才能長治久安。以上講遵規循理。

【延伸閱讀】

　　「心為九竅之治，君為五官之長。」世界萬物紛繁複雜，當人們面對這紛繁複雜的世界時，都會停下腳步用心去分析，企圖了解和掌握事物變化的規律及相互之間的聯繫。如果順應這些規律，就可以達到心想事成的目的，因此，心是各種問題的統治者。

　　國君是各種官員的首長，能夠為國家立下功勞的人，就會得到國君

的賞賜，而那些不僅沒有立下功勞，反而做錯事情的人，就會得到相應的懲罰。國君會根據臣民的政績來任用，並盡量滿足各自的需求，因此，國家上下，同心同德，這樣，國君也不用太過操勞。

聖人懂得其中的奧妙，因此非常善於按照其中的規律來滿足他人的需求，長此以往，聖人領導的國家便可以長治久安。

一天，劉邦在洛陽附近看見許多將軍圍在一起大發牢騷，可是正當自己走近他們的時候，又聽不到說些什麼，只見將軍們面有慍色，看樣子對劉邦很有意見。於是劉邦就去問張良究竟是怎麼一回事，張良如實回報說：「將軍議論著準備造反！」

張良的話著實把新做了漢朝皇帝的劉邦嚇了一大跳。天下才剛剛平定，又有人出來造反，什麼時候才能過安定的日子呢？於是他趕忙向張良追問原因，要他想出一個妥善的對策，張良分析說：「陛下斬蛇起義，是靠這些將士們出生入死才奪取了天下。秦朝被陛下推翻，項羽也被陛下打敗，如今，陛下當上了皇帝，將軍們現在關心的自然就是分封土地和授予官位的事情了。可是，陛下分封的20多人中，都是蕭何、曹參等陛下最為親近的人，處分的都是那些和陛下有怨恨的人。現在，將軍們一邊在盼著陛下快快分封自己，一邊又擔心土地有限，輪不到自己。還有一些人害怕平時得罪過陛下，會遭到陛下的處置。所以他們才聚集在一起密謀發難。如果處置不當，定會出現內亂。」

劉邦忙問：「事到如今，那我該怎麼辦呢？」

張良介面說道：「我有一計，可以改變這個局面。陛下請告訴我，平時最恨的而且將軍們都知道的人是誰？」

事至如此，劉邦只得如實回答，他頓了頓說：「雍齒，此人作戰勇猛，立過許多戰功，在將士們中也有威望。可是他居功自傲，說話沒頭沒腦，不分君臣，幾次讓我在大臣面前難堪。我恨不得殺此人，痛痛快快地出口氣。但想到那時正是用

名家名言

朱熹〈答方賓王書〉
：

「循塗守轍，猶言循規蹈矩云爾。」

人之際，也就忍了。」

張良拍手笑道：「這就好了，請陛下立即封雍齒為侯，如此一來，那些有戰功而擔心陛下為難他們的人，一看陛下連最恨的人都分封了，那還有什麼顧慮呢？顧慮自然會煙消雲散，還愁他們會造反嗎？」

劉邦採取了張良的建議，於是設下酒宴，當著大臣和將軍們的面，封雍齒為什方侯，又讓丞相、御史加快定功封賞的進度。

幾天前還準備鬧事的將軍們吃過酒宴後，高高興興地說：「現在好了，什麼都不用愁了，連陛下最恨的人都分封了，那我們就等著陛下的分封獎賞吧！」

張良小小的一計，便安定了漢初的局面。

劉邦採納張良的計策迅速又及時，才得以穩定天下，安定臣民。如果劉邦對於實施張良的計策稍稍遲疑，又或者他根本不把張良的計策放在心裡，而是一意孤行，將雍齒殺害，那麼將軍們準備造反的事情就會發生；這也證明了劉邦廣闊的胸襟。

在實際生活中，很多人急功近利，對待事情不能進行認真的分析思考，對待他人的建議不理不睬、放任不管，以致造成不良的後果；也有不少人雖然對自己的前途有良好的規劃，但是計劃不如變化，往往想到了這一方面卻忽視了另一方面，以致事情不能得到更快更好地解決。如果我們能夠停下腳步認真思考，分析事情變化的規律及相互之間的聯繫，找出其中的原因，並迅速果斷地進行相應的處理，事情便會朝向好的一面發展。

《晉書·張載傳》：

「今士循常習故，規行矩步，積階級，累閥閱，碌碌然以取世資。」

第七章　主周

【原文】

人主不可不周①；人主不周，則群臣生亂。寂乎②其無常也，內外不通，安知所開？開閉不善，不見原也③。右主周④。

【注釋】

①不可不周：君主必須廣泛知道世間一切道理。周，周密、細密。

②寂乎：形容沒有人聲，很安靜。

③不見原也：不知道為善的源頭。

④主周：主要講徧通事理。

【譯文】

作為人主必須廣泛了解外界事物，要是不通人情道理，那麼就容易發生騷亂，世間鴉雀無聲是不正常的，內外沒有交往，如何能知道世界的變化。開放與封閉不適當，就無法發現事物的根源。以上講徧通事理。

【延伸閱讀】

作為君主，除了要廣泛了解外界的資訊之外，最為重要的是要將各種事情處理得極為周全，並盡量把各種關係處理平衡，這樣才不會容易發生叛亂。如果不能將問題考慮得細密、周全，凡事馬馬虎虎，敷衍了事，就會有人從中渾水摸魚，投機取巧，最終導致不良局面的出現。

身在職場，要多和他人交換意見，營造和諧的人際關係，這樣才能進一步了解世間的變化。如果內外資訊不通，外面的

真實情況就無從得知，事情的真實面目也就無從知曉，也就無法做出正確的決策，更不用說考慮周全了。因此，不僅是國君，在實際生活中，我們也要養成辦事考慮周全的好習慣。

虢國的國君平日裡只愛聽好話，聽不得反面的意見，因此聚集在他身邊的是一些只會阿諛奉承而不會治理國家的小人。當虢國滅亡的那一天，那一群誤國之臣也一個個做鳥獸散，沒有一個人願意顧及國君，虢國的國君總算僥倖地跟著一個車夫逃了出來。

車夫駕著馬車，載著虢國國君逃至荒郊野外，國君又渴又餓，垂頭喪氣，車夫趕緊將食品袋取出，並送上清酒、肉脯和乾糧，讓國君吃喝。國君感到很奇怪，車夫的這些食物是哪裡來的呢？於是他在吃飽喝足後，便擦嘴問車夫：「你從哪裡弄來這些東西的呢？」

車夫回答說：「我事先準備好的。」

國君又問：「你為什麼會事先做好這些準備呢？」

車夫回答說：「我是專替國君做的準備，以便在逃亡的路上好充饑、解渴呀。」

國君聽了，很不高興地問道：「你知道我會有逃亡的這一天嗎？」

車夫回答說：「是的，我相信遲早會有這一天的到來。」

國君對車夫的話很是生氣，不滿地說道：「既然這樣，那你為什麼過去不早點告訴我？」

車夫說：「因為國君是一個只喜歡聽奉承話的人。如果是提意見的話，哪怕再有道理，國君您也不愛聽。我要給國君提意見，國君不但會聽不進去，說不定還會將我處死。那樣的話，您今天便會連一個跟隨的人也沒有，更不用說有誰來給國君吃的、喝的了。」

國君聽過車夫這番話，氣憤至極，漲著氣紫的臉指著車夫大聲吼叫。

車夫見狀，得知這個昏君已經無可救藥，死到臨頭還不知

悔改。於是連忙謝罪說：「國君息怒，是我說錯了。」

馬車走了一程又一程，兩人都不說話，國君憋不住了，便開口問道：「你說，我到底為什麼會亡國而逃，落到這般田地呢？」

車夫不敢再說反面的話，只好改口說：「是因為您太仁慈賢明了。」

果然，國君聽後，很是高興，頗感興趣地接著問：「為什麼仁慈賢明的國君不能在家享受快樂，安安穩穩地過日子，反而會逃亡在外呢？」

車夫說：「因為除了國君是個賢明的人外，其他所有的國君都不是好人，他們嫉妒您，所以才造成了您逃亡在外的原因。」

國君聽後，心情十分舒暢，一邊坐靠在車前的橫木上，一邊愉悅地自言自語說：「唉，難道賢明的君主就該如此受苦嗎？」他頭腦一片昏沉，睏意來襲，於是枕著車夫的腿睡著了。

而此時，車夫總算是看清了這個昏庸無能的虢國國君，他認為跟隨這種人實在是太不值得了。於是，車夫將自己的腿慢慢地從國君頭下抽出，換一個石頭給他枕上，然後離開國君，頭也不回地走了。

最後，這位亡國之君死在了荒郊野外，被野獸吃掉了。

聽取意見固然是件好事，但是如果只能聽進正面的意見，而容納不了反面意見的話，就會落到像虢國國君這樣的下場。這就告訴我們，在實際生活中，我們不光要聽取好的方面，更要考慮壞的方面，凡事做到細緻周全，那麼，世界上就沒有戰勝不了的困難。反之，如果一意孤行，執迷不悟，那麼後果將是十分可悲的。

第八章　主恭

【原文】

　　一曰長目①，二曰飛耳②，三曰樹明③。千里之外，隱微之中，是謂「洞」。天下奸莫不諳變更。右主恭④。

《韓非子·孤憤》：

「智術之士，必遠見而明察，不明察不能燭私。」

【注釋】

　　①長目：能看到很遠的事物，猶如千里眼。
　　②飛耳：能聽到很遙遠的聲音，猶如順風耳。
　　③樹明：明察一切事物的能力。
　　④恭：恭謹。

【譯文】

　　國君要借鑑天下人都看到的事物，自己就沒有看不到的事物；借鑑天下人都聽到的事情，自己就沒有聽不到的事情；借鑑天下人都思慮的問題，自己就沒有不知道的；那麼千里之外的事情、隱蔽細微的事情就都可以洞察。這樣，天下的奸邪小人不得不悄悄地把自己的壞主張收斂起來。這就是國君要恭謹的原因。

【延伸閱讀】

　　人君要洞察奸邪，懲治奸佞小人，就需要修煉一雙能夠看透事物現象的慧眼，就如同火眼金睛一般，這樣，小人的奸計就無法得逞；要塑造一雙能夠聽到千里之外聲音的耳朵，就如同順風耳一樣，這樣，就能知道小人私底下在謀劃什麼；此外，人君還需要修煉洞察世間萬物的本領，能夠透過事物的表面現象看透事物的真實本質。

那些能夠眼觀六路、耳聽八方，透過現象看本質的人君，即使是藏於深洞中的奸佞小人，也無法逃出人君的慧眼、靈耳。在現實生活中也是如此，要透過事物的層層表象，不要被假象所迷惑，要學會洞悉對方的弦外之音，這樣才不會被奸險小人算計。然而有些人目光短淺，不善觀察，以致不知不覺中就中了小人設計的圈套。

春秋時期，吳國和越國相互爭霸，戰事頻繁。經過長期戰爭，越國終因不敵吳國，只得俯首稱臣。越王勾踐被扣在吳國，行動受到了限制。勾踐立志復國，十年生聚，十年教訓，臥薪嚐膽。表面上對吳王夫差百般逢迎，終於騙得夫差的信任，被放回越國。

回國之後，勾踐依然臣服吳國，年年進獻財寶，迷惑夫差，而在國內則採取了一連串富國強民的措施。幾年後，越國實力大大加強，人丁興旺，物資豐足，人心穩定。此時的吳王夫差卻被勝利沖昏了頭腦，被勾踐的假象迷惑，根本不把越國放在眼裡。他驕縱兇殘，拒絕納諫，殺了一代名將忠臣伍子胥，重用奸臣，堵塞言路。生活淫靡奢侈，大興土木，弄得民窮財盡。

西元前473年，吳國穀物難收，民怨沸騰。越王勾踐選中吳王夫差北上和中原諸侯在黃池會盟的時機，大舉進兵吳國，吳國國內空虛，無力還擊，很快就被越國擊破滅亡。

吳王夫差只看表面，不看本質，被勾踐的假象迷惑，即無慧眼；他驕縱兇殘，拒絕納諫，即無洞察本領，最終落得個國破家亡的下場。在人際交往中，如果我們能對他人的言行舉止、表情動作稍做細緻的觀察，就能避免像吳王夫差這樣的結局。那些眼觀六路、耳聽八方，善於觀察的人，往往能夠九死一生，成為最後的勝利者。

一天，年老多病的獅子想爬到樹上去，結果一不小心從樹上摔了下來，導致一條腿瘸了。看著自己的瘸腿，想到行動不便將給自己帶來困難，心中不禁燃起一絲鬱悶，但牠很快就豁

名家名言

林豁〈江陵救時之相論〉：

「當以某辭入告，某策善後，勇怯強弱，進退疾徐，洞若觀火。」

然開朗，因為牠想到自己年紀大了，捕不到多少食物。不如假裝生病，讓每隻動物前來看我，這樣，自己便可以乘機將牠們吃掉。想到這，年邁的獅子露出了詭異的笑容。

獅子瘸著腿，裝成很痛苦的樣子，縮成一團不斷呻吟著。一隻猴子見了，關心地問道：「你怎麼了？」獅子回答：「我不小心從樹上摔了下來，可能活不了多久了，你去幫我通知大家，讓每一隻動物到我洞裡來看我。」「好吧！」猴子答應了。看著猴子遠去的背影，獅子再一次露出了詭異的笑容。

第二天，松鼠姐妹來到洞中探望獅子，這一進去就再也沒有出來過。

第三天，兔子也來到洞中探望牠，同樣，兔子也沒有出來過。

第四天，野狗去探望，牠也沒有出來過。

……

就這樣，森林裡的動物漸漸少了。過了好幾天，一隻聰明的狐狸來到獅子洞口，但牠並沒有走進洞去，只是托著下巴立在原地，眼睛咕嚕咕嚕轉，好像在思考什麼似的。

獅子見狀，便溫和地對狐狸說道：「狐狸，我很歡迎你的到來，請進來吧！」

狐狸謝絕道：「我就不進去了，因為你的洞口只有進去的腳印，沒有出來的腳印。」說完向後一轉，吹著口哨，頭也不回地走了。

原來，松鼠姐妹、兔子、野狗等很多森林中的小動物都被獅子吃掉了，而聰明的狐狸卻識破了獅子的詭計。

昆蟲有益蟲和害蟲之分，人類有君子和小人之別。在人際交往中，只要留心觀察就不難發現，陰險狡詐之人隨處可見，他們挑撥離間、興風作浪，甚至無惡不作，著實令人討厭，正人君子惟恐避之不及。

俗話說：寧肯得罪十個君子，也不要得罪一個小人。可見，「小人」的危害有多大。奸險小人在上司面前誹謗你，在

名家名言

《道術》：

「纖微皆審謂之察。」

《呂氏春秋‧察傳》：

「夫傳言不可以不察。」

《論語‧顏淵》：

「夫達也者，質直而好義，察言而觀色，慮以下人。」

同事面前詆毀你，甚至會在你的家人面前誣陷你！其手段實在令人防不勝防。因此，為了讓自己少受傷害甚至避免傷害，要洞察奸邪之人，看清小人的醜惡嘴臉，做到防患於未然，就需要掌握用慧眼識破小人陰謀詭計的招數，真正做到眼觀六路、耳聽八方，為自己構築一道防護牆！

第九章　主名

【原文】

　　循名而為①，按實而定，名實相生，反相為情。名實當則治，不當則亂。實生於德、德生於理，理生於智，智生於當。右主名②。

名家名言

曹操〈與王修書〉：

「君澡身澡德，流聲本州，忠能成績，為世美談，名實相符，過人甚遠。」

【注釋】

　　①循名而為：採取符合名分的行動。
　　②主名：名實相符。

【譯文】

　　依照名分去考察實際，根據實際來確定名分。名分和實際互為產生的條件，反過來又互相表現。名分和實際相符就能得以治理，不相符就容易產生動亂。名分從實際中產生，實際從意願中產生，意願從分析中產生，分析從智慧中產生，智慧就產生於適當。以上講名實相符。

【延伸閱讀】

　　一個修養良好、知識淵博且謙虛低調的人，所作所為、言行舉止都遵循著相應的道德規範，因此，能夠受到眾人的好評，帶來良好的名聲。名聲越好，就越會按照道德規範行事，就越會受到他人的稱讚，從而達到名副其實的境地。

　　好名聲取決於外在行為。只要行善積德、為民造福，便可以帶來好名聲，只要所作所為名副其實，便可以確保長治久安。因此，可以說好名聲來自於好行為，好行為來自於為民造福，為民造福來自於良好的道德修養，良好的道德修養來自於遵循事物的規律，遵循規律又來自於適當的分寸。這就是「名

實相符」。

明朝中葉，有一位政績頗著的官吏，他的名字叫邵清。邵清，字士廉，南京人，他的為人與他的名字一樣——清正廉明。

弘治五年（1492），邵清鄉試中舉，次年授官江西德化（今九江市）教諭。教諭雖然只是個很小的官，卻掌管縣儒學生員的教誨之責。邵清不以職卑為輕，任教諭九載，「俸入之外，一錢不取；誨生徒，暑寒罔間，力變習俗。」確實是以身作則，為人師表。他曾對學生們說：「清白堅貞，可質神明，挽士風之陋，整學政之頹」。邵清自己正是以清白堅貞而獲得海內清望。弘治十七年（1504），他部試第一，授官監察御史。以教職而授監察御史，此前尚無先例。

邵清起初受命督辦盧溝橋抽分（徵收），他「痛革宿弊，奸無所容」。到正德初年他又受命巡辦長蘆鹽政，兼理河道。他核實餘鹽，革除弊政，撫恤灶丁，結果「勢豪鹽商，凜凜重足立，貪吏多棄印綬去。」

邵清辦事清正剛直，論劾處置的多為權貴，又不肯稍有姑息，即使有人請託都御史出面講情，他也不肯買賬。邵清因此得罪了不少權貴富豪，為他們所嫉恨，不久便因宦官和富商合謀誣陷，被置於午門下用刑。家裡人來看到，不由失聲落淚。邵清卻坦然受刑，並勸慰家人道：「我非自敗名節，以辱先人至此，況得失在我，何哭為！」此後邵清被免職家居，他也樂得閉門謝客，每日在園中種菜，在書房教子，過著清貧的生活。

嘉靖初年，邵清再次被起用為雲南按察司僉事，但他依然不改當日的清直之風，初至任，便為屬官辯誣，又巡視諸寨，修城垣，召商賈，辦了不少利民之事。

滇南一帶，素以出珍奇聞名，邵清卻一毫不取，所入只是份內的廩祿柴薪而已。等到入京辦事時，隨身攜帶除了行李圖書，此外一無長物。邵清自己清正，對屬下也約束極嚴，史書

名家名言

林肯：

「品格如同樹木，名聲如同樹蔭。我們常常考慮的是樹蔭，卻不知樹木才是根本。」

中稱他，「下至胥吏輿台，一無所染。」深為當地少數民族所悅服。

邵清晚年辭官家居，回到南京，就連自己居住的地方也沒有，只好借住在岳父家中。他一生為官清正，家無餘貲，以致貧困到連吃飯都困難了，常常到了中午，家裡還沒能舉火燒飯。可是邵清卻毫無怨言，依然過得十分自在。

有一天，督學御史林有孚到邵清家中來拜訪，兩人談得非常投機，可是始終對坐而談，也不見家人備茶待客，原來邵清家中已貧得無茗具可設。林御史知道後感歎而去。

當時有人將朝廷沒收的官田送給邵清，幫他藉以養家，邵清卻斷然推辭，不肯收受。他就這樣清貧地度過了晚年。

在他80歲那年，終於在貧困中病倒了。兒子守在他身邊，邵清語重心長地對兒子說道：「為己謹獨甚難，平生不敢受安逸，唯我與汝自知之。」又說，「兢兢業業，過了一生，將蓋棺，務保全無過，瞑目時心始放下耳。」這便是他的遺言。幾天後，邵清便與世長辭。

當時人們都評論他說：「僉憲（即邵清）之賢於人遠矣。夫少而穎敏交修文行，美材質也；兼舉本末而不偏敷，善教也；按視有功，剴切上疏，貞憲度明治體也；不奪於權奸，有守也；不怠於起廢（重新起用），有為也；始終不苟取，廉之誠也；忠孝者，本也；人皆聞而哀之者，可以觀德也；嗚呼備矣！」邵清簡直就是一位完人，而這一切都是他自嚴自責自勵的結果。平生不去圖安逸，兢兢業業，務求無過，到死也無愧於心，無愧於人。這是邵清為官的準則，也是他能夠名垂青史的原因。

邵清是名實相符的清官，他為眾人所敬重，為世人所效仿，是難得的好官。不少人一生不是為名就是為利，這二者的確很難分割。但一個追名逐利的人，並不能因此說明他品行不好，道德敗壞，判斷的依據主要還在於名是否符實。

很多人都有這樣的感歎：做一個人很難，做一個名副其實

名家名言

賽勒斯：

「擁有一個好的名聲比擁有金錢更顯得重要。」

的好人難上加難。而「今不修身而求令名於世者，猶貌甚惡而責妍影於鏡也。」就是對那些名不副實者的批評。品德真正高尚的人，並不會去刻意追求外在的名利，他只是覺得所有的事情都是在自己的義務範圍之內，都是自己應該做的，也只有這樣的人才能夠得到人們的認可，從而名揚千里。

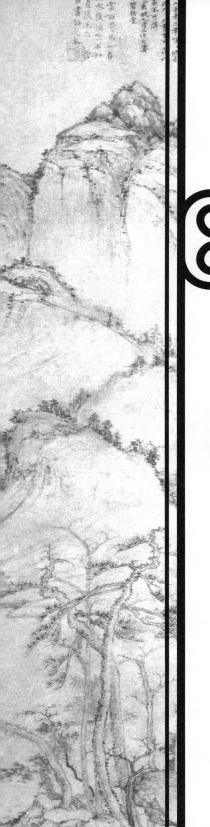

第十三篇

本經陰符
七篇

第一章 盛神法五龍

【原文】

盛神③法五龍④。盛神中有五氣⑤，神為之長，心為之舍⑥，德為之人⑦。養神之所，歸諸道⑧。道者，天地之始⑨，一其紀也⑩。物之所造，天之所生。包宏無形化氣，先天地而成，莫見其形，莫知其名，謂之「神靈」。故道者，神明之源，一其化端⑪。是以德養五氣，心能得一⑫，乃有其術。術者，心氣之道所由；舍者，神乃為之使。九竅、十二舍⑬者，氣之門戶，心之總⑭攝⑮也。生受之天⑯，謂之真人。真人者，與天為一。而知之者，內修煉而知之，謂之聖人。聖人者，以類⑰知之。故人與生一，出於化物⑱。知類在竅⑲，有所疑惑，通於心術，術必有不通。其通也，五氣得養，務在舍神⑳。此之謂化。化有五氣㉑者：志也、思也、神也、心也、德也，神其一長也。靜和者養氣，養氣得其和。四者不衰，四邊咸勢，無不為，存而舍之㉒，是謂神化歸於身，謂之真人。真人者，同天而合道，執一㉓而養產萬類，懷天心、施德養，無為以包志慮、思意，而行威勢者也。士者，通達之，神盛乃能養志。

【注釋】

①本經：本，本源、根本；經，經典。這裡指基本經典。

②陰符：陰，暗；符，符契。這裡指客觀事實與主觀謀劃暗合。

③盛神：盛，旺盛，強盛；神，指人的意識和精神。

④五龍：五行中的龍。所謂「五行」，是中國古人說明宇宙萬物變化的傳統學說，認為在天地之間，有循環流轉不停的金、木、水、火、土，萬物就是根據這五種元素而產生的，龍是古代想像中的靈獸，具有超人的能力。

《中國氣功四大經典·總序》：

「它不僅是養生之道，長壽之星，而且是探討與研究生命奧祕。」

⑤五氣：指心、肝、脾、肺、腎五臟之氣。這裡認為氣是萬物生成的根源，形成風雨、寒暑、陰晴等天地間現象之源。

⑥心為之舍：舍，住所。心是五氣所「住宿」的地方。

⑦德為之人：德是使人成為人的本源。

⑧養神之所，歸諸道：根據道來養神，道是萬物的根源，也是養神的根本。

⑨天地之始：天地的開始，指「道」。

⑩一其紀：一是一切的綱紀。

⑪化端：變化的開始。

⑫得一：一為萬物之源。得一，即得到一切。

⑬十二舍：是指目、耳、鼻、舌、身、意、色、聲、香、味、觸、事等。

⑭總：謂聚合，統領。

⑮攝：提起，執持。

⑯受之天：由上天傳授到人間。

⑰類：種類。

⑱化物：變化。

⑲知類在竅：人之所以能知事類，完全是根據九竅。

⑳舍神：使魂魄停止。

㉑五氣：這裡指志、思、神、心、德而言。

㉒舍之：住在這裡。

㉓執一：專一。

【譯文】

要使人的精神旺盛充沛，就要效法五龍。旺盛的精神中包含著五氣，精神是五氣的統帥，心靈是五氣的住所，品德是精神在人身上的表現。凡屬培養精神的方法都歸於「道」。所謂「道」，就是天地的本源，是天地的綱紀。創造萬物的地方，就是天產生的地方。化育萬物的氣，在天地之前就形成了，可是沒有人見過它的形狀，也沒有人叫出它的名稱，只好稱之為

「神靈」。所以說，「道」是神明的根源，而「一」是變化的開端。品德可養五氣，心能總攬五氣，於是產生了「術」。「術」是心氣的通道，是魂魄的使者。人體上的九個孔和十二舍是氣進出人體的門戶，都由心所總管。從上天獲得生命的人是真人，真人與天融為一體。明白這些道數的人，是透過內心的修煉才明白的，這就叫作聖人，聖人能以此類推而明白一切道理，人與萬物一起生成，都是事物變化的結果。人所以能了解事物，都是透過九竅。如果對事物有疑惑不解的地方，就要採取一定的方法去排除，如果仍然不通，那就是方法不當。當九竅暢通之時，五氣就會得到滋養，滋養五氣就要使精氣留住，這就是所說的「化」。所謂化，必須有五氣，主要是指志向、思想、精神、道德而言，其中「神」是五氣的統帥。如果寧靜、祥和就能養氣，養氣就能得到祥和。這四個方面都不衰弱，周圍就構不成威脅，對這種情況可以用「無為」來處之。把五氣寓於自身，就是所謂神化，當這種神化歸於自身時，那就是真人了。

所謂真人，就是已經把自身和自然融為一體，和大道徹底符合，堅守無為法則來化育萬物，他們以大自然的胸懷，廣施善德來滋養五氣，本著無為法則，包容智慮、思意，施展神威。士人如能心術通達，心神盛大，就能修養自己的心志。

《周禮‧天官‧疾醫》：

「以五氣、五聲、五色眽其死生。」

【延伸閱讀】

人身上有五氣，即：心、肝、脾、肺、腎。精神是五氣的統帥，心靈是五氣的住所，品德是五氣的根本。「養神之所」在於道，而道是神明的根源，品德可以養五氣心志自然可以生術，而術又是心氣所借用的手段，是靈魂的使者。九種器官、十二種住處都是氣的出入口，都由心來管制，這些都是與生俱來的。

在這裡，文章重在講述積蓄力量的問題。「盛神」即積極努力，積蓄力量的過程。因此，我們要學會利用寶貴的時間

來加強內在的修煉，善於累積，不斷磨練，加強自己的競爭能力，一旦時機成熟，便可迅速出擊，銳不可當。而如果時機未到，隨意妄行，往往會造成失敗的後果。

農夫在地裡同時種了兩棵一樣大小的果樹苗。第一棵樹拚命地從地下吸收養料，儲備起來，滋潤每一個枝幹，積蓄力量，默默地盤算著怎樣完善自身，向上生長。另一棵樹也拚命地從地下吸收養料，凝聚起來，開始盤算著開花結果。

第二年春天，第一棵樹便吐出了嫩芽，努力向上長。另一棵樹剛吐出嫩葉，便迫不及待地擠出花蕾。

第一棵樹目標明確，忍耐力強，很快就長得「身材」苗壯。另一棵樹每年都要開花結果。剛開始，著實讓農夫吃了一驚，非常欣賞它。但由於這棵樹還未成熟，便承擔開花結果的責任，累得彎了腰，結的果實也酸澀難吃，還時常招來一群孩子石頭的襲擊。甚至，孩子會攀上它那不夠強壯的「身體」，在掠奪果子的同時，損傷著它的自尊心和「肢體」。

時光飛逝，終於有一天，那棵久不開花的壯樹輕鬆地吐出花蕾，由於養分充足、「身體」強壯，結出了又大又甜的果實。而此時那棵急於開花結果的樹卻成了枯木。農夫詫異地嘆了口氣，將那棵瘦小的枯木砍下，當作木柴燒了。

有時不急於表現自己的人恰恰正是最富有競爭力、生命力最強、最有前途的人。

累積不夠，就急於表現，只能是曇花一現，甚至會給自身帶來傷害；而厚積薄發，水到渠成的人則會長久地享受成功的愉悅。

世間的萬物，都有自己的發展規律與步驟，我們不能為了達到某種炫耀的目的就揠苗助長，躍過或者忽略掉其中的一步，這樣只能使自己成為一個不健全的人，給自己的發展帶來不良的影響，這是一種短視行為。不要為眼前的小利而失去長遠的大利。要學會耐心等待，等待收穫更大、更好的「果實」。

名家名言

《素問‧六節臟象論》：

「天食人以五氣，地食人以五味。五氣入鼻，藏於心肺。」

　　一匹野狼臥在草地上奮力地磨牙時，狐狸看到了，就對牠說：「老兄，天氣這麼好，大家在休息娛樂，不如你也加入到我們的隊伍中吧！」野狼沒有說話，繼續磨著牙，牠把牙齒磨得又尖又利。狐狸見狀奇怪地問道：「森林這麼安靜，獵人和獵狗早已回家了，老虎也沒在近處徘徊，根本沒有任何危險，你何必那麼勤於磨牙呢？」這時，野狼停下來回答說：「你想想，如果有一天我被獵人或老虎追逐，到那時，我想磨牙也來不及了。如果平時我就把牙磨好，到那時就可以保護自己了。」

　　「書到用時方恨少」，平時不努力，不充實學問，臨時抱佛腳是解決不了問題的。

　　「機會只屬於準備好的人」，要想在機會來臨時緊緊抓住，就要在平時積蓄力量，磨練一雙能夠把握機會的手。

　　這個時代是一個競爭的時代，要想在競爭中打敗對手，讓自己成功，就必須加強自己的實力，要善於利用時間加強自身的鍛鍊，透過不斷地累積來加強自身的競爭能力，等待厚積薄發的時刻！

第二章　養志法靈龜

【原文】

養志①法靈龜②。養志者，則心氣③之思不達也。有所欲，志存而思之。志者，欲之使也。欲多則心散，心散則志衰，志衰則思不達也。故心氣一則欲不偟④，欲不偟則志意不衰，志意不衰則思理達矣。理達則和通，和通則亂氣不煩於胸中。故內以養志，外以知人；養志則心通矣，知人則分職明矣。將欲用之於人，必先知其養氣志。知人氣盛衰，而養其氣志；察其所安，以知其所能。志不養，心氣不固；心氣不固，則思慮不達；思慮不達，則志意不實；志意不實，則應對不猛；應對不猛，則志失而心氣虛；志失而心氣虛，則喪其神矣；神喪則彷彿⑤，彷彿則參會⑥不一。養志之始，務在安己⑦；己安則志意實堅；志意實堅則威勢不分。神明常固守，乃能分之。

白居易《辭召試中書舍人第二狀》：

「憂患以來，筆硯都廢，今雖勉強，心志已衰。」

【注釋】

①養志：培養志向。

②靈龜：指用來占卜的龜。

③心氣：指神。

④偟（ㄏㄨㄤˊ）：徬徨，徘徊不定。

⑤彷彿：兩者似而難辨，覺得相像。

⑥參會：參，通「三」。指志、心、神三者交會。

⑦務在安己：務，必須；安己，假如欲望少，心就會安靜。

【譯文】

培養心志的辦法是效法靈龜。培養心志的原因是由於思

慮還沒有通達。如果一個人有某種欲望，就會在心中想著如何去滿足。所以說心志不過是欲望的使者。欲望多了，心神就會渙散，意志就會消沉。意志消沉，思慮就無法通達。因此，心神專一，欲望便無隙可乘；欲望無隙可乘，意志就不會消沉；意志不消沉，思想脈絡就會暢通；思想脈絡暢通，就能心氣和順；心氣和順就沒有亂氣鬱積於心中。因此，對內要以修養自己的五氣為主。對外，要明察各種人物。修養自己可以使心情舒暢，了解他人可以知人善任。如果想重用一個人，應先知道他是如何培養心志的，因為只有了解了一個人的五氣和心志的盛衰之後，才能繼續修養他的五氣和心志，然後再觀察他的心志是否安穩，這樣就可以了解他的才能到底有多大了。如果一個人的心志都得不到修養，那麼五氣就不會穩固；五氣不穩固，思想就不會暢通；思想不暢通，意志無法堅定；意志不堅定，應付外界的能力就不強；應付外界能力不強，就容易喪失意志，心裡空虛；喪失意志，心裡空虛，就喪失了神智；人一旦喪失了神智，他的精神就會陷入恍惚的狀態；精神一旦陷入恍惚的狀態，那麼他的意志、心氣、精神三者就不會協調一致。所以培養心志的首要前提是安定自己。自己安定了意志才能堅定，意志堅定了，威勢才不分散，精神才能固守。只有這樣，才能分散對手的威勢。

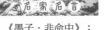

《墨子·非命中》：

「是故昔者三代之暴王，不謬其耳目之淫，不慎其心志之辟。」

【延伸閱讀】

只有欲望的產生，才有想法的出現，讓欲望變成一種現實，就是所謂的「志向」。它是欲望的使者，欲望太多，就會導致心力分散、意志消沉；如果能夠做到心神合一，欲望就無機可乘，沒有了欲望，就會心力集中、意志堅強、心情舒暢，煩惱自然隨風而去。因此，我們要做到對內養氣，對外明察各種人物，修身養性。

要想重用他人，就必須先了解他人，掌握他人培養心志的途徑，只有這樣，才能判斷他是否能夠真正勝任。那些五氣不

穩、思慮不暢、意志薄弱的人，往往反應遲鈍、缺乏信心、精氣不足，甚至還會出現精神恍惚的現象，這樣的人，「志」、「心」、「神」不諧調，是無法委以重任的。

在實際生活中，要培養心志，修身養性，首先就要使自己安定，心無雜念，唯有這樣，意志才能堅定，思慮才能暢通，五氣才能穩固，才能顯示出自己的神威，神威固守，才能調動一切。

賢明仁厚的唐堯擔任部落聯盟的最高首領幾十年，日夜為人民操勞，更為黃河之患憂慮。他想做的事情還很多，可惜現在人老了，力不從心，於是想挑選一個接班人。

放齊向帝堯推薦堯的嗣子丹朱。堯說：「丹朱是個很不虛心的人，又好爭論一些無原則的是非，這樣的人不會老老實實為人民做事，不可用。」帝堯轉向四岳：「你們哪一個能當我的接班人？」四岳均謙讓不受，說自己才疏學淺，不能擔此重任。

堯說：「既然這樣，你們就推薦一個吧！不管近親還是遠戚，是官是民，只要才能兼優就行。」

四岳都說：「冀州有個平民叫虞舜，母親早逝，父親瞽叟雙目失明，靠種田捕魚維生，有時做些陶器。他勤勞、誠懇、樸實，尤其是家庭關係處理得很好。舜有個弟弟名象，後母所生。後母不講禮，弟弟很傲慢，父親聽後母調唆，幾次想把舜弄死，但舜仍然對父母很孝順，對弟弟也很友愛，一家人很和睦。這種人一定能夠擔當大任。」堯聽了覺得可以，但必須親自考察一番，便把兩個女兒娥皇和女英嫁給已三十歲，但尚未結婚的舜為妻，又命令九個兒子和舜一起工作，以便觀察舜的為人。

舜成親後，要求妻子孝敬公婆，盡兒媳的職責，照顧弟弟，盡大嫂的本分，並沒有因為妻子出身高貴而破壞家庭的規矩。舜對堯的九個兒子要求都很嚴格，無絲毫遷就之心。舜在鄜山開荒種地，由於和氣謙讓，同他一起開荒種地的人都能互

名家名言

羅貫中《三國演義》：

「盛為築宮室，以喪其心志；多送美色玩好，以娛其耳目。」

卡內基：

「朝著一定目標走去是志，一鼓作氣中途絕不停止是氣，兩者合起來就是『志氣』。一切事業的成敗都取決於此。」

讓田界，融洽相處。舜去雷澤釣魚，雷澤的人看見舜謙遜和氣，都不好意思與他爭執。舜在河邊做陶器，仔細認真，一點不合規格就重做。那些做工馬虎的人見了，既感到慚愧，又非常羨慕，便跟著舜學，漸漸地就做得精緻了。舜的品德在人們中產生了很大感召力，大家都願意親近他。他的住所本來很偏僻，但一年後就變成了村落，兩三年就成為熱鬧的城鎮。

堯很賞識舜的作為，賞給舜一架名貴的琴、許多高級衣料和一群牛羊，又為舜修建糧倉，舜的弟弟象，看到舜富裕起來，非常妒忌，一心要暗害舜。

有一次象和母親商量好了，要瞽叟叫舜去修整漏雨的倉屋。舜領了瞽叟的指令，便回房告訴自己的妻子，娥皇和女英各取了一個大竹笠給舜修倉遮太陽用。舜取了梯子爬上倉頂，聚精會神地修補著。這時，象偷偷把梯子拿開，接著在倉屋的周圍放起火來，打算把舜燒死。倉頂是用茅草蓋的，一著火就迅速燃燒起來。只見黑煙翻滾，烈焰騰騰，把舜嗆得無法呼吸，燙得皮肉通紅。舜找梯子，梯子卻不知去向，他急中生智，連忙把遮太陽用的兩個竹笠挾在左右腋下，一邊一個像鳥的翅膀一樣，冒險往下跳去。乘著風勢，飄飄盪盪落在離倉較遠的地方。舜明知是象和後母的詭計，但並不計較。象得知此計不成，又生一計，他與其母商議，勸瞽叟叫舜去修井。於是瞽叟對舜說：「這幾天不下雨，井水淺，你下井去把泥沙清乾淨，把井挖深一點。」舜回到自己的房間，把修井的事告訴妻子。娥皇和女英便各取一把短斧給舜，囑咐舜要多加小心。舜下井後，先不清泥沙，而用兩把短斧在並壁上挖了一個洞。洞剛挖好，象就在井上叫舜，舜答應了一聲。象知舜在井裡，急忙和瞽叟一起動手，往井裡推泥團、石塊，打算把舜堵死在井裡。象估計舜已死了，便手舞足蹈跑到其母面前說：「妙計由我想出，現在可以把哥哥的東西分了，糧倉和牛羊歸妳和爸爸，兩個嫂子和琴等用具歸我。」舜早已料到象居心不良，當象在井口叫舜，舜應了一聲後，便躲到剛挖好的井洞裡。原來

名家名言

顧起元《客座贅語·莠民二則》：

「百家之中必有莠民，其人或心志凶譎，或膂力剛強。」

這口井與旁邊的另一口井相通，舜估計象已經走開，就從旁邊的井口爬出。這時，象走進舜的房間，東翻西找，心想：「所有的東西都是我的了。」正當象心曠神怡地彈著琴時，舜從外面走進來，和象打招呼。象不覺大驚失色，滿臉通紅，轉身朝屋外跑去。舜連忙把象叫住，和顏悅色地說：「你來得正好，我這裡有些事要你幫助料理一下。」

舜仍和過去一樣，對弟弟友愛，對父親孝順。堯對舜經過一段時間的考察，認為舜的品德的確很好，而且能夠從容應付各種棘手的事情，於是就要舜幫助他掌管行政方面一些事物。

舜上任後，很注意選拔人才。當時高陽氏有八個才子，人們稱之為「八愷」，高辛氏有八個才子，人們稱為「八元」，都賢明正直，多才多藝，他們都被舜推薦出來協助工作。舜幫助堯辦理政事，不管做什麼，都辦得井井有條，因此，受到各部落的首領和遠方來朝賓客的尊敬。經過幾年的考察，堯認定舜可以做他的接班人，就把最高首領的位置讓給了舜。堯正是因為了解舜的心志狀態，知道他的能力，才做到知人善任的。

養志的目的就是要使自己安定，意志堅定、精力集中。對外要明察各種人物，知道他們的意志狀態，知道他們的能力，才能做到知人善任。而唐堯禪讓的故事就說明了這一點。

在現實生活中，要達到「養志」的目的，首先就要安定自己的內心，努力做到心神合一，這樣，欲望便無機可乘。世界上的事情紛繁複雜，只要意志堅定，心神合一，反覆實踐，就能順利掌握其中的規律，事情也就變得得心應手、運用自如。

第三章　實意法螣蛇

【原文】

實意法螣蛇①。實意②者，氣之慮也。心欲安靜，慮欲深遠；心安靜則神明榮③，慮深遠則計謀成；神明榮則志不可亂，計謀成則功不可間。意慮定則心遂安，心遂安則所行不錯④，神者得則凝⑤。識氣寄⑥，奸邪得而倚之，詐謀得而惑之，言無由心矣。故信心術⑦，守真一而不化，待人意慮之交會，聽之候之也。計謀者，存亡樞機⑧。慮不會，則聽不審⑨矣，候之不得。計謀失矣，則意無所信，虛而無實。故計謀之慮務在實意，實意必從心術始。無為而求安靜，五臟和通六腑⑩。精神魂魄固守不動，乃能內視、反聽⑪、定志，思之太虛，待神往來，以觀天地開閉，知萬物所造化，見陰陽之終始，原人事之政理。不出戶而知天下，不窺牖⑫而見天道。不見而命，不行而至，是謂「道」。知以通神明，應於無方⑬而神宿⑭矣。

【注釋】

①螣（ㄊㄥˊ）蛇：傳說中的神蛇，能騰雲駕霧，在雲中飛舞。

②實意：實，充實，充滿；意，意思，思慮。

③神明榮：神，精神，神志；明，聰明；榮，繁茂、旺盛。

④心遂安，則所行不錯：如果內心平穩安定，就不會有錯誤。

⑤凝：穩定、鞏固。

⑥寄：依附。

⑦信心術：使心術誠明。

⑧樞機：關鍵、重點。

⑨審：詳細，周密。

⑩六腑：指膽、胃、膀胱、小腸、大腸、三焦（指自舌的下部沿胸腔至腹腔的部分）。

⑪反聽：聽取他人的意見。

⑫牖（一ㄡˇ）：窗戶。

⑬無方：無限的世界。

⑭神宿：神明留住心中。

【譯文】

　　要堅定意志，就要效法螣蛇。堅定意志就是要在五氣和思想上下工夫。心情要安詳寧靜，思慮要周到深遠。只有心情安詳寧靜，精神才會愉快；只有思慮深遠，計謀才能成功。精神愉快，心志就不會紊亂；計謀成功，功業就不可抹殺。意志和思慮能安定，心情就能安詳，其行為沒有差錯，精神就能寧靜。如果膽識和心氣只是暫時寄住，那麼奸邪就會乘機而入，陰謀也會乘機來施展，所講的話也不是經過用心考慮的。因此要堅信通達心靈的方法，信守純真始終不變，靜靜地等待意志和思慮的相通，聽候期待這一時機的到來。計謀是國家存亡的關鍵，思慮不和意志相通，所聽到的事就不詳明。即使等候，時機也不會到來，計謀也就失去了作用，那麼意志也就無所依賴，計謀也就成了虛而不實的東西。所以，思慮計謀時務必要做到意志堅強，心氣寧靜。無為要求安靜五臟和通六腑，使精神、魂魄固守純真，不為外界所動。於是就可以對內自我省察，對外聽取消息。凝神定志，神遊太虛幻境，等待時機和神仙往來，觀察開天闢地的規律，了解自然界萬物演變的過程，揭示陰陽變化的規律，探索人世間治國安邦的道理。這樣自己不出門就能知曉天下大事，不開窗就能看見天道，沒看見民眾就發出命令，沒推行政令就天下大治，這就是所謂的「道」。它能和神明交往，和無限的世界相應和，並可以使神明長駐心中。

【延伸閱讀】

　　每個人都需要安靜，都希望思慮能夠深遠。「心欲安靜，慮欲深遠」，只有意志、思慮安定，才能使心境保持安詳；心

名家名言

白居易《百花亭》：

「常言道海深須見底，各辦著個真心實意。」

境安詳則精神愉快，精神愉快則精力集中，這樣就可避免差錯的出現。「心安靜則神明榮，慮深遠則計謀成，神明榮則志不可亂。」安心是靜心的前提，只有靜心，才能使人體五臟六腑內的環境得以有序地進行自我調節，實現和諧與平衡，這樣，人的精、氣、神才能得到滋補與營養，達到精力充沛、心神旺盛的境地。

計謀是國家興衰的關鍵，要興就要先謀劃再實施，只有謀劃周密、考慮周全，才能取得成功；如果先實施再謀劃，必然導致失敗。因此，在實際生活中，凡事都要從實際出發，運用思維，分析情況，將各種因素考慮周全，並採取相應的對策，這樣才能讓自己處於主動地位，立於不敗之地。

戰國時代，齊國和楚國為土地而發生爭執。楚襄王謀定而後動，用慎子之謀，統納眾臣之議，終於保住了五百里國土。

楚襄王做太子時，曾在齊國當人質，楚懷王死後，太子要趕緊歸國繼承君位。齊王卻乘機要脅他，提出以楚國東部五百里土地作為交換條件，不然就不放他回去。太子向身邊隨臣慎子求教。慎子認為，回國繼承君位是大事，可以先答應齊國的要求，餘下的事以後再說。太子回國繼承了君位。不久，齊國便派使者帶領兵車50輛，向楚國索要先前答應的五百里土地。襄王很為難，又向慎子討主意。慎子說：「明日您上朝時，召見眾臣，讓大家都獻計。」第一個獻策的是上柱國子良，他說：「不能不給，身為君主，金口玉言。過去已經答應，現在不給就是不講信用。那樣，日後在諸侯國也難以取信。應當先給，然後再出兵奪取回來。先給他，表明我們言而有信。再次取回來，證明我們武力強大。」

子良退出，昭常入見襄王說：「不能給。我們楚國能夠號稱萬乘之國，就是因為地盤廣大。如今割去東部五百里土地，楚國就去掉了一半，豈非徒有萬乘之名而無萬乘之實？堅決不能給！請求大王讓我領兵去東部鎮守邊境。」

昭常退出，景鯉入見，他說：「不能給。不過，以楚國

名家名言

賈誼〈過秦論〉：

「深謀遠慮，行軍用兵之道，非及曩時之士也。」

自己的力量也難以守住。莫如答應給他，以踐約守信。請大王
再派我去求救於秦，助我守地。」景鯉出，慎子最後入見。楚
襄王便把子良、昭常、景鯉三人的主張都告訴慎子，並且說：
「眾說紛紜，我將何所適從？」慎子聽罷，從容地說：「這些
建議大王都可以採用。」楚王十分迷惑，苦著臉說：「此話是
什麼意思？」慎子說：「臣請用事實去證明他們的三種主張都
是可行的。」於是，慎子便向楚王說出了具體的辦法：「大王
可以先讓上柱國子良前往齊國獻地；第二天，派昭常去東部鎮
守；第三日，再派景鯉去向秦國求救。」楚王便依計而行。子
良到了齊國，告知齊王同意立即獻地之事。可是，當齊國派兵
去東部接管地盤時，守將昭常卻說：「我奉命守此東地，便當
守職盡責，與國土共存亡。如果你們一定要奪取這塊土地，我
這五尺男兒，還有上至皓首老人，下至三尺兒童，以及三十多
萬楚國士卒，都願為守護東部國土而獻身！」齊王聞訊，便譴
責子良說，「大夫你親自前來獻地，如今又令昭常鎮守，這是
何故！」子良說：「我奉楚王之命前來獻地是真，昭常不給是
有違君命。請大王出兵東地攻打昭常便是。」

　　於是，齊王大舉興兵攻打東地。但還未到達楚國邊界，
秦國已出動50萬大軍兵臨齊國。秦軍統帥派使者致意齊王說：
「當初齊國阻止楚太子歸國繼承君位，並乘機要脅，索要土
地，這是不仁；如今又出兵強行攻佔楚國土地，這是不義。如
果退兵便罷，不然，我就不客氣了。」齊王惟恐後方有閃失，
只好讓子良回歸楚國，並派使者赴秦講和。結果，楚國既保住
了東部五百里國土，又未失義於天下。

　　客觀事物相互聯繫、相互作用。楚襄王遇有疑難，能夠做
到先謀而後動，可以說是明智之舉。子良、昭常、景鯉三人的
建議截然不同，而慎子卻善於各取其長，互為補充，形成一個
保全國土的上上之策，這樣的一謀統三籌，慎子不愧是大智之
人。

　　人無遠慮，必有近憂。如果不考慮長遠利益，就無法謀

名家名言

司馬相如〈喻巴蜀檄
〉：

「計深慮遠，急國家之
難，而樂盡人臣之首
也。」

劃當前的問題；如果不考慮全局利益，就無法處理局部問題。只有謀深計遠，及時認識和掌握事物變化發展的規律和趨勢，事先採取相應的對策，才能做到知人所不知，見人所不見。

　　人生在世，要實現理想，做出一番大事業，就必須擁有健康的體魄、充沛旺盛的精神。在現實生活中，要像對待理想、對待事業那般做到「實意」，即真心真意，而不能虛情假意；要一心一意，杜絕三心二意，更不能左顧右盼，一切只作表面文章，要朝著學術事業的縱深發展。讓堅定的信念和真心實意作基礎的同時，遵循一定的科學方法，最終實現自己的理想。

第四章　分威法伏熊

【原文】

　　分威①法伏熊②。分威者，神之覆③也。故靜固志意，神歸其舍，則威覆盛矣。威覆盛，則內實堅；內實堅，則莫當；莫當，則能以分人之威，而動其勢，如其天。以實取虛，以有取無，若以鎰稱銖④。故動者必隨，唱者必和，撓其一指，觀其餘次，動變見形，無能間者。審於唱和，以間見間，動變明，而威可分。將欲動變，必先養志，伏意以視間。知其固實者，自養也。讓己者，養人也。故神存兵亡，乃為之形勢。

名家名言

《唐書‧五行志》：
「韋后姊七姨嫁將軍馮太和，為豹頭枕以辟邪，白澤枕以辟魅，伏熊枕以宜男，亦伏妖也。」

【注釋】

　　①分威：影響很遠，威勢盛大。

　　②伏熊：想要進行偷襲的熊，首先要把身體伏在地上，然後才採取行動。

　　③覆：覆蓋，遮蓋。

　　④以鎰稱銖：容易移動的意思。鎰是重量單位，相當於二十四兩；銖亦是重量單位，二十四銖為一兩。

【譯文】

　　分散隱蔽威風，就要效法伏熊。所謂分威，就是把威風隱藏起來。要平心靜氣地堅持自己的志向，使精神歸於心舍，那麼威風就會顯得更加強勁。威風因隱伏而強勁，內心就更堅定有底。內心堅定，就所向無敵。所向無敵，就可用分散隱伏威風來壯大氣勢。使其像天一樣壯闊。用實來取虛，以有來取無，就像用鎰來稱銖一樣輕而易舉。因此，只要行動，就必定有人追隨；只要吶喊，就會有人附和。只要曲起一根指頭，就

可以觀察其餘手指的活動，只要能見到各指活動的情形，就說明外人無法離間他們。如果通曉唱和的道理，就可用離間的手法去加大敵人的裂痕。如果審察透徹，就能讓敵人的弱點曝露出來。這樣行動就不會盲目，威勢也可以分散一些。將要有所行動必須先修養心志，隱蔽自己的實力，暗中觀察對手的漏洞。凡是意志堅定的人，就是能自我養氣的人。凡是謙遜的人，就是能替人養氣的人。因此要設法讓精神的交往發展下去，讓武力爭鬥得以化解。這就是所要實現的形勢。

【延伸閱讀】

「分威」就是把自己的實力、神威隱藏起來，以實來取虛，以有來取無。「實」就是軍隊的勇、強、治、佚眾、有備等強點；「虛」就是怯、弱、亂、寡、無備等弱點，要善於利用對方的弱點來取勝對方。

在特殊的形勢下，用偽裝的方法將真正的志向和動機隱藏起來，使自己不受外來的干擾和侵略，便於保存和發展自己。原本能夠攻下卻故意裝作不能，原本能夠守住卻故意假裝不能，有戰鬥能力卻故意裝作沒有。透過偽裝來迷惑敵人，讓其陷於被動地位，乘勢戰而勝之。

運用這樣的謀略方法，應注意掌握謀略對抗的全局，在可能的基礎上掩飾自己，設下騙局，絕不消極退讓，一旦敵人上當，便採取正確進攻的方法以戰而勝之。

唐憲宗時，戎族和羯族進攻中原地區，於是皇帝下令，調動南梁的5000人馬，前往京師駐鎮。南梁軍隊剛要出發，眾人叛亂，趕走了他們的統帥。聚集起來抗拒王命。這種狀況持續了一年多。唐憲宗為此事深感不安。這時候京兆尹溫造請求單槍匹馬前往處理此事。溫造到了南梁境內，南梁人看見只是來了一個儒生，溫文爾雅，認為不會有所作為，因此放鬆了對他的警惕。

溫造到達目的地後，只是宣讀了皇帝的詔書，對大家安撫

和問候一番，對於作亂之事隻字未提，彷彿什麼事也沒有發生
一般，就連南梁軍隊中那些帶頭作亂、全副武裝的人，溫造也
裝作沒看見。

　　有一天，溫造在操場中設置樂隊演樂曲，全軍戰士都前往
操場聽樂曲，溫造讓軍人在長廊下邊吃飯，飯桌的前面正對著
長廊的台階，南北兩行設置了兩根長繩，讓軍人各自在面前的
長繩上掛上他們的刀劍，然後吃飯。酒宴剛開始，忽然響起了
一聲鼓，溫造手下的人站在長廊的台階上，從兩頭齊力平舉兩
根繩索，於是所有的刀劍瞬間離開地面三丈多高。沒有武器的
軍人們顯得一片慌亂，根本無法施展他們的勇武。這時溫造把
門關上，命令手下的人斬了這些叛軍。從此以後，南梁地方的
人便不再謀反了。

　　溫造採取既往不咎、若無其事的態度來穩住叛軍，當叛軍
對自己鬆懈之時，溫造便突然發起襲擊，將他們一舉殲滅。溫
造的計策，也顯示出了他外柔內剛的一面。

　　當形勢不利於自己的時候，要善於偽裝自己，如表面上
裝瘋賣傻，給人以碌碌無為的印象；要善於隱藏自己的真才實
學，掩蓋內心的政治抱負，以免引起他人的警覺，等時機一
到，便可一舉進攻，實現自己的理想。

　　在職場生活中，要善於分散對手的威勢，就要不斷迷惑對
方，使對方無法摸透自己，令對手防不勝防。要學會正確隱藏
自己的真實意圖，讓別人看不出你的真實想法，只有這樣才能
在不知不覺中集中自己的實力，實現自己的願望。

　　鄭莊公準備伐許都。戰前，他先在國都舉行比賽，挑選先
行官。眾將認為露臉立功的機會來了，都躍躍欲試，準備一顯
身手。

　　第一個項目是擊劍格鬥。眾將都使出渾身解數，只見短劍
飛舞，盾牌晃動，鬥來衝去。經過輪番比試，選中了其中的6
人參加下一輪比賽。

　　第二個項目是比射箭。取勝的6名將領各射3箭，以射中

名家名言

《左傳・文公十八
年》：

「昔帝鴻氏有不才子，
掩義隱賊，好行凶
德。」

靶心者為勝。有的射中靶邊，有的射中靶心。第5位上來射箭的是公孫子都，他武藝高強，年輕氣盛，向來不把別人放在眼裡。只見他搭弓上箭，3箭連中靶心。他昂著頭，瞟了一眼最後那位射手，退了下去。

最後的射手是位老人，他叫潁考叔，曾勸莊公與母親和解。潁考叔上前，不慌不忙，將三箭射出，也連中靶心，與公孫子都射了個平手。

進入第三個項目的只剩下公孫子都和潁考叔兩個人了，莊公派人拉出一輛戰車來，說：「你們二人站在百步之外，同時來搶這部戰車。誰搶到手，誰就是先行官。」公孫子都輕蔑地看了一眼對手便開始跑，不料跑到一半時，公孫子都卻腳下一滑，跌了一跤。等爬起來時，潁考叔已搶車在手。公孫子都很不服氣，提了兵器就來奪車。潁考叔見狀，拉起車來飛步跑去，莊公忙派人阻止，宣布潁考叔為先行官。公孫子都從此懷恨在心。

潁考叔果然不負眾望，在進攻許國都城時，他手舉大旗率先從雲梯上衝上許都城頭。眼見潁考叔大功告成，公孫子都嫉妒得心中作疼，竟抽出箭來，搭弓瞄準，朝城頭上的潁考叔射去，把潁考叔從城頭射了下來。另一位大將瑕叔盈以為潁考叔被許兵射中陣亡了，忙拿起戰旗，又指揮士卒攻城，終於拿下了許都。

不露鋒芒，也許永遠得不到重任；但鋒芒太露，難免招人陷害。雖然取得暫時的成功，卻為自己掘好了墳墓，當你施展自己才華的同時，也埋下了危機的種子。因此，才華的顯露要適可而止。

「大智若愚，大巧若拙」。做人要低調，要盡量掩飾自己的聰明，不向他人誇耀或抬高自己，注重提高自身的修養和素質，對待事情能持開放的態度，真心實意地踏實做事。尤其是身處職場，學會收斂和隱匿鋒芒，不僅能保護自我，還可以充分發揮自己的才能，要克服、戰勝驕傲自大的心理，凡事不要

《左傳·襄公二十三年》：

「逾隱而待之。」

太張狂，讓自己養成謙虛讓人的美德。

第五章　散勢法鷙鳥

【原文】

散勢法鷙鳥①。散勢者，神之使也。用之，必循間而動。威肅、內盛，推間而行之，則勢散。夫散勢者，心虛志溢。意失威勢，精神不專，其言外而多變。故觀其志意為準數，乃以揣說圖事，盡圓方、齊長短。無間則不散勢；散勢者，待間而動，動而勢分矣。故善思間者，必內精五氣，外視虛實，動而不失分散之實；動則隨其志意，知其計謀。勢者，利害之決，權變之威。勢散者，不以神肅察也。

【注釋】

①鷙鳥：兇猛的鳥，如鷹、雕之類。

【譯文】

散開舒展氣勢就要效法鷙鳥。散開氣勢是由精神支配的，實施時必須沿著一定的空隙運行，才能威風壯大、內力強盛。如果尋找空隙運行，那麼氣勢就可以散開。氣勢開展的人，能包容和決定一切。意志力一旦喪失威勢，精神就會陷於渙散，言語就會外露無常。為此，要考察對方意志的度數，以便用揣摩之術來謀劃大事，比較方圓，衡量長短。如果沒有空隙就不分散氣勢。所謂散勢，就是等待適當時機而行動，一旦採取行動，氣勢就會分散。因此，善於發現對方漏洞的人，一定要對內精通五氣，對外觀察虛實。即使行動，也不使自己失之於分散；行動起來以後，就要跟蹤對方的思路，並掌握對方的計謀。有氣勢，就可以決定利弊得失，就可以威脅權變的結局。氣勢一旦潰敗，就沒有必要再去認真研究了。

【延伸閱讀】

　　要達到散發威勢的目的，就要效法鷙鳥，就要善於利用對方的間隙採取行動，只有這樣，威勢才能發散出去。在散發威勢的過程中，要保持思緒穩定，才能保證考慮周到；要讓意志充沛，才能順利地進行決斷。假如出現意志衰弱的現象，就會導致威勢的喪失；假如精神上不能夠做到專一，那麼，在說話的時候就會出現斷斷續續甚至前後矛盾的情況。

　　因此，在職場生活中，我們要善於觀察對方的思想意志和從事標準，透過運用揣摩之術來對他進行遊說，並採取不同的政治策略來謀劃各種各樣的事情，有時圓轉靈活，有時方正直率。假如缺少間隙或意志等主、客觀條件的話，就不能將威勢順利地散發出去，因此，散發威勢必須等待間隙而採取行動。那些善於發現間隙或時機的人，他會緊緊地抓住對方的思想意志，及時了解對方的計謀，而不會輕易地失去散發威勢的時效。

名家名言

《文選・孔融〈薦禰衡表〉》：

「鷙鳥累百，不如一鶚，使衡立朝，必有可觀。」

　　西元383年，氐族前秦統一了黃河流域地區，勢力極為強大。前秦王符堅坐鎮項城，調集九十萬大軍，打算一舉殲滅東晉。他派其弟符融為先鋒攻下壽陽，初戰告捷，符融判斷東晉兵力不多並且嚴重缺糧，建議符堅迅速進攻東晉。符堅聞訊，不等大軍齊集，立即率幾千騎兵趕到壽陽。

　　東晉將領謝石得知前秦百萬大軍尚未齊集，於是抓住時機，擊敗敵方前鋒，挫敵銳氣。謝石先派勇將劉牢之率精兵五萬，強渡洛澗，殺了前秦守將梁成。劉牢之乘勝追擊，重創前秦軍。

　　謝石率師渡過洛澗，順淮河而上，抵達淝水一線，駐紮在八公山邊，與駐紮在壽陽的前秦軍隔岸對峙。符堅見東晉陣勢嚴整，立即命令堅守河岸，等待後續部隊。謝石看到敵眾我寡，只能速戰速決。於是，他決定用激將法激怒驕狂的符堅。他派人送去一封信，說道：「我要與你決一雌雄，如果你不敢

決戰，還是趁早投降為好。如果你有膽量與我決戰，你就暫退一箭之地，放我渡河與你比個輸贏。」符堅大怒，決定暫退一箭之地，等東晉部隊渡到河中間，再回兵出擊，將晉兵全殲水中。他沒想到前秦軍由各族人混雜而成，與他並不一心，士氣不高，撤軍令下，被迫降秦的東晉將領朱序乘機大喊：「秦軍敗退了！」這時兵將頓時大亂，爭先恐後，人馬衝撞，亂成一團，怨聲四起。這時指揮已經失靈，幾次下令停止退卻，但如潮水般撤退的人馬已成潰敗之勢。謝石乘勢指揮東晉兵馬，迅速渡河，乘敵人大亂，奮力追殺。前秦先鋒符融被東晉軍在亂軍中殺死，符堅也中箭受傷，慌忙逃回洛陽。前秦大敗。淝水之戰，東晉軍抓住戰機，乘虛而入，是古代戰爭史上以弱勝強的著名戰例。

　　大部隊在移動的過程中，肯定會有漏洞的出現。比如，軍隊急於前進，各部移動速度不一，這就給統一調動軍隊造成了一定的困難，從而導致協調失靈、戰線越拉越長，可乘之機也就越來越多。此時就要善於看準敵人的間隙，抓住有利的時機給予對方致命的一擊。

　　古人云：「善戰者，見利不失，遇時不疑。」講的就是要善於捕捉戰機，看準對方在移動中出現的漏洞，抓住對方最薄弱的地方，乘虛而入，最終取得勝利。當然，小利是否應該必得，這就需要從全局出發，只要不會造成「因小失大」的後果，即使小勝的機會也不應該放過。

　　唐朝中期，各鎮節度使都擁有軍事、經濟大權，根本不把朝廷放在眼裡。蔡州節度使的兒子吳元濟在父親死後，起兵叛亂。唐憲宗派大將李愬任唐州節度使，剿滅吳元濟。

　　李愬剛到任就有意迷惑吳元濟。其散布消息說：「我只是一個懦弱無能的人，朝廷派我來，只是為了安頓地方秩序，至於攻打吳元濟，與我無干。」吳元濟觀察了李愬的動靜，見他毫無進攻之意，也就不把李愬放在心上了。

　　其實李愬一直在思考攻打吳元濟老巢蔡州的策略，他乘

《三國志‧吳書‧陸遜傳》：

「且阻兵無眾，古之明鑑，誠宜暫息進取小規，以蓄士民之力，觀釁伺隙，庶無悔吝。」

機擒獲了吳元濟手下的大將李佑，並對他以禮相待，李佑也因此大受感動。李佑告訴李愬，吳元濟的主力部隊都部署在洄曲一帶，防止官軍進攻，而防守蔡州城的不過是些老弱殘兵。蔡州是吳元濟最大的空隙，如果出奇致勝，應該迅速直搗蔡州，活捉吳元濟。

在一個雪天的傍晚，李愬率領精兵抄小路直抵蔡州城邊，趁守城士兵呼呼大睡之際，爬上城牆，殺了守兵，打開城門，李愬的部隊靜悄悄地湧進了城。待吳元濟從睡夢中驚醒，發現宅第已被圍困，最終被捉。李愬將吳元濟裝進囚車，押往長安。駐紮在洄曲的董重質見大勢已去，也向李愬投降。

李愬能夠取得最後的勝利，關鍵在於他懂得捕捉戰機，能夠看準吳元濟的漏洞，抓住最大的空隙並「乘隙而入」。

商場好比戰場，重要的是誰先提前占得先機，能夠「乘隙而入」。即使再強大的敵人也總有他的薄弱之處；任何商業市場，也總還有空缺的需求。要做到「乘隙而入」，首先就要進行冷靜地分析，只有找對了「隙」才能進入。

在各種競爭中，要培養自己的氣勢，樹立自己的威信，就要保持內部堅實、士氣旺盛，要順利地控制和利用對方的各種權勢，要善於觀察對方的虛實，發現對方的漏洞，揣摩對方的計謀，一旦對方出現漏洞，就立即採取行動，從而使自己立於不敗之地。

第六章　轉圓法猛獸

【原文】

　　轉圓法猛獸①。轉圓者，無窮之計也。無窮者，必有聖人之心，以原不測之智，以不測之智而通心術，而神道混沌為一，以變論萬類，說義無窮。智略計謀，各有形容②，或圓或方、或陰或陽、或吉或凶、事類不同。故聖人懷此之用。轉圓而求其合。故與造化者為始，動作無不包大道，以觀神明之域。天地無極，人事無窮③，各以成其類。見其計謀，必知其吉凶、成敗之所終也。轉圓者，或轉而吉，或轉而凶。聖人以道先知存亡，乃知轉圓而從方。圓者，所以合語；方者，所以錯事④；轉化者，所以觀計謀；接物者，所以觀進退之意。皆見其會。乃為要結，以接其說也。

【注釋】

　　①轉圓法猛獸：聖人的智慧就像轉動中的圓珠，所以才能操縱自如無所停滯，不過這卻很類似猛獸的動作。轉圓，轉動圓體的器物。

　　②形容：形象。

　　③天地無極，人事無窮：天地永遠無邊無際，人間也有無窮的吉凶循環。

　　④錯事：錯，通「措」。措事，安置事物。

【譯文】

　　要把智謀運用得像轉動圓球一樣，就要效法猛獸。所謂轉圓，是一種變化無窮的計策。要有無窮的計策，就必須有聖人的胸懷，以施展深不可測的智慧，使用深不可測的智慧來溝通心術，哪怕在神明和天道混為一體之時，也能推測出事物變化

的道理，能解釋宇宙無窮無盡的奧妙。不論是智慧韜略還是奇計良謀，都各有各的形式和內容。或是圓略，或是方略，有陰謀、有陽謀、有吉智，有凶智，都因事物的不同而不同。因此聖人憑藉這些智謀的運用，轉圓變化以求得與道相合。從創造化育萬事萬物的人開始，各種活動以及行為沒有不和天道相合的，借此也能反映自己的內心世界。天地是廣大無邊的，人事是無窮無盡的，所有這些又各以其特點分成不同的類別。考察其中的計謀，就能知道成敗的結果。所謂轉圓，或轉而吉，或轉而凶。聖人憑藉道來預測存亡大事，於是也知道了轉圓是為了就方。所謂圓，就是為了便於語言合轉；所謂方；就是為使事物穩定；所謂轉化，是為了觀察計謀；所謂接物，是考察進退的想法。對這四種辦法要融會貫通，然後歸納出要點以及結論，以發展聖人的學說。

【延伸閱讀】

轉圓就是要效法猛獸撲食，行動迅速，達到以速取勝的目的。快速用兵，就要善於捕捉和創造戰機，讓指揮變得果斷，切忌優柔寡斷，猶豫不決，還要審時度勢，見機行事。

天賜良機往往稍縱即逝，要抓住這些良機，就需要具備果斷的素質。當然，果斷並不等於草率，更不等於魯莽；草率與魯莽往往是那些愚昧無知和粗心大意者的共生物，而果斷則是經過深思熟慮做出的迅速而準確的反應。當機會來臨時，就必須快速地做出決策，讓決策產生效用，否則，即使再周密的決策也是徒勞無功的。

西元249年春，魏帝曹芳到洛陽城南90里的高平陵（魏明帝陵）去祭祀，曹爽和其弟中領軍曹羲等人陪同，司馬懿一看時機已到，便迅速部署人馬將洛陽所有的城門關閉，並佔領了武器庫，接管了曹爽和曹羲的軍營，又派兵到了洛水的浮橋上（這些都是以皇太后的命令行事的），一切準備就緒之後，司馬懿又寫了一個奏疏給曹芳，歷數了曹爽的罪過，要求罷去他

名家名言

《韓非子·亡徵》：

「緩心而無成，柔茹而寡斷，好惡無決，而無所定立者，可亡也。」

的兵權，不得稽留。

　　曹爽拿到奏疏後，無疑是一個晴天霹靂，不敢給曹芳看，惶惶然手足無措，不知所為。這時司馬懿又派人前來勸說曹爽早早歸罪，並指著洛水發誓說，這次行動只免曹爽的官職，其他一切如常，讓他不必多慮。

　　當時有一名叫桓範的，擔任大司農，是曹爽的同鄉，這人有點智謀，他勸說曹爽當機立斷，把天子帶到許昌，然後再以天子的名義徵發四方人馬，可是懦弱的曹爽猶豫不決，遲遲做不出決定。桓範說：「這件事很明顯，假如你能夠和天子相隨，號令天下，誰敢不回應呢？而且曹義另有軍營在外，可以隨時調遣，從這裡到許昌，不過是一天多點的時間，許昌兵庫中的兵器足夠我們使用，要說擔心的也就是糧食，可是大司農的印章在我們這裡，你還猶豫什麼？」

　　從天黑一直說到天亮，可曹爽兄弟還是不敢行動。五更時分，曹爽把刀朝地上一扔說：「我就算把兵權交給司馬懿，仍然有爵位在身，還可以做一個富家翁。」桓範一看，大哭道：「曹子丹（曹爽之父曹真，字子丹）這樣一個出色的人物，怎麼生出你們兄弟倆，比豬還蠢，我也會受你們連累而罪至滅族的。」於是曹爽將奏疏送到曹芳那裡，免官後回到洛陽家裡，司馬懿馬上派人將他軟禁起來，又在他住宅四角築起高樓，派人日夜監視其行動，有時曹爽拿著彈子到園子裡打鳥，角樓上的人就高喊：「故大將軍朝東南方向走了。」曹爽至此已是一籌莫展。不久，曹爽等人以陰謀叛逆的罪名被下獄處死。

　　俗語說：當斷不斷，反受其亂。足智多謀的司馬懿之所以能夠打敗曹爽，原因在於他行事果斷、決策迅速；而才智低下的曹爽，在事情面前猶豫不決，無法當機立斷，假如他能夠聽取桓範的計策，也許事情會朝著不同的方向發展。要以速取勝，就要善於捕捉和創造戰機。

　　西元233年，魏國西北邊疆地區出現險情，原來宗屬曹魏政權並為曹魏戍守邊塞的鮮卑人首領步度根，與一向抗拒曹魏

《辨亡論》：

「疇諮俊茂，好謀善斷。」

政權的鮮卑人首領軻比能暗中往來，相互勾結，只是尚未發展到舉兵反叛的程度。

隱情被并州刺史畢軌探出，遂部署軍隊，想達到對外威懾軻比能，對內鎮撫步度根的目的，並上疏表奏了朝廷。魏明帝看完畢軌的表奏，大驚說：「步度根不過一時被軻比能所誘惑，對於反叛心中尚存疑懼，畢軌現在出兵，只能使二人如驚弓之鳥，迅速合二為一。這等於是逼著步度根反叛，怎能實現內鎮外懾的目的呢！」於是速下詔書，命令畢軌出兵不要過快，應以句注之地為界，不得越過，好給步度根留下悔改的餘地。

明帝的見識果然不凡，畢軌剛要出兵，步度根便因恐懼而舉兵出逃，遠奔軻比能。然而見識雖深，詔書已晚，當詔書發至畢軌手中時，畢軌已派遣將軍蘇尚、董弼遠追步度根。追至樓煩，疲憊的曹兵與前來迎接步度根的柯比能發生遭遇戰，曹兵大敗，步度根所率的鮮卑族人遂全部叛逃出塞，與軻比能聯合，經常侵擾曹魏的邊疆地區。

畢軌智謀不足、見事不明、魯莽行事，這是導致他失敗的根本原因。因此，要達到快速用兵、以速取勝的目的，還需要有足夠的智慧和穩定的心態，萬事切合實際，只有預先對事情進行謀略，才能在機會來臨的時刻取得勝利。

猶豫不決、優柔寡斷是成就事業的一個致命弱點，如果不具備果斷決策的能力，那麼，你的人生就如同漂泊在海上的孤舟，只能任憑風吹雨打，永遠也到不了成功的目的地。那些優柔寡斷的人，最後落得兩手空空的下場，是成不了大事的，因為其猶豫之心會使機會流失。

義渠君到魏國的時候，魏將公孫衍對他說：「兩國路途相隔甚遠，日後恐怕難得再拜見君王了，請聽我報告一些內幕消息。」義渠君點頭表示很樂意聽。

公孫衍說：「假如中原諸侯不攻打秦國，那麼秦國就會將那些山野草木燒掉，修一條路來奪取君王之國；假如中原諸侯

陳琳〈答東阿王箋〉：

「秉青萍幹將之器，拂鐘無聲，應機立斷。」

攻打秦國，那麼秦國將會派急使送重禮去巴結君王。」義渠君說：「我會記住您的話。」

過了沒多久，楚、燕、韓、趙、魏五國聯軍攻秦（西元前318年）。說客陳軫對秦惠王說：「義渠君是蠻夷諸國中的賢君，大王不如送重禮去安撫他，免得有後顧之憂。」秦惠王同意了，就挑選五彩刺繡的細絹一千匹和美女一百名送給義渠君。義渠君召集群臣開會，說道：「這就是公孫衍所說的內幕消息，秦國來通知我們出兵了。」

就這樣，義渠君把握良機，派兵偷襲秦國，在李帛城大敗秦軍。

事實上，那些猶豫不決的人經常會擔心事情的變化。他們總是擔心今天做出一個自認為很好的抉擇後，明天會有一個更好的機會產生，這就是他們遲遲不敢迅速決定的原因。這樣一來，他們就會因此而失去很多良好的機會、埋沒很多可行的點子。如果什麼事情都像牆頭草一樣搖擺不定，那麼，無論在哪一方面有多麼優秀，多麼強大，在生命的競賽中也只能被那些意志堅定、行為果斷的人遠遠地擠到一邊。因為果斷者遇事當機立斷，想到什麼就會立刻去做。也可以這樣說，擁有最睿智的頭腦不如擁有果敢的判斷力。成千上萬的人在競爭中潰敗而歸，就是因為他們的延誤與耽擱，而那些成功者們，正是因為在關鍵的時刻能夠冒著巨大的風險，迅速做出決定，從而為自己創造人生的財富。

由此可見，果斷決策的個性習慣對每個人都有著非常重要的作用。即便偶爾做出一個錯誤的決定，也總比不做任何決定要好。快速決策和異常大膽使許多成功人士度過了危機和難關，而關鍵時刻的優柔寡斷幾乎只能給自己帶來災難性的後果。

有一隻老虎在山間叢林中覓食。茂密的松林遮擋了老虎的視線，使牠無法知道此時獵人佈置的陷阱就在附近。這時，老虎看到前方似有獵物出現，於是奮力追趕，沒想到老虎的腳掌

《新唐書·郁林王恪傳》：

「晉王仁厚，守文之良主，且舉棋不定則敗，況儲位乎？」

《左傳·襄公二十五年》：

「弈者舉棋不定，不勝其耦。」

被一個鐵圈鉤住了。老虎想掙脫束縛，但是鐵圈把牠牢牢地固定在了原地。這時，手持獵槍的獵人出現了，他正慢慢地向老虎逼近，老虎似乎感覺到了死亡的來臨。眼看就要端起獵槍的獵人，老虎不再猶豫，牠用盡全身的力氣，猛然掙脫了鐵鍊。但是，老虎的腳掌卻永遠地留在了鐵圈上。老虎忍痛離開了這個危機四伏的地方。

在這個故事中，老虎斷腳自然很痛苦，但是牠卻因此而保全了性命，一條腿與一條命相比，誰重誰輕，這就需要聰明果斷的選擇。同樣，我們在現實生活中面臨艱難的抉擇時，也應像這隻求生的老虎一樣，果斷地做出取捨，不要猶豫不決，只有這樣，才能讓自己成為一個高效率的執行者。

在生活中，最可憐的莫過於那些遇事舉棋不定、猶豫不決、不知所措的人，這樣的人很難得到他人的信任。如果要成就一番大事，首先就必須學會做出敏捷、堅毅的決斷，這樣，無論在何時何地都會讓你受益無窮。它可以讓你比以前更加自信，甚至比以前更容易得到他人的信任。相反，那些沒有自己的主見、不能快速地進行抉擇、凡事依靠別人生存的人，是注定一事無成的，最終只能被他人所摒棄。

第七章　損兌法靈蓍

【原文】

損兌法靈蓍①。損兌者，機危②之決也。事有適然，物有成敗。機危之動，不可不察。故聖人以無為待有德，言察辭合於事③。兌者，知之也④。損者，行之也。損之說之，物有不可者，聖人不為辭也。故智者不以言失人之言。故辭不煩⑤而心不虛，志不亂而意不邪。當其難易，而後為之謀，自然之道以為實。圓者不行，方者不止⑥，是謂「大功」。益之損之，皆為之辭。用分威散勢之權，以見其兌威其機危，乃為之決。故善損兌者，譬若決水於千仞之堤，轉圓石於萬仞之溪。而能行此者，形勢不得不然也。

【注釋】

①靈蓍：蓍（ㄕ），草名，古人常以其莖作占卜之用。
②機危：同「機微」，細微，常指細微的徵兆。
③合於事：核對某種事物。
④兌者，知之也：兌能成長知識，加深認識。
⑤辭不煩：辭要簡單而得要領。
⑥圓者不行，方者不止：圓者、方者，指計謀。如果施展巧妙的計謀，即使圓形物也不轉動，四角物也不停止，所以能打破對方的一切計謀。

【譯文】

要知道事物的損兌吉凶，可以效法靈蓍變化之法。所謂「損兌」，是一種微妙的判斷。有些事在一定情況下很合乎現實，有些事會有成有敗。那些微妙的變化，不可不細察。所以，聖人以無為之治對待有德之治，他的一言一行都要合乎

事物變化的發展。所謂「兌」，就是以心、眼觀察外物。所謂「損」，就是排除不利而行之。如果對其減抑，對其說解，事情仍不順利發展變化，聖人也不會講明道理。因此聰明人不以自己的言論排斥他人的言論，辭應簡明，而心中充滿自信，意志不亂心無邪念。遇事根據其難易程度，然後進行謀劃，而順應事物的客觀規律則是其根本。（現實中）圓的計謀實施不利，方的謀略就無法停止，這就是大功告成的前提。不論是增益其辭，還是減損其辭，都可以言之成理。用分散實力的權謀，就要發現增加威力之後所顯示的危機，並做出決斷。所以善於掌握損益變化的人，就像在千丈的大堤上決堤，又如在萬仞山谷中轉動圓石，運用自如。而之所以能這樣做的原因，是形勢變化的結果。

名家名言

《辨奸論》：

「唯天下之靜者乃能見微而知著。」

【延伸閱讀】

本篇主要指出了觀察分析問題的原則。「兌」就是能夠用心、眼來觀察外物的人；「損」就是能夠是排除不利而行之。「損兌」，是一種微妙的判斷，即便是最微小的變化，也不可不細察。

減損雜念、心神專一是判斷事物隱微徵兆的方法，而要達到減損雜念、心神專一的目的，就需要效法靈驗的蓍草。萬事有成有敗，也有偶然巧合，之間存在的隱微變化，不能不仔細觀察，而觀察言辭要與事物結合，了解事物要做到心神專一，行動果斷就要減少雜念。因此，聖人用合乎自然的無為之道來對待所得知的情況。

當外界不贊同你的說辭時，聖人也不會強加自己的意見進行辯解，由此看來，智慧之人不會因為自己的主張而排斥他人的主張，因此能夠做到言簡意賅、毫不繁瑣，能夠保持心靜而思不亂，堅定志向而不被其動搖。

要能夠適應事物的難易程度，為其制訂策略，同時順應自然之道來實施。策略的增減變化，都要經過仔細地討論來判斷

得失，要善於揣摩對方的心理狀態，了解事物隱微的徵兆，然後再進行決斷。總之，那些善於減損雜念且心神專一的人，處理事物如同挖開千丈大堤放水下流一般，又或者像在萬丈深淵中轉動圓滑的石頭一樣，能夠見微知著，以小見大，從而果斷迅速地進行決策。而僅僅透過觀察對方的容貌聲音，也能做到見微知著。

　　呂布是三國時期以勇著稱的戰將，但是由於他屢屢更換門庭，認賊作父，終而死於非命。呂布被擒，表面上死於曹操之手，而實際上死於劉備之言。

　　東漢末年，群雄並起，爭城掠地，互相兼併。當時，劉備佔據了徐州，但呂布卻趁劉備部將張飛的一時疏忽，襲佔了劉備這個根據地。劉備勢弱，只好逃駐沛城。表面上雖仍與呂布和好如初，但無時無刻不在準備「報仇」。曹操一向愛才，他素知呂布驍勇善戰，武藝天下無雙，劉、關、張曾經三戰呂布，也只打了個平手，於是便有收降呂布之心。呂布雖然武藝高強，為人卻苟且貪生，當他被綁到曹操帳前時，便有意試探地說：「縛得太緊了，請稍鬆一點。」曹操回答說：「一點都不緊。」呂布卻對他說：「你所顧慮的不過是我，如果有我輔佐你，天下何愁不定。」一句話正中曹操的心思，便有寬免收用之意。這時，呂布見劉備立在曹操身邊，又懇求劉備能替他說句好話。可惜他萬萬沒有想到，就在他生死關頭的那一刻，劉備只慢悠悠地說了一句話，便結束了他的生命。當時，劉備對曹操說：「難道您不知道呂布是怎樣服侍建陽和董卓的嗎？」劉備的話立刻提醒了曹操。當初呂布曾是丁建陽的部下和義子，他投靠董卓時，就親手殺了義父丁建陽。後來為爭貂蟬，呂布又殺掉第二個義父董卓。於是曹操立刻命令刀斧手把呂布推出斬首。

　　劉備進言斬呂布，既為自己報了奪地之仇，又避免曹操收降呂布為大將而增強勢力，可謂一舉兩得。劉備的成功之處就是暗中觀察呂布的短處，暗中利用這些事情來達到自己的目

《越絕書·越絕德序外傳》：

「故聖人見微知著，睹始知終。」

的。

考察是識別和衡量一個人能否擔當重任的手段和方法。我國早在漢代就確定了刺史六條，用來監督和考察百官的政績與行為，並將它立為百代不易的良法，可見，對人才的考察由來已久。

周亞夫是漢景帝的股肱重臣，他在平定七國之亂的時候立下過赫赫戰功，以後又官至丞相，為漢景帝獻言獻策，可以說忠心耿耿。可是漢景帝在選擇輔佐少主的輔政大臣時，周亞夫並沒有入選，原因何在呢？

在古代，每個皇帝年老之後，皇位的繼承問題就變得複雜起來，每個皇帝都會費一番心血，漢景帝也遇到了這個問題，當時太子才剛剛成年，需要輔政大臣的輔佐，為此，漢景帝對周亞夫進行了一次試探。

一天，漢景帝宴請周亞夫，宴席上為他準備了一大塊肉，但是沒有切開，也沒給他準備筷子。周亞夫看了，很不高興，於是回頭向主管筵席的官員索要筷子，漢景帝笑著說：「丞相，我給你這麼大一塊肉，難道你還不滿足嗎？還要筷子，真是一個講究的人啊。」

周亞夫一聽，趕緊將帽子摘下，跪下向皇帝謝罪。

漢景帝說：「起來吧，既然丞相不習慣這樣吃，那就算了，今天的宴席就到此為止吧。」

周亞夫聽後就向皇帝告退，快步走出了宮門。漢景帝目送他離開，並說：「看他悶悶不樂的樣子，實在不是輔佐少子的大臣啊！」

漢景帝試探周亞夫的方法可以說是很巧妙。輔佐少主的大臣，一定要是穩重平和、任勞任怨的人。因為少主年輕氣盛，萬一有什麼事情做得不妥當，只有那些具有長者風範的人，才能容忍這些過失，一心一意的盡職輔佐。

而從周亞夫的表現來看，就連皇帝失禮的舉動他都無法忍受，一副悶悶不樂的樣子，往後又怎麼能包容少主的過失，進行好好地輔佐呢？漢景帝賞賜的肉，儘管食用不便，但從漢景帝的角度看來，周亞夫也應該二話不說、毫無怨言地吃下去，這是作為臣子安守本分的品德。他要筷子的舉動，在漢景帝看來就是非分的作法，如果真的讓他輔佐少主，就難免不會提出更多非分的要求，這是漢景帝不能不防的，因此漢景帝果斷地放棄了周亞夫。

　　如果將漢景帝的這種見微知著的「察人術」引申到現代的職場上，就是要求我們多注意細節，善於觀察分析事物。細節往往能夠決定事物的成敗，它也同樣適用於人才的選擇，因此，作為一名領導者，就要學會從細節之處考察人才。

　　此外，領導者在考察員工、選拔幹部時，還應從平時的生活中去觀察、去發現。因為，一個人在工作中可能有所隱瞞，但是從他平時的生活中，一些不經意的細節便可以顯示出他的真實本性。要從生活細節上去觀察、識別一個人，往往會帶有很大的經驗性，這就要求領導者們要時刻具備敏銳的洞察力，察覺他人不易發現的特點，能夠在短暫的言行中發現對方最隱蔽的特徵。但在考察員工的時候，也不能以偏概全，單從一件事上下結論，要善於從事物的多方面來分析問題。

　　因此，作為領導者，必須學會從外到內去認識人的本質，也就是從外在的容貌、神色、聲音、舉止等觀察其內在的心聲。只要加強自己分析事物的能力，處處留心觀察，就能練就一雙辨別人才的「火眼金睛」。

心理勵志小百科好書推薦

全世界都在用的80個關鍵思維
NT：280

學會寬容
NT：280

用幽默化解沉默
NT：280

學會包容
NT：280

引爆潛能
NT：280

學會逆向思考
NT：280

全世界都在用的智慧定律
NT：300

人生三思
NT：270

陌生開發心理戰
NT：270

人生三談
NT：270

全世界都在學的逆境智商
NT：280

引爆成功的資本
NT：280

國家圖書館出版品預行編目資料

鬼谷子全書 / 鬼谷子作；司馬志編著. -- 初　版.
-- 新北市：華志文化，2012.12
面；　公分 . --（諸子百家大講座；1）

ISBN 978-986-5936-28-0（平裝）

1. 鬼谷子　2. 研究考訂　3. 謀略

121.887　　　　　　　　　　　　101021668

書名／鬼谷子全書

系列／諸子百家大講座0︱0︱1

日 華志文化事業有限公司

原　　作　鬼谷子

編　　著　司馬志教授

執行編輯　林雅婷

美術編輯　黃美惠

文字校對　陳麗鳳

企劃執行　康敏才

總編輯　黃志中

社　　長　楊凱翔

出版者　華志文化事業有限公司

電子信箱　huachihbook@yahoo.com.tw

地　　址　116台北市興隆路四段九十六巷三弄六號四樓

電　　話　02-22341779

總經銷商　旭昇圖書有限公司

地　　址　235新北市中和區中山路二段三五二號二樓

電　　話　02-22451480

傳　　真　02-22451479

郵政劃撥　戶名：旭昇圖書有限公司（帳號：12935041）

出版日期　西元二○一二年十二月初版第一刷
　　　　　西元二○一四年十一月初版第三刷

售　　價　二八○元

版權所有　禁止翻印

Printed in Taiwan

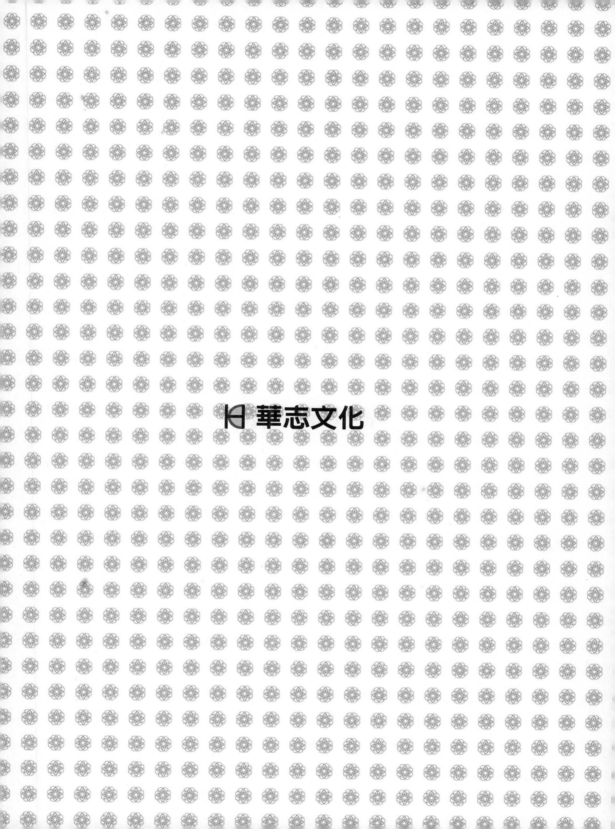

華志文化

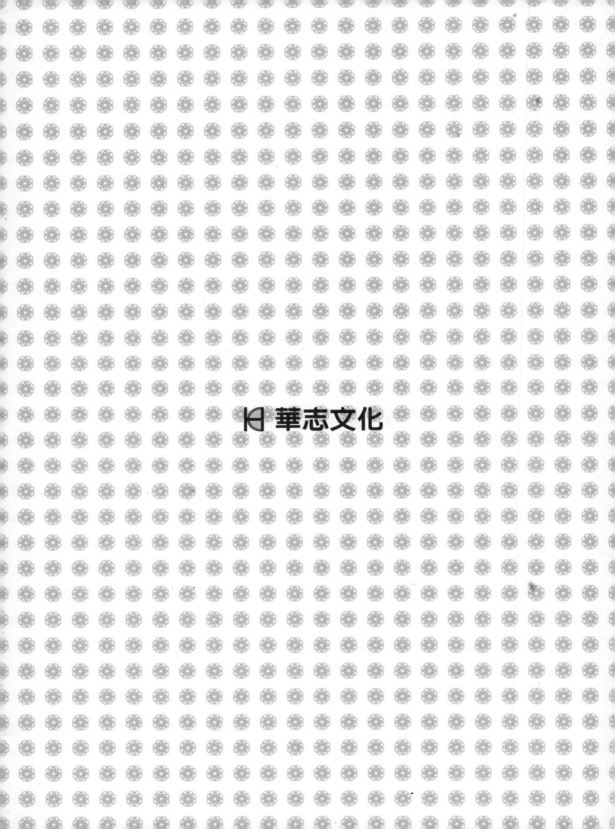
華志文化